땅 투자
100계명

땅 투자
100계명

초판 1쇄 발행 2021. 7. 26.

지은이 박홍기
검수자 안덕훈
펴낸이 김병호
편집진행 조은아 | **디자인** 최유리 | **그림작가** 윤유정
마케팅 민호 | **경영지원** 송세영

펴낸곳 주식회사 바른북스
등록 2019년 4월 3일 제2019-000040호
주소 서울시 성동구 연무장5길 9-16, 301호 (성수동2가, 블루스톤타워)
대표전화 070-7857-9719 **경영지원** 02-3409-9719 **팩스** 070-7610-9820
이메일 barunbooks21@naver.com **원고투고** barunbooks21@naver.com
홈페이지 www.barunbooks.com **공식 블로그** blog.naver.com/barunbooks7
공식 포스트 post.naver.com/barunbooks7 **페이스북** facebook.com/barunbooks7

· 책값은 뒤표지에 있습니다. **ISBN** 979-11-6545-442-5 03320

· 이 책은 저작권법에 따라 보호를 받는 저작물이므로 무단전재 및 복제를 금지하며,
이 책 내용의 전부 및 일부를 이용하려면 반드시 저작권자와 도서출판 바른북스의 서면동의를 받아야 합니다.

· 파본이나 잘못된 책은 구입하신 곳에서 교환해드립니다.

바른북스는 여러분의 다양한 아이디어와 원고 투고를 설레는 마음으로 기다리고 있습니다.

돈의 흐름을 예측하는 부동산 바이블

땅 투자 100계명

바른북스

들어가는 말

 땅덩어리가 작은 우리나라에서는 언젠가부터 '부동산 불패 신화'라는 말이 나올 정도로 부동산을 가지고 있으면 언젠가는 돈이 된다는 믿음이 생겼다.
 부동산정책의 책임자가 '아파트는 돈이 아니라 집'임을 강조하며 집값을 적정선으로 유지하려고 애를 썼지만 집값은 천정부지로 올라 정부를 믿고 있던 국민들은 허탈감과 배신감을 느낄 뿐이다. 오늘날 아파트는 가족들이 함께 생활하기 위해 필수적인 주거공간이다. 그럼에도 불구하고 계속해서 오르는 부동산 가격으로 우리 국민의 의식 속에는 주택이나 토지를 주거수단이나 생산요소로 여기지 않고 재산 증식을 위한 수단이라고 생각하는 인식이 자리잡게 되었다.
 그러나 대기업을 운영하는 기업인이나 부모에게 많은 재산을 물려받은 일부 계층이 아니라면 소상공인이나 대부분 직장인들의 월수입만으로 부를 축적한다는 것은 요원한 일이다. 그러다 보니 복권 당첨을 꿈꾸기도 하며 도박이나 경마 등 사행성 업종을 기웃거리기도 한다. 영혼까지 끌어모아 집을 산다는 '영끌', 부동산 가격이 급격히 오르는 바람에 부동산을 사지 않은 사람은 '벼락거지'가 된다는 등의 자조적인 말까지 등장하였다.

최근 3기 신도시 건설 계획 발표와 더불어 신도시 예정지역에 공기업 임직원, 공직자, 정치가 등이 사전 정보를 공유하고 땅 투기를 한 의혹이 제기되면서 서민들에겐 더욱 박탈감을 가져다 주었다. 최근 공직자 윤리위원회의 발표에 따르면 다수의 공직자들이 투기성 부동산을 보유하고 있거나 여러 채의 주택을 소유한 것으로 나타났다.

어떤 일이든 모르고 덤벼들면 실패 확률은 100%이다. 이러한 실패를 줄이기 위해 우리나라의 부동산 정책의 역사를 살펴보고 어떤 땅에 투자해야 할 것인지, 미래가치가 확실한 땅은 어떤 것인지를 부동산 투자 100계명으로 살펴본다.

목차
Contents

들어가는 말

우리나라 부동산 정책의 변화

1. 한국의 도시화 진행과 토지 가격의 급등 현상 ›› **017**
   1) 도시화의 태동
   2) 시구 개정 시기(1910년대)
   3) 소위 도시계획 운동 시기(1920년대 이후)
   4) 해방 이전 우리나라의 도시화와 산업화

2. 서울의 계급 분화 ›› **026**
3. 1930~1940년대, 일제의 병참기지화 ›› **032**
4. 농지개혁과 이승만 ›› **035**
5. 1960년대, 경공업 중심의 공업단지 조성 ›› **039**
6. 1970년대, 강남 개발 시작 ›› **042**
7. 1980년대, 도시화 성숙기 ›› **044**
8. 1990년대, 수요자 중심 차별화 시대 ›› **048**
9. 2000년대, 국토의 균형개발 추진 ›› **050**

역대 정부별 부동산 정책

1. **1960~1990년대 중반**   »» **064**

    1) 박정희 정부(1962~1979)
    2) 전두환 정부(1980~1986)
    3) 노태우 정부(1987~1992)
    4) 김영삼 정부(1993~1997)

2. **1990년대 후반 이후**   »» **069**

    1) 김대중 정부(1998~2002)
    2) 노무현 정부(2003~2008)
    3) 이명박 정부(2008~2012)
    4) 박근혜 정부(2013~2017)
    5) 문재인 정부(2017~)

우리나라 땅값 상승 추이

1. 경제성장과 땅값 상승 ›› 079

2. 세 차례 지가 폭등기 ›› 084
    1) 1964~1971년
    2) 1975~1979년
    3) 1988~1990년

3. 90년대 이후 ›› 088

수도권 집중 억제를 위한 명분과 대책들

1. 3기 신도시 추진 방향 및 특징 » **095**

    1) 신도시 지구 지정과 입지 선정
    2) 교통망 확보로 서울 도심 접근성 높임
    3) 자족도시 조성

2. 광역교통 비전 2030 » **100**

    1) 세계적 수준의 급행 광역교통망 구축
    2) 수도권 외곽순환고속도로망 건설
    3) 버스 · 환승 편의 증진 및 공공성 강화

3. GTX(수도권 광역급행철도망) » **108**

    1) GTX 노선별 시행계획
    2) 급행전동열차 노선별 시행계획
    3) 교통수단 분담률의 효과

4. 국가철도망 구축계획 » **121**

    1) 제4차 국가철도망 구축계획안 수립 배경
    2) 7대 추진 방향별 추진 과제

지역별 제5차 국토종합계획 요약

1. 서울특별시   ›› **139**

   1) 대한민국 중심도시로서의 위상과 역할
   2) 서울과 서울 대도시권의 글로벌 경쟁력 강화
   3) 혁신과 신산업 창출을 위한 스마트시티 조성

2. 부산광역시   ›› **142**

   1) 기본 목표
   2) 발전 방향

3. 대구광역시   ›› **144**

   1) 세계 일류도시 도약을 위한 발판
   2) 지역 간 상생 협력을 통한 동반성장 강화

4. 인천광역시   ›› **146**

   1) 대중교통체계 확충과 역세권 중심의 도시 공간구조 전환
   2) 원도심 여건과 특성을 반영한 맞춤형 도시재생뉴딜 추진
   3) 경제자유구역 중심의 미래형 전략산업 육성
   4) 국제경쟁력 제고를 위한 산업인프라 확충과 산업재생 추진
   5) 남북한 긴장 완화에 따른 수도권 서해평화협력 시대 대응
   6) 인천국제공항 경제권 강화를 위한 인프라 확충 검토
   7) 대도시권으로서 수도권의 경쟁력 제고 및 상생발전 도모

5. 세종특별자치시 ▶▶ **151**

1) 기본 목표
2) 발전 방향

6. 경기도 ▶▶ **155**

1) 기본 목표
2) 발전 방향

7. 강원도 ▶▶ **159**

1) 기본 목표
2) 발전 방향

8. 충청남도 ▶▶ **161**

1) 기본 목표
2) 발전 방향

9. 경상북도 ▶▶ **163**

1) 기본 목표
2) 발전 방향

10. 경상남도 ▶▶ **165**

1) 기본 목표
2) 발전 방향

11. 전라북도 ▶▶ **167**

1) 기본 목표
2) 발전 방향

12. 제주특별자치도 ▶▶ **169**

1) 기본 목표
2) 발전 방향

부동산의 미래

1. 융복합 콘텐츠 » **175**

　1) 파주출판도시
　2) 기타 도시의 융복합 사업 추진

2. 유네스코 창의도시 네트워크 » **179**

　1) 문학 창의도시
　2) 공예와 민속예술 창의도시
　3) 음악 창의도시
　4) 디자인 창의도시
　5) 미디어아트 창의도시
　6) 음식 창의도시
　7) 영화 창의도시

서울 2030 계획

1. 인구 구조 변화 　　　　　　　　　　　　　　›› **192**

2. 경제성장의 둔화와 양극화 　　　　　　　　 ›› **199**

3. 지역별 특화 육성을 위한 발전축의 다변화 　›› **202**

4. 서울시 관련 철도계획과 기대효과 　　　　　›› **220**

　　1) 서울시 관련 철도계획
　　2) 서울시 관련 철도 네트워크 확장에 따른 기대 효과
　　3) 기존 서울시 도시철도의 혼잡도 변화

우리나라 부동산의 미래와 땅 투자

1. 국제도시 경쟁에 돌입 　　　　　　　　　　 ›› **242**

　　1) 개성공단 2단계 사업과 연계된 통일경제특구 추진
　　2) 트윈시티를 이용한 국제경쟁력 강화

2. 박홍기의 토지 투자 유의 사항 100계명 　　 ›› **252**

땅투자 100계명

PART 1
우리나라 부동산 정책의 변화

1. 한국의 도시화 진행과 토지 가격의 급등 현상

>>> 1) 도시화의 태동

우리의 선조들은 대대로 농사를 지으며 땅에 뿌리박고 살아왔다. 서울의 범위도 사대문 안에 한정되어 있었고 궁궐과 육조거리, 육의전 등 일부 지역을 제외하고는 전형적인 농촌의 모습을 보이고 있었다. 그랬던 서울에 도시화와 산업화의 싹이 텄다고 할 수 있는 때는 우리나라가 막 근대화로 진입하던 19세기 말에서 20세기 초로 넘어가는 시기였다.

1896년을 기점으로 도시정비를 주도한 이는 한성부 판윤 이채연과 탁지부 고문 멕리비 브라운(Mcleavy Brown)이었다. 이채연은 박정양이 1887년 주미 전권공사로 미국으로 부임할 때 참사관으로 동행했었는데, 이때 미국의 도시 미화 운동을 목격하였으며 특히 워싱턴의 모습에 깊은 인상을 받은 것으로 알려져 있다.

이보다 앞서 김옥균은 1882년에 도로 정비의 필요성을 알리는 『치도약론(治道略論)』을 저술한 바 있으며, 박영효는 치도국과 위생국을 설치하여 도시 위생사업에 노력을 기울였다. 그 결과 1896년 10월 서울을 방문했던 비숍은 "도로가 17m 폭으로 넓어지고 하수구가 정비되었으며, 진흙부성이였던 시내가 포장되어 예전 모습을 찾을 수 없었다"고 얘기하고 있다. 또 전차 부설이 예정되어 있는 등 서울은 극동 제일의 깨끗한 도시로 변모해 가고 있었다고도 했다.

비숍이 놀랄 정도로 서울이 급격하게 변화한 것은 1896년 9월 공포된 「한성 내 도로의 폭을 규정하는 건」에서 비롯된 것이었다. 그 내용은 종로와 남대문로 폭을 55척으로 정하고 임시주택들을 정비하는 것이었는데, 간선도로는 정부 주도로, 일반 소로는 시민들의 자발적 참여로 정비되었다.

한편, 1896년에는 조선 시대 절터인 원각사 자리에 당시 경성(서울) 최초의 도시공원인 탑골공원도 조성되었다. 1888년에 개원한 인천의 만국공원(현 자유공원)에 이어 우리나라 근대공원으로서는 두 번째이다. 도시공원은 과밀도시의 허파라고 할 수 있는 곳으로서 공중위생을 개선하는 역할을 한다. 특히 궁궐 내 정원과는 달리 도시민을 위한 것이기 때문에 근대도시의 상징적 의미가 크다고 할 수 있다.

1897년 10월에는 고종이 덕수궁에서 대한제국을 선포한 후 나라의 위상을 세우기 위해 덕수궁을 중심으로 하는 방사선형 도로를 신설하는 한편 기존의 도로를 확장하고 정비하였다. 대한문 앞쪽에는 하늘에 제사를 지내는 원구단(1897)도 건립하였다. 또 제국 선포와 함께 중국의 사신을 맞이하던 영은문 자리에 조선이 독립국임을 상징하는 독립문도 건설하였다.[01] 그리고 각종 기념비와 공원 등의 공공시설을 설치하였으며 1898년에는 전차를 개통하여 청량리에서 서대문 사이를 오갈 수 있게 되었다.

❯❯❯ 2) 시구 개정 시기 (1910년대)

시구 개정은 일제에 의한 식민지화 초기의 도시계획으로 공식적으로 1912년에 시작하여 1929년까지 계속되었다. 이는 주로 가로의 직선화와 곡선도로의 차량 주행을 위한 확폭 신설 등 가로정비를 하는 것으로, 전체 사업 기간은 1929년까지였으나 대체적인 면모는 1910년대에 이루어졌다. 소위 무단통치 시기에 이루어진 도시계획이다.[02]

이는 서울이 우리나라에서 차지하는 중요한 위치에 있었기 때문에 여러 면에서 그 변화가 두드러진다. 특히 일제강점기 초기는 아직 서울이 교외로(서울 도성 밖으로) 확장되기 전이어서 이 시기에 이루어진 도시계획들은 주로 도성 내를 대상으로 하고 있었다. 그에 따라 그때까지 내려온 조선 시대(대한제국 시대)에 이루어진 도시계획이나 도시구조와 모순을 이룰 수밖에 없었다. 그리하여 소위 '시구 개정'이라는 이름 아래 서울에서

01　이태진, 고종시대의 재조명, 태학사, 2000
02　일본의 최초의 도시계획법제는 1888년의 도쿄시 시구 개정조례로 시가지 정비를 위한 도시시설정비 사업제도의 성격을 가지고 있었다. 처음에는 도쿄에서만 적용이 되었으나 1918년 쿄토, 오사카, 고베, 나고야 등으로 점차 적용 도시가 확대되었고 1919년에는 시구 개정조례가 폐지되고 도시계획법이 제정되면서 '도시계획'이라는 명칭의 사용과 함께 계획이 질적으로 발전하게 되었다.

이루어진 일제강점기 초기 도시계획의 결과는 오늘까지도 우리가 서울에서 지고 살아야 하는 역사적 짐이 되고 있다. 예를 들면 1934년에 제정된 「조선시가지계획령」의 골격을 토대로 하여 제정한 1962년 「도시계획법」에서는 조선시가지계획령의 용도지역제, 도시계획시설제도 등을 그대로 계승하였다.

이 시기에 시구 개정과 함께 또 한 가지 중요한 제도가 있었는데, 그것은 1913년 2월 총독부령 세11호로 발포한 「시가시건축물 취체규칙」이었다. 이 법령에서는 건폐율과 건축선, 그리고 건축물의 재료, 부대설비, 미관, 재해방지 등을 규정하고 있다. 또 오늘날의 고도지구, 방화지구, 준공업지역과 같은 개념을 제시하였다.

▶▶▶ 3) 소위 도시계획 운동 시기 [1920년대 이후]

소위 문화정치의 시행과 더불어 대두된 자치제도 실시에 힘입어 각 도시마다 도시계획 수립을 위한 준비와 연구가 전개되었다. 이 시기의 도시계획은 직접 법적인 효력을 갖지는 못했지만 이러한 것들이 결국 그다음 1934년의 「조선시가지계획령」에 의한 시가지 계획 수립의 바탕을 이루게 된다.[03]

「조선시가지계획령」은 우리나라 최초의 근대적인 도시계획법으로

---

03 (1912~1945) 시구 개정, 조선시가지계획령: 일본의 「도시계획법」과 「시가지건축물법」이 통합된 형태의 법률로서 우리나라 최초의 근대적 도시계획 법률, 토지구획정리사업과 신시가지 개발 위주의 강권에 의한 도시계획이다.

1934년 6월에 제정되었으며 이로써 1910년대부터 시행되어 오던 시구개정 사업은 시가지 계획으로 대체되었다.

당시 「조선시가지계획령」을 제정하게 된 배경에 대해서는 조선 공업화 정책을 천명한 일제가 서울을 비롯한 도시의 인구가 급격히 증가할 것에 대비하여 시가지 정비를 위한 법적 근거를 마련한 것이라고 보기도 한다. 그러나 실제로는 당시 일본이 만주대륙을 침략하기 위한 거점으로서 나진 지역에 대한 신시가지계획의 법적 근거를 마련하기 위한 것이었다고 보는 설이 지배적이다. 나진의 신시가지 개발로 인해 인구가 증가하면서 도시 기반시설의 부족과 시가지의 무질서한 확산 등의 문제가 발생하였지만, 당시 조선에는 도시계획 관련 법령이 없어 문제 대응에 한계가 있었기 때문이다.

이 「조선시가지계획령」은 일본의 식민통치하에서 외래적인 힘의 강압으로 도입된 것이지만 1962년 「도시계획법」이 제정될 때까지 거의 30년간 우리나라 근대도시계획의 유일한 제도적 장치였다.

19세기 북미 제국주의는 자신들의 업적을 자랑하기 위해 기념물을 세워 도시의 입구를 장식하곤 하였다. 고대 이집트 제국부터 로마 그리고 19세기 유럽 열강 제국들의 도시개발 산업은 제국주의 팽창의 자신감의 발로라고 볼 수 있다. 그래서 제국주의 국가들은 이집트, 그리스 로마 시대의 고대 양식을 모티브로 한 거대한 기념물들을 세워 자신들의 위상을 내세우곤 했던 것이다.

▶▶▶ 4) 해방 이전 우리나라의 도시화와 산업화

한국의 산업화가 이루어진 시기는 언제부터일까? 대부분의 사람들은 1970년대 폭발적인 경제성장을 이루었던 때가 바로 그 시기라고 답할 것이다. 경공업과 중화학공업을 필두로 한 공장제 산업으로 고도성장하던 때를 기억하는 이들이 많기 때문이다.

그런데, 이 글에서는 20세기 중반이 아닌, 20세기 초반에 있었던 산업화와 산업도시 경성(서울)의 모습을 말하고자 한다. 영등포 지역에 하나둘 소규모 공장이 생겨나 공업지대를 형성한 시기, 즉 1920~1930년대로 대표될 수 있는 20세기 초반은 경성의 산업도시화 양상을 보여주고 있다. 한국의 서울이라는 도시는 20세기 초반부터 급격한 100년간의 1~4차 산업 집중화를 보여주는 구조이다.

도시공단의 조성과 적산가옥의 대규모 신도시 조성, 이로 인한 폭발적인 인구 증가와 더불어 주거와 교통 문제가 동시다발로 발생하였다. 1921년 기사에 따르면, 경성 시내 가옥은 3만 9천 호이지만 거주하는 호구 수는 5만 4천여 호로 1만 5천 호의 가옥이 부족했다고 한다. 그런데 주택난은 날로 심해지는데, 경성 시내에는 1천400여 호의 공가가 있었다. 이것은 여유자금을 보유한 사람들이 이익을 더 챙기기 위해 집을 사서 월세를 놨다가 세를 내지 않는 임차인을 내쫓고 신용 있는 사람이 들어올 때까지 빈집 상태로 두었기 때문이다. 오늘날 2000년대에 발생하는 주택 가격 조작 현상과 다주택자의 매점매석 행위와 다를 바가 없다. 주택과 땅에 대한 투기가 100년 전 서울에서도 횡행하고 있었던 것이다.

이러한 사회적 문제는 후술하겠지만 더 많은 도시빈민을 낳았고, 좁은 곳에 많은 사람이 밀집됨으로써 열악한 주거 환경을 더욱 부추기는 셈이 되었다.

인구의 증가에 따라 쓰레기와 분뇨의 양 또한 증가하였다. 그 시기 통계에 따르면 쓰레기의 경우 1925년에 1천838만 710관[04]에서 1926년에 2천30만 2천400관으로 증가하였고, 분뇨는 1925년에 41만 4천141석에서 1926년에 44만 1천397석으로 증가하였음을 보여주고 있다.

오늘날 서울에서 층간소음의 발생 등 주거 환경을 둘러싼 갈등이 심화되고 있으며, 높은 인구 밀도만큼 묻지마 범죄, 몰카 촬영 등 범죄 노출에 대한 시민의 불안이 커지는 것처럼 100년 전의 서울도 위생과 치안 불안에 시달리는 불안의 도시였다. 명동이나 문화주택이 들어선 신도시가 아닌 지역은 오염원을 제거할 수가 없어 집단적인 질병이 창궐하는 등 죽음이 휩쓰는 공간이기도 하였다.

1차 세계 대전 이후 일본은 서구문화를 받아들이면서 '새로움'을 상징하는 용어로 '문화'라는 단어를 사용했다. 1920년대부터 서울에서 문화주택 단지가 형성되기 시작했다. 이른바 후일 적산가옥이라 불리는 주택들은 이렇게 하여 탄생하게 된다. 서울의 중심가인 혜화동, 그리고 명동부터 서울역 인근의 갈월동, 보광동까지 오래된 적산가옥이 많았던 이유는 일제의 새로운 신도시 프로젝트 덕분이다.

도시의 일자리는 집단 노동자의 대규모 이주를 촉진시켰으며 인구보다

---

[04] 1관 = 3.75kg

늘 모자란 토지와 주택의 부족 심화 현상이 100년 가까이 이어졌다. 이것이 바로 한국인이 말하는 서울 부동산 불패 신화의 역사적인 사실이다.

일제는 일제강점기 초기의 '시구 개정'과 '시가지건축 취체규칙' 그리고 '조선시가지계획령'이라는 제도적 장치를 갖고 토지 정책을 추진하였다. 식민지 통치의 일환으로 토지를 수탈하기 위하여 토지 조사 사업을 실시하고, '시가지계획령'을 제정하였다. 이를 위해 전국지도를 제작하고 등기제를 실시하였으며 근대적인 측량기술로 지적의 과학화를 꾀하는 등 근대 도시계획제도를 도입하였다.

일제는 시구 개정 사업을 통하여 서울의 도시 중심을 바꾸려 하였다. 우리나라의 전통적 도심인 종로의 남쪽 지역, 즉 비교적 덜 개발된 곳이나 자신들이 이미 기득권을 가지기 시작한 곳으로 도시 중심을 옮기고자 하였으며 이를 통하여 그들은 가치가 높아진 땅을 쉽게 차지할 수 있었다. 그로 인해 일제가 중심지의 토지를 취득하고 확장하는 것은 물론 신도시와 외곽 공업단지의 성장으로 서울 중심가의 모습은 19세기와는 전혀 다른 모습으로 변화되었다. 또한 서양의 도시개발 초기 단계인 공해 방지(nuisance)를 위한 용도지역제와 유사한 도시개발계획을 모티브로 한 「시가지건축취체규칙」을 정하여 전반적인 도시계획보다는 건물의 구조 제한에 중점을 두고 서울의 모습을 정비해 나갔다. 「시가지건축취체규칙」에는 악취나 매연·분진을 발생시키는 공장은 특별히 지정된 지역에만 입지하도록 하였다. 따라서 종로와 명동으로 대표되는 도시의 중심은 매연과 분진으로부터 자유롭도록 개발하여 쾌적성을 증가시키고 도시미관과 문화를 변화시켰다.

도시를 중심으로 도로, 철도, 항만, 통신 등의 시설 확충이 본격적으로 추진되면서 도시 발전의 큰 계기가 되었다. 다른 한편으로는 대규모의 토지 조사 사업을 벌여 병참기지화 정책의 일환으로 지역 곳곳에 군수산업시설을 건설하면서, 토지를 빼앗겨 생계수단을 잃은 농민들은 도시로 이동할 수밖에 없었다. 이러한 여러 가지 이유로 1930년대를 전후하여 급속히 도시화가 진행되었다. 그에 따라 도시개발을 계획적, 제도적으로 유도하기 위한 수단으로 1934년에「조선시가지계획령」이 제정되었다.[05] 이러한 토지의 사용 제한, 개발 성장의 혜택은 온전히 일제와 그 설계자들에게 돌아갔다.

불로소득의 사유화는 빈부의 격차를 심화시켰으며, 주거비 및 임대료가 오르면서 임금과 물가를 상승시키는 등의 악순환을 초래하여 사회적 폐해를 확산시켰다. 지금도 일반 서민들에게 이러한 고통이 가중되는 현상은 일제 식민지 정책에서 배제되었던 우리 백성들의 처지와 다를 바가 없다.

이러한 도시개발은 전국 주요 도시의 기능을 확장시켰으며 전국적으로 거의 유사한 도시계획의 발전을 이루게 되었다. 그리고 전국의 주요 도시와 항만의 중심, 생산과 유통의 중심에 위치한 거주지, 상업지의 대부분은 일본인들의 차지가 되었다. 일본인의 수 또한 70만 명에 육박하는 기록을 세웠으며 한국인과 일본인의 인구 증가와 산업화를 경험하게 되었다.

---

[05] 이규환, 1997, p. 52

2. 서울의 계급 분화

　　총독부의 헌병보조원 제도가 시행된 것은 1907년 7월 1일부터였다. 그 무렵 대한제국 군대 해산과 일제가 우리의 국권을 빼앗기 위해 강제로 맺은 한일신협약 체결 등에 항거하여 우리나라의 전국 곳곳에서는 많은 의병이 봉기했다. 당시 우리나라 주재 일본 헌병대는 700~800여 명 정도였고, 헌병을 제외하면 일본 정규군은 1개 사단밖에 되지 않았다. 그나마 대부분 대한제국-만주 국경 수비를 위해 함경도와 평안도에 주둔하고 있었다. 그러니 그 정도의 헌병대로는 우리의 의병을 진압하기에는 역부족이었다.

　그 당시 아직 양반사회의 분위기가 가시기 전이었으나 이화동 부근에 공업전습소를 시작으로 공장 노동자 모집을 하자 수십 대 일의 경쟁으로 공장기술을 배우겠다는 사람이 몰려들기 시작할 때였다. 일제는 부족한 헌병의 숫자를 늘리기 위해 일본에서 증원부대를 불러들여 1907년 말까지 헌병의 수는 2천 명으로 증가했다. 그 외에 4천여 명의 한국인 헌병보조원을 모집하여 1908년에는 약 6천여 명의 인원을 확보하게 된다. 이러한 조치들은 처음에 의병을 진압하고 탄압할 목적으로 단행된 일이다. 그런데 일제는 우리의 국권침탈에 성공하면서 그 병력을 이용하여 서울을 비롯한 도시를 무단통치, 군부통치 방식으로 통치하기 시작하였다.

그리하여 1917년 헌병, 경찰 등 도시의 치안을 담당하는 대규모 순사 모집에 수많은 인원이 몰려들어 7:1~15:1에 이르는 경쟁률을 기록하였다. 1927년 무렵에는 군인과 관료가 되기 위한 직종에 지원하는 이들이 폭발적으로 증가하게 된다. 또 1920년 말 경성부 조사계에서 조사한 바에 따르면 경성에 있는 공장의 수는 400개였는데, 1922년 말 이루어진 조사에서는 710개로 증가하는 추세를 보였다.

1920년 이후 일제의 문화통치가 시작되고 제1차 세계 대전 후 급속한 산업화와 맞물리면서 일본에서는 많은 농민이 도시로 이주하였다. 그리하여 쌀 생산 감소와 함께 일본 내 식량이 부족하게 되면서 쌀값이 폭등하였다. 이러한 여파는 우리나라에까지 영향을 미쳐 산미 증식계획을 시행하기 시작하면서 인천 미두장을 중심으로 투기가 성행하였다. 미두장은 원래 쌀값 안정을 꾀하고 쌀의 품질을 고르게 한다는 취지로 설립된 곡물 거래 기관이었으나 투기꾼들이 집결하면서 가산을 탕진하는 이들이 속출했다.

미두장 등장 이후 우리 자영농의 대규모 몰락이 시작되었으며 농지 가격은 폭락하였다. 농지는 일본인들에게 집단으로 불하되어 일본 집단 농장화 이후 수리시설의 확충 개간 및 간척 사업, 품종 교체, 비료 사용 등으로 쌀의 증산이 시작되었다. 그리고 이로 인하여 몰락한 중농들은 도시로 대규모 이주하기 시작하였다. 일제가 1920년대에 산미 증식계획을 시행한 까닭은 한국에서 생산량을 늘려 일본으로 가져가기 위함이었다. 산미 증식계획을 시행하였지만 생산된 쌀을 거의 일제가 공출하는 바람에 국내에는 오히려 쌀이 부족해져서 농민의 생활은 더욱 힘들어졌다.

그런 와중에도 도시는 발전하는 그 시대를 대변하는 모습을 보였고 일자리와 새로운 기회를 창출하는 공간으로 여겨져, 사람들은 기회를 찾아 도시로 모여들었다. 그러나 그곳은 지배와 수탈, 수치와 기회가 상존하는 모험과 투기의 장이기도 했다. 농지는 일제의 교묘한 획책으로 미두장을 통해 일본인들의 대규모 집단 농장으로 변모하였으며, 도시 중심은 이러한 부를 바탕으로 한 일본인들의 대규모 집단 거주지와 상업지로 확산되었다.

이때 이러한 대중 서민들이 일하러 가기 위한 교통수단은 바로 자전거였는데, 주요 도시의 자전거 주차장은 오늘날과 마찬가지로 장기적이고 안정적인 주차료 수익을 보장받았다. 이러한 이권을 기반으로 성장한 것이 바로 종로파의 김두한 같은 깡패 집단이었다. 이들은 이러한 도시 성장의 과정에서 또 다른 이권의 실질적인 관리자로 등장하기 시작하였다.

서울은 점차 산업도시로 변화해 갔다. 영등포를 비롯하여 청량리, 마포 등은 대표적인 조선 공업지역으로, 일자리를 찾아 모여든 사람들로 인해 인구가 증가하면서 주택과 상업지역 등도 혼재하게 된다. 그러면서 환경의 훼손, 쓰레기의 무단 투기, 범죄 발생 등 각종 도시 문제들이 새로운 골칫거리로 등장했다.

1920년대에 들어 도시화가 빠른 속도로 진행되면서 행정구역의 확대 필요성이 제기되었다.[06] 인구는 해마다 늘어 이미 서울의 인구가 30만 명에 달했고, 주택이 부족해지면서 교육과 위생이 사회 문제로 등장하자 행정구역 확대를 위한 교통량 조사, 산업 조사, 사회 조사 등을 실시하였다.

이후 이들 자료에 기초하여 1930년에 경성부 전체를 대상으로 한 최초의 도시계획이 입안되었다. 일제는 이 계획을 세우면서 경성(서울)을 국제도시로 키워 그들이 구상하고 있던 '대동아 공영권'의 거점도시로 삼고자 하였다. 이렇게 수립된 도시계획은 1934년 공포된 '조선시가지계획령'과 총독부령에 의해 시행되었다. 이 시가지 계획에 따르면 계획 구역은 136㎢에 달하였고, 1929년을 기점으로 30년 후인 1959년을 목표연도로 하는 장기계획이었다. 계획 인구를 110만으로 설정하고, '가로망과 토지구획정리지구', '지역제', '공원계획', '풍치지구' 등의 발표가 이어졌다.

시가지 동쪽의 중심으로 설정한 청량리 부근은 주거와 상업 및 부분적인 공업지역으로, 왕십리 부근은 전원도시 형태의 주택지역과 상업지역 혹은 일부 경공업지역으로, 한강 부근은 주택지대, 노량진 방면은 주택지대와 수변공원으로 계획하였다.

한편 영등포 방면은 경부선과 경인선이 분기되는 지역으로 교통이 편리하고, 한국, 만주, 일본을 연결하는 항공로가 위치한 이점을 살려 서울의 공장지역으로 개발하였다. 그리고 마포, 용강 부근은 영등포 방면과 같이 한강을 끼고 장래 공장지역 혹은 경공업지역으로, 연화면 신촌리 방

---

06 동아일보, 1922. 11. 14

면은 주택지대와 일부 공장지역으로, 은평 방면은 홍제천과 세검정 등 풍치가 좋기 때문에 풍치지구로서 보호하면서 주택지로 적합한 토지로 개발할 것을 계획에 포함하고 있다. 이 계획은 이미 사대문의 동쪽과 서남쪽으로 확장하고 있던 서울 최초의 장기 발전계획인 셈이다.

계획 구역이 확정된 후 1936년 12월 26일 총독부 고시로 모두 220개 노선에 달하는 계획 가로가 발표되었으며, 이때 고시된 가로 및 광장계획은 그 후 1938년 5월 13일과 1939년 9월 18일의 2차에 걸쳐 다소 변경은 되었으나 광복 이후 오늘날에 이르기까지 서울 간선도로망의 근간이 되어오고 있다.

오늘날 서울시 전체 민원의 50%가 교통과 도로 부문에서 발생한다.[07] 급속 성장에 따른 난개발은 교통 체증과 불법 주정차 등 심각한 교통·도로 문제로 이어지고 있다. 또한 장애인, 고령자, 아동 등 교통약자의 이동권과 안전 또한 취약하다. 그리고 이러한 도시 이민자들의 폭발적인 증가는 주택 부족으로 인한 월세 상승, 만성적인 일자리 경쟁, 생활수준의 초양극화, 빈민가의 대규모 확산 같은 문제들을 발생시키는데, 이러한 모습은 바로 100년 전 서울과 매우 흡사하다.

최초의 대규모 도시계획으로 신도시로 조성된 주거지와 상업지구 및 공업지구는 지가가 사상 최대로 상승한 반면, 도시 외곽의 영세지구는 철저하게 개발에서 제외되었다. 이때 당시 형성된 지가의 양극화는 그

---

[07] 서울특별시 응답소 민원 분석결과, 2018

곳에 사는 사람들의 신분까지 양극화하여 고착시켰다. 즉 도시 내 계급 분화가 이루어진 것이다.

그로 인하여 그때까지 우리나라에 없던 '셋방'이라는 제도가 등장하게 되었다. 조선 시대의 여러 법전을 찾아봐도 셋방에 관한 규정은 없으며, 수많은 토지·가옥의 계약문서가 전해지고 있으나 그 중 셋방에 관한 계약문서는 한 장도 발견되지 않았다. 그로 미루어 보아 셋방살이는 도시로 인구 집중이 본격화된 1920년대 이후의 현상으로 추측된다. 더구나 일제강점기의 『조선총독부통계연보』나 『경기도통계연보』에도 주택 사정을 알려주는 통계가 전혀 없기 때문에 당시의 『조선연감』의 '경성부'란에 기재된 서울의 주택 수와 가구 수 통계를 통해 당시의 주택 부족 상황을 짐작할 따름이다.

그러다 보니 1920년대부터 결혼을 할 때 남자는 집, 여자는 살림이라는 공식이 등장하였다. 가난한 서민들은 이혼율이 증가하였으며 급등한 월세로 인해 늦게 결혼하는 사람이 늘고, 혹은 결혼 거부 같은 사회적 현상이 도시의 보편적인 현상으로 자리 잡게 되었다.

만주사변이 일어난 1930년대 초부터 도시의 주택 사정은 더욱 악화하기 시작하였고, 특히 제2차 세계 대전기인 1940년대에는 극도로 주택이 부족하였다. 당시 잡지 『개벽』 제21호에는 1920년 당시 서울의 가구 수가 3만 8천982호인데 그중 3분의 1이 넘는 1만 4천 호 정도가 행랑살이 가구일 것이라는 논설이 실렸으며, 신문에는 빈민들을 위하여 경성부가 마련한 헐값의 집단 셋집인 '부영장옥'의 실태와 주민들의 생활상이 자주 보도되기도 하였다.

3.
1930~1940년대, 일제의 병참기지화

서울의 도시구조는 1920년대 중반을 거치면서 변화하였다. 도시 외곽지역으로 전입해 오는 인구가 늘어나게 된 것이다. 그 이유는 1930~1940년대에 일제가 만주 침략 이후 우리나라를 전쟁을 위한 병참기지로 만들고자 하였기 때문이다. 경기, 황해, 평양의 대규모 생산시설을 이용, 군수물자 조달을 위한 군수산업 공장을 건설한 것이다. 그러다 보니 자연적으로 공업구조의 지역 불균형을 초래하게 되었다.

이렇게 도시 주변부 인구의 현저한 증가는 1936년 시가지의 대폭적인 확장으로 이어졌다. 이를 통해 남촌과 북촌 중심으로 형성되었던 기존의 표주박 형 구조의 서울은 경기도에서 편입된 지역을 포괄하는 부채꼴 형 구조로 변하게 되었다.

또 일제가 벌인 토지 조사 사업은 농민들이 설 자리를 잃게 만들었다.

이들은 삶의 터전을 잃고 유랑민 생활을 하거나 일자리를 찾아 도시로 상경했다. 새로운 일터를 찾아 일본에서 서울로 건너오는 이들도 증가했다. 그 결과 서울의 인구수는 1920년대에 급격히 증가한다. 1920년 25만여 명에서 1925년에 30만 3천여 명, 1930년에는 35만 5천여 명으로 계속해서 증가하였다.

서울에 일본인 거주자와 기업가가 늘어나면서 1920년대 초부터 명동과 충무로 일대에는 조지아, 미나카이 등 백화점들이 생기기 시작했다. 조선 시대 육의전이 밀집해 있던 종로에도 1931년에 한국인 최초로 박흥식이 화신백화점을 열었는데, 1937년에는 당시로써는 생소했던 엘리베이터를 지하 1층에서 6층까지 설치하여 장안의 화제가 되기도 했다. 서울시민들의 생활 모습도 많이 바뀌었다. 북촌에는 전통 한옥 대신 문간방과 사랑방이 없어진 도시형 한옥이 늘어났다. 커피나 맥주를 파는 카페가 등장했고, 서양 영화는 더 이상 낯선 문화가 아니었다.

1931년 만주사변과 1937년 중일전쟁을 통해 일제의 대륙 침략이 본격화하면서 서울은 침략을 뒷받침하는 병참기지의 중심축을 담당하였다. 1940년대 들어 서울에서 열린 각종 전쟁 찬양대회들은 식민통치의 핵심이 한국인들을 이용하는 데 있었음을 보여주는 동시에, 그 중심에는 서울이 있었음을 뒷받침해 주고 있다. 그런 면에서 1945년 7월 24일 조선총독부와 경성부 바로 옆의 부민관에서 열린 침략전쟁 선전대회장에 우리의 애국 청년들이 폭탄을 던진 의거는 우리 민족의 굳건한 독립의 의지가 없이는 불가능한 일이었다. 일제의 허위 선전과 전시 강제 동원에 맞섰던 서울시민의 저항 의지를 잘 보여주는 좋은 사례이다. 그렇게 1940년대 서울은 중일전쟁 후 일제의 국가 총동원법 제정으로 전쟁 물자를 위한 인적·물적 자원을 수탈당하고 전시 전쟁 동원의 공간이었다.

4. 농지개혁과 이승만

국권 수복 후 농지개혁을 실시하면서 한민당이라는 정치 조직에 분열이 생기게 되었다. 이러한 농지개혁에 반발한 대지주들이 모인 곳이 바로 오늘날의 민주당 전신이다. 당시 대지주가 많았던 남부 지방 지주들의 반발이 거센 것은 어쩌면 당연한 일이었다.

8·15광복 직후 대한민국의 토지는 80%가 농사를 짓지 않는 지주가 소유하고 있었고 자작농의 비율은 극도로 적었다. 이것은 지주와 소작농의 대립을 심화시킬 수 있는 원인이 되었다. 수확량의 5할, 많게는 6~8할이라는 소작료도 지주와 농민의 갈등 요인이었다.

1946년 3월 5일, 북한에서는 무상 몰수, 무상 분배 방식으로 토지개혁을 전격적으로 시행하였다. 이러한 소식이 전해지자 남한 농민들의 불만이 터져 나왔고 이에 좌익 세력의 농촌 침투를 우려한 미 군정은 소작료를 3분의 1만 내도록 하는 3·1제(33%)를 실시하였다. 이로써 소작료가 크게 줄어들어 농민들의 부담이 적어졌지만, 갈등의 불씨는 여전했다.

토지개혁의 필요성이 여러 차례 대두되었으나 대지주들의 반발과 정치적인 문제로 시도하지 못하다가 1949년 6월, 이승만 정부가 농지개혁을 공포하였다. 땅을 소유하고 있던 지주들에게는 엄청난 충격이었다. 하지만 이승만은 집권 전부터 농지개혁이 최우선 과제라고 판단하고 있었다. 그는 1948년 3월 20일, 친구이자 정치고문인 로버트 올리버 박사에게 보낸 편지에서 정부 수립 후 제일 먼저 처리할 과제는 농지개혁법임을 피력한 바가 있다.

당시 남한 인구의 70%가 농업에 종사하고 있었는데, 그중 80%가 소작농이었다. 이들은 토지를 소유하고 있는 지주(주로 한민당 지지세력)의 정치·경제적 영향력으로부터 벗어나기가 어려웠다. 그렇다 보니 겉으로 드러내지는 않았지만 심정적으로는 무상 몰수, 무상 분배를 부르짖는 좌파(남로당)에 동조하고 있었다. 사실 농지개혁은 이승만 정부가 남로당을 심정적으로 지지하던 농민들을 자신의 지지기반으로 끌어들이기 위한 고도의 정치 행위였음은 부인할 수가 없다.

드디어 1949년 6월 23일, 북한의 무상 몰수, 무상 분배와는 다른 '유상 매입, 유상 분배' 방식의 농지개혁법이 국회 본회의에서 통과되었다. 처음 농림부가 제시했던 안에서 조정이 되었는데, 한 농가의 토지 소유 한도는 2정보에서 3정보(1정보는 약 3,000평)로 늘어났고, 상환 기간을 단기간으로 줄이는 것이 그 골자였다.

그 후 의회가 통과시킨 농지개혁법안에 대해 정부가 수정안을 제출해

1950년 3월 개혁안이 최종적으로 공포됐다. 주요 내용으로는 농지의 소유 상한은 3정보(약 3만㎡)로 하고, 초과 농지는 유상 매입하여 농민들에게 유상 불하하며 지주에게는 평년작의 150%를 지가증권으로 지급하고, 농민은 30%씩 5년간 분할상환하는 것을 내용으로 담고 있었다.

1949년부터 실질적인 행정절차에 들어간 농지개혁은 한국전쟁 전까지 대상 농지의 70~80%를 분배할 정도로 순조롭게 이뤄졌다. 그 결과 해방 직후 전체 농지의 65%나 차지하던 소작지는 1951년 조사에서는 8%까지 줄어들었다.

이렇게 농지개혁을 통해 농민들이 적정한 가격에 토지를 소유하게 되자 남한 사회의 급격한 인플레와 정치적 분열상황이 점차 안정을 찾게 되었고 농민들도 대한민국 국민이라는 정체성을 갖게 되었다.

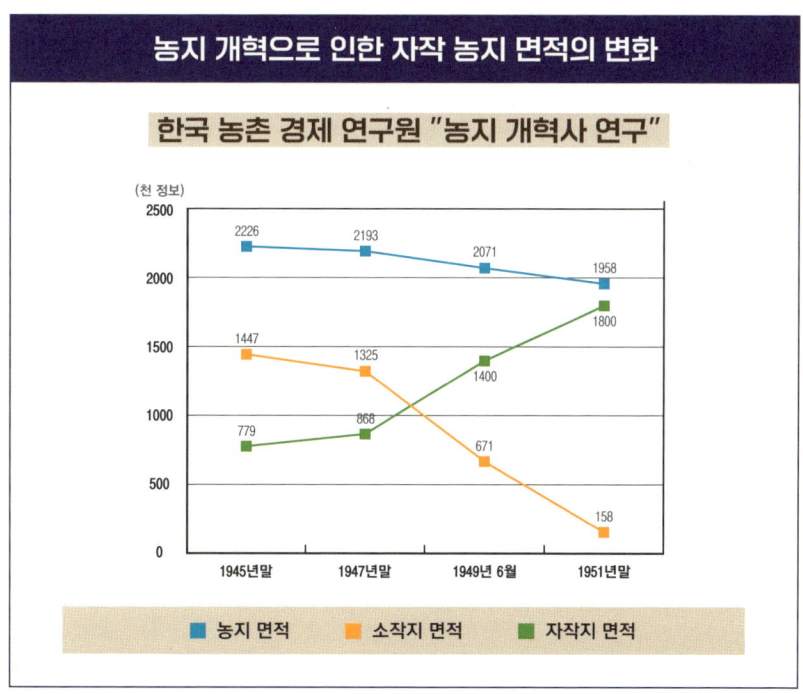

한편 몰수 토지에 대한 보상으로 지주들이 받은 지가증권은 한국전쟁으로 가치가 하락해 일찍 팔렸고, 이는 귀속재산 불하 납입 대금으로 사용되곤 했다. 사실 한국전쟁 시기에 이미 오늘날의 증권 시장과 유사한 지가증권 거래소가 임시수도인 부산 광복동에 있었고, 정부에서 증권 거래소 허가까지 해서 지가증권의 거래가 이루어졌다.

사실 건국 초기 인플레이션 때문에 5년 유예 기간을 두었던 지가증권의 가치는 상당히 낮았는데, 이것을 정부가 석산가옥 불하와 귀속재산 구매에 액면가 그대로 사용할 수 있게 했기 때문에 지가증권이 가치를 유지할 수 있었다. 그런데 정부가 의도했던 '토지 자본에서의 산업 자본으로의 전환'과는 달리, 토지채권의 값은 한국전쟁과 초인플레이션을 거치면서 엄청나게 떨어져 지주에서 자본가로 전환한 계층은 극소수에 지나지 않았다. 이에 더해서 농지개혁법이 실시되고 얼마 안 되어 한국전쟁이 터지면서 지주들이 인민재판에 걸려 죽거나, 피난처에서 지가증권과 생활물자를 교환하는 일도 있었다. 지주라고 해도 전쟁통에 식량 문제를 해결하기 위해 지가증권을 헐값에 매각한 사례가 허다하여 액면가의 10%에 판매되기도 하였다. 그나마 농지개혁법과 별개로 소작농들과 좋은 관계를 유지하던 일부 지주들이 살아남아 오늘날까지 대를 잇는 자본 계급으로 전환하는 데 성공한 경우도 있다. 한편 1950년대에 미국에서 들여온 제분, 제당, 방적 등 원조물자를 바탕으로 한 이른바 삼백 산업을 시작으로 서울의 제조업이 점차 되살아나기 시작했다. [08]

---

[08] 전재 복구 및 급격한 도시화(1945~1962), 사회적 혼란의 시대이다. 이 시기 6.25의 전재 복구 사업을 시행하였으며, 대량의 불량주택지구가 형성된다.

5. 1960년대, 경공업 중심의 공업단지 조성

6·25전쟁의 여파가 잦아들면서, 농지 자본은 산업 자본으로 변환되고 폐허가 되었던 도시에도 다시 사람들이 모여들었다. 이와 함께 저임금을 발판으로 가발과 의류 등 경공업을 중심으로 한 서울의 산업이 발전하기 시작하였다. 특히 영등포와 구로를 중심으로 건설된 공업지대는 한국의 경제발전에서 주요한 기능을 하였다.

1950년대 말 해외 원조가 감소하고 삼백산업으로 불렸던 수입 대체산업을 통한 자본 축적이 한계에 달하자 박정희 정부는 저임금을 이용한 경공업 중심의 수출 기반산업을 기본방향으로 하는 제1차 경제개발 5개년계획(1962~1966)을 수립했다. 경공업 중심의 산업구조 개편에 필요한 도시개발과 정비를 지원하기 위해 토지 관련 법들도 순차적으로 마련되었다. 이를 통해 울산공업지역과 경부고속도로 건설 등과 같은 국토개발 사업이 본격적으로 추진되었으며, 도시개발 과정이 발전하기 시작하였다.

1962년 「도시계획법」이 제정되어 서울의 영등포 기계공단, 부산의 사상·신평공단, 인천의 기계공단, 서대구공단, 성남공단 등 대도시 주변의 소규모 경공업단지가 조성되었다. 그에 따라 일제강점기 때와 같이 일자리를 찾아 도시로 이주하는 현상이 다시 일어났다.

그보다 앞서 광복과 한국전쟁을 전후하여 도시의 셋방살이 가구는 한층 증가하였다. 이는 해외로부터 귀환한 동포와 이북에서 월남한 피난민, 농지개혁과 농촌 경제 사정의 악화에 따른 이농민 등 복합적인 요인 때문이었다. 이에 반해 주택 공급은 이를 따라가지 못해 1957년 12월에 실시한 한국은행 조사부의 조사에 따르면, 당시 서울의 총가구 수는 29만 8천840호인데 총 주택 수는 18만 5천289동으로, 그 부족 수인 11만 3천551호가 셋방살이를 했던 것으로 추정된다.

그런데 뒤이어 1960년대 이후 급격히 전개된 산업화는 농촌의 인구를 가속적으로 도시로 배출시켜 도시의 주택 사정을 더욱 악화시켰다. 정부는 주택 부족난을 타개하기 위하여 주택 수급 문제를 경제개발 5개년 계획에 포함시켰다. 1962~1966년 서울 및 주요 대도시 주택 공급 문제에 초점을 맞춰, 민간 28만 호, 공공 4만 호로 총 32만 호의 주택을 공급할 계획을 세웠다. 그리고 도시화의 비극인 불량 무허가 주택 정비가 이때부터 진행되었다. 이러한 도시화 개발과정에서 토지 가격의 급등 현상이 초래되어 한 해에 도시 토지 가격이 30%가 상승할 정도였다. 토지 가격이 급등하자 정부에서는 공공용지의 취득을 용이하도록 하기 위해

1962년 「토지수용법」을 제정하여 적정한 가격에 토지를 수용할 수 있는 제도적 장치를 마련하였다.[09]

그 후 토지수용법에 의한 피해를 호소하는 지주들의 주장이 계속되자 그에 대한 적정한 보상을 위한 정책적 대응책이 절실히 요구되었다. 그리하여 1975년 「공공용지의 취득 및 손실보상에 관한 특례법」을 제정함으로써 공공사업 대상 토지의 평가 기준과 방법, 절차를 통일시켜 토지수용과 이전 협의에 의한 보상을 용이하게 하였다.[10]

---

[09] 사회경제적 격동기(1962~1980)의 도시계획법(1962): 전국 123개 도시에 대한 도시계획을 수립하면서 경제성장과 함께 계획적인 시가지 형성에 기여하였다.
도시계획법 개정(1971): 도시의 무질서한 확산(urban sprawl) 및 급격한 도시화의 통제와 제어
도시재개발법(1976): 도심부 노후화의 방지 및 외곽지대 정비를 위한 제도적 장치
그 외 관련 법률: 1962년 도시계획법, 1962년 건축법, 1963년 국토건설종합계획법, 1972년 국토이용관리법, 1973년 산업기지개발촉진법, 1976년 도시재개발법, 1977년 주택건설촉진법

[10] 우리나라의 도시계획 체계는 2단계(도시기본계획→도시관리계획)로 구성된다. 도시기본계획은 도시의 미래상에 대한 장기계획으로 물적 측면과 인구, 산업, 사회개발, 재정 등 사회경제적 측면을 포괄하는 종합계획의 특징을 가진다.

6.
1970년대, 강남 개발 시작

　　　　　1970년대 초반쯤 서울에는 2~3년 사이에 인구가 100만 명이나 늘어나는 등 인구가 폭발적으로 증가하였다. 인구가 증가하면서 교통량도 증가하여 새로운 교통수단의 필요가 제기되었다.

　1974년 서울역을 출발, 당시 서울 도심인 종로를 관통하여 청량리까지 이어지는 지하철 1호선이 개통되면서 교통 문제가 어느 정도 해결되는 듯했으나 수도권 인구 집중은 더욱 가속화하였고 서울은 포화 상태에 이르렀다.

　당시에는 서울의 강북지역에 아직 개발되지 않은 곳이 많았으나 대통령 부인 육영수 여사 피격 사건 등으로 안보 위기가 고조하면서 유사시 강북보다는 북한의 사정거리에서 먼 강남을 개발하는 것이 유리하다는 주장이 대두되었다. 이런 분위기 속에서 정부에서는 강남 개발을 계획하고 1976년 아파트 지구 지정을 하였다. 당시 강남은 고층건물이 즐비하고 교통이 혼잡한 지금과는 비교할 수 없는 허허벌판이었다. 논밭, 과수원이 있는 곳도 땅값은 매우 저렴하였다. 어쩌면 정권 차원에서도 이러한 점을 염두에 두었을 것이다.

잠실을 비롯한 강남 일대에 아파트가 건설되고 서울의 범위가 강남지역까지 확장되면서 전국 각 지역을 연결하는 고속버스 터미널이 강남에 들어섰다. 그때까지만 해도 지방에서 서울에 오려면 기차를 이용, 서울역이나 청량리역에서 내리거나 동대문, 청량리 등에 산발적으로 흩어져 있던 버스터미널을 이용해야 했다.

인구의 분산을 위해 너른 강남 땅을 개발하면서 무질서했던 자연 상태의 토지를 구획하고 도로를 건설하고 학교, 공원 등 기반시설을 설치하기 위해서는 막대한 사업비가 필요했다. 이를 위해 정부에서는 강남 땅의 일부를 팔아 비용을 조달하였고, 개발 사업을 하는 건설회사 등에 이권을 주면서 토지 가격은 가파르게 상승하기 시작했다.

정부에서는 1967~1971년 제2차 경제개발 5개년계획 기간부터 주택건설에 역점을 두었는데, 특히 1970년대 초부터 본격화된 도시의 아파트 건설은 셋방 해소에 크게 기여하였다. 그러나 늘어나는 주택 공급에도 불구하고 급증하는 인구 집중으로 인한 주택 수요가 주택개발 추세보다 훨씬 앞질렀기 때문에, 서울의 주택 부족률은 여전했다.

개발이 장기화되어 택지 공급이 원활히 이루어지지 않자 전면 매수와 강제 취득이 가능한 「택지개발촉진법」을 1980년에 새로이 제정하였다. 이와 함께 토지구획 정리사업 억제 조치를 1983년과 1986년 두 차례에 걸쳐 실시하였다.

7. 1980년대, 도시화 성숙기

1970년대와 1980년대를 거치면서 주택 총수가 증가했지만, 인구 역시 동시에 증가하여 여전히 주택은 부족하였다. 주택 부족 문제가 날로 악화하면서 단독주택 일부를 임대하여, 1주택에 두 가구 이상이 거주하는 이른바 다세대 거주 단독주택은 보편적 주택 형태로 자리 잡았다.

1980년 전국의 주택 부족률은 36.1%였으며 서울의 경우 49.2%로 증가한 것을 비롯하여 부산, 대구, 인천 등 다른 대도시도 40% 이상의 주택 부족률을 나타내었다. 결국 부족한 만큼의 숫자는 셋방살이를 하는 것으로 볼 수 있었다.

늘어나는 주택 부족률과 급격한 주택 가격 상승은 주택의 종류, 소유 형태, 주거비 부담에 영향을 미쳤다. 주택 가격 상승, 특히 지가 상승으로 인하여 단독주택 비율은 점차 줄어들고, 그 대신 아파트 비율이 1970년의 4.1%에서 1985년에는 21.3%로 증가하였다. 또한 자가율 역시 지속적인 하락 추세를 보여 전국의 주택 자가율은 1975년의 63.5%에서 1985년에는 53.3%로, 서울의 경우는 46%에서 40.6%로 감소하였다. 반면에 셋방살이 가구의 비율은 더욱 커졌는데 전국적으로는 전세가구가 대폭 늘어난 반면, 서울에서는 월세가구가 늘어났다. 다시 말하면 계속해서 악화하는 주거비 부담 때문에 서울의 경우는 전세방 얻기도 힘들게 된 것이다.

셋방살이에는 가구별 방 수의 부족은 물론이고 부엌과 화장실, 상하수도 등 주거 조건에도 문제가 있었다. 동시에 여러 가구가 한 집에서 공동 거주함에 따라 초래되는 인간관계의 마찰, 사생활의 침해, 정신 위생상의 악영향 등 많은 문제점과 애환이 발생할 수밖에 없었다.

이에 정부에서는 1981년에 20년 장기의 도시 발전 방향을 설정하고, 용도지역 등의 도시관리계획 입안에 지침이 되는 '도시기본계획' 수립을 제도화하게 되었다. 그에 따라 도시기본계획이 포함하는 단계별 개발계획에 근거하여 시가지 개발도 계획적, 단계적으로 추진하고자 하였다.

한편 제2차 국토종합계획(1982~1991)을 수립하여 인구의 지방 정착과 생활환경 개선을 목표로 수도권 집중 억제와 권역개발을 추진하게 된다.[11]

1980년대의 토지 정책은 토지 수요와 공급의 불균형이 토지 문제의

---

11   후기산업화 시대(1980~2002): 도시계획제도 혁신의 시대: 도시계획체제의 제도적 확립(도시기본계획제도 도입), 주민참여의 제도화(공청회, 의견 개진 등), 1990년대 민주화와 지방화 추세에 따라 계획 추진 과정의 실효성을 향상시켰다.
도시계획법 개정(2000): 개발제한구역의 대폭 완화 · 해제 및 매수청구제도를 도입하여 도시개발계획체계를 정비하였다. 실행 법령으로는 1980년 택지개발촉진법, 1982년 수도권정비계획법, 2000년 도시개발법이 제정되었다.

근본 원인이라는 인식에서 토지 공급을 확대하는 한편 투기적 가수요를 억제하는 데 역점을 두었다. 이러한 정책 기조 속에서 1987년까지는 경제 전반에 안정적 추세에 힘입어 부동산 가격이 안정되었다. 그러나 1980년대 말에 재현된 토지 및 주택 가격이 폭등하면서 계층 간 분배구조를 둘러싼 갈등이 증폭되었다.

1980년대 말부터 셋방 문제는 전혀 새로운 국면으로 전환한다. 즉 1988년에 들어선 제6공화국이 주택 200만 호 건설에 착수하였을 뿐 아니라 그중 30%에 해당하는 60만 호분을 영구임대·장기임대 주택으로 충당한 것이다. 한편 주택 수 증가를 위해 이른바 다가구주택의 건설을 장려하였다.

1960~1970년대에는 서울, 부산, 대구 등 대도시 변두리에 단층·평옥의 이른바 '집장수 집'이 건축되었다. 그런데 제6공화국 정부는 이 단층 평옥의 집장수 집을 3~5층으로 개조하여 여러 가구가 층별로 공동 거주하도록 장려한 것이다. 주택 200만 호 건설과 다가구주택 건설을 통하여 많은 가구의 셋방살이가 해소되었다.

한편 1989년 동구권의 몰락과 함께 사회주의 국가들이 자본주의 체제로 편입되면서 전 세계적으로 개방화 경향이 나타나기 시작했다. 특히 우루과이 라운드 협상 타결과 WTO의 출범으로 세계화와 개방화 시대가 개막되었다.

이에 1980년대 중반 이른바 저금리, 저환율, 저유가의 3저 호황으로 발생했던 무역흑자 및 여유자금과 1987~1988년 대통령 및 국회의원 선거 중 발생했던 과다한 통화량 등이 물가를 상승시켰다. 토지 가격 역시 지속적으로 상승해 GNP 대비 지가총액은 1989년에는 8.1배로 급격히 증가하였다. 특히 개발지역 및 주변 지역의 급격한 지가 상승으로 막대한 개발이익이 사유화되는 문제가 발생하였다.

1990년 이후 대도시권의 인구 변화

	1990	1995	2000	2005
수도권	18,586,128	20,189,146	21,354,490	22,766,850
서울	10,612,577	10,231,217	9,895,217	9,820,171
인구비율	57%	51%	46%	57%
부산권	5,762,698	6,250,408	6,280,625	6,301,528
부산	3,798,113	3,814,325	3,662,884	3,523,582
인구비율	66%	61%	58%	56%
대구권	2,625,916	2,979,767	3,081,352	3,054,561
대구	2,229,040	2,449,420	2,480,578	2,464,547
인구비율	85%	82%	81%	81%
대전권	1,790,636	1,988,114	2,073,632	2,108,080
대전	1,049,578	1,272,121	1,368,207	1,442,856
인구비율	59%	64%	66%	68%
광주권	1,479,790	1,590,868	1,670,084	1,694,667
광주	1,139,003	1,257,636	1,352,797	1,417,716
인구비율	77%	79%	81%	84%

- 수도권: 서울특별시, 인천광역시, 경기도
- 부산권: 부산광역시, 울산광역시, 창원시, 마산시, 진해시, 김해시, 양산시
- 대구권: 대구광역시, 영천시, 경산시, 군위군, 청도군, 고령군, 성주군, 칠곡군
- 대전권: 대전광역시, 공주시, 논산시, 계룡시, 금산군, 연기군, 청원군, 보은군, 옥천군, 영동군
- 광주권: 광주광역시, 나주시, 담양군, 화순군, 함평군, 장성군

자료: 한국은행 2005. 숫자로 보는 광복 60년 및 통계청 홈페이지

8. 1990년대, 수요자 중심 차별화 시대

1990년대는 제3차 국토종합계획(1992~2001) 시기이다. 국민복지 향상과 환경보전을 목표로 서해안 산업지대와 지방 도시 육성을 통한 지방 분산형 국토개발을 추진하였다. 1995년 대도시 주택 보급률은 80% 전후였는데, 계속하여 주택 건설을 활발히 추진하면서 주택 부족, 셋방살이 문제는 점차 해소되어 갔다.

1990년대 중반에는 강남 테헤란로를 중심으로 정보통신 벤처기업들이 들어서 정보통신산업을 이끌었다. 지금도 대기업 본사의 대부분이 서울에 소재하고 있어 서울의 경제적 위상은 여전히 높은 자리를 차지하고 있다.

한편 앞서 말한 세계적인 개방화와 통화량 증가 여파로 1997년 IMF 관리체제에 들게 되었다. 경제 구조조정, 특히 금융 구조조정과 기업 구조조정의 원활한 추진을 위해서는 부동산 시장의 안정이 선결과제로 인식되면서 각종 규제 완화가 불가피하였다.

첫째, 실수요자의 원활한 토지 거래를 촉진하기 위하여 토지 시장에서 거래 관련 규제를 폐지하였다. 전 국토의 37%에 달한 토지 거래 신고 구역을 1997년 12월 20일 자로 전면 해제하였으며, 1998년 11월에는 토지 거래 신고 제도를 폐지하였다.

둘째, 택지 소유 상한제가 폐지되었다. 택지 소유 상한제는 토지공개념의 일환으로 1989년 12월 30일 「택지 소유 상한에 관한 법률」을 제정하여 1990년 3월 2일부터 시행한 것이다. 그런데 이에 대해 위헌 여부를 묻는 헌법소원이 1994년 이후 67건이나 제기되었다. 결국 1999년 4월 29일, 헌법재판소에서는 택지 소유 상한 면적의 과도한 제한, 고율의 부담금 등이 국민의 재산권을 침해한다고 하여 이 법률에 대해 위헌 결정을 내렸다.

또한 토지 초과 이득세는 미실현 소득에 대한 과세라는 비판이 계속되어 오다 1994년 7월 29일, 헌법재판소가 이 법에 대한 헌법 불합치 결정을 내렸고, 1994년 12월 22일 법 개정이 이루어졌으나 1998년 12월 28일 부동산 시장 활성화 시책의 일환으로 폐지하였다. 또 개발부담금제는 1999년 말까지 한시적으로 면제하고 2000년부터는 부과율을 개발이익의 50%에서 25%로 인하함으로써 보유 토지의 처분 유인을 완화하였다.

9. 2000년대, 국토의 균형개발 추진

제4차 국토종합계획(2000~2020)은 제1차~제3차까지의 국토종합개발계획으로 발생한 국토의 불균형발전과 자연환경의 훼손이라는 문제점을 해소하고, 세계화와 지방화에 대응하고자 추진되었다. 당시 주택보급률은 점차 증가하여, 2005~2007년에 각각 98.3%, 99.2%, 99.6%에 이어 2008년 100.7%로 100% 선을 넘어섰다. 그러나 수치상 나타나는 주택 보급률에 비해 실제로는 10가구 중 4가구가 무주택인 것으로 나타나 일부 가진 자의 1인 2주택 이상 소유의 편중 현상이 심한 것으로 나타났다. 즉 주택의 절대적 공급 부족에 의한 셋방 문제는 없어졌지만, 주택 소유가 편중됨으로써 여전히 주거 문제를 안고 있는 사람은 많다고 볼 수 있다.

그동안 외환위기를 겪으면서 소득계층 간, 지역 간 경제 불균형이 확대되었다. 특히 수도권과 비수도권 간의 경제력 격차가 심화되면서 지역 간

소득 격차 완화를 위한 지방의 요구가 거세졌다. 2000년 기준으로 국토 면적의 11.8%에 불과한 수도권에 전국 인구의 46.3%가 집중되어 있으며, 국가 공공기관의 84%, 100대 기업 본사의 91%가 모여 있었다. 수도권은 과밀로 인해 부동산 가격 급등, 교통 혼잡비용 증가 등 각종 문제점이 나타났다. 이처럼 수도권의 과도한 지배력과 이에 따른 지방의 공동화 문제는 2000년대 들어와 강력한 지방 분산 정책을 추진하는 배경이 되었다.

2000년대의 국토 정책에는 세계화, 지속 가능성, 삶의 질, 분산, 분권 등이 키워드로 자리 잡고 있었으며, 이전의 계획 환경보다 고려해야 할 요인들이 한층 많아졌다. 따라서 정부는 불균형 성장의 한계를 인정하고 지역 경쟁력이 곧 국가 경쟁력이라는 인식하에 다양한 지역 발전 정책을 구상하게 되었다.

정부는 국토의 균형개발, 개발과 환경의 조화를 목표로 미래형 국토종합계획의 필요성에 따라 제4차 국토종합계획 기간을 10년에서 20년(2001~2020)으로 변경키로 하였다. 그리하여 2006년과 2011년에 수정계획을 수립·운영하여 '글로벌 녹색 국토' 조성의 기치 아래 경쟁력 있고 지속 가능하며 품격 있는 국토, 세계로 향한 열린 국토를 추진할 것을 비전으로 제시하였다. 또 광역공간 단위의 지역 특성을 고려한 전략적 성장 거점을 육성하고 지역별로 특화 발전시킴으로써 글로벌 경쟁력을 강화토록 하였다.

정부의 정책 방향은 사회·경제적 여건 변화에 대응하여 포용적이고 통합적인 주거 지원 방안을 마련하는 것이다. 그에 따라 생애주기별, 가구소득별 맞춤형 주거 지원 강화, 주택 재고 관리(빈집, 재건축 등), 비정상 거처 거주자 지원, 1인 가구 및 청년층을 위한 포용적 주거 지원 방안을 마련하였다.

부동산 시장의 안정을 위해서는 시장 상황 및 지역에 맞는 탄력적 정책을 운용, 지역 경기 활성화와 함께 지역 상황에 맞는 탄력적 정책으로 수요 관리뿐 아니라 미분양 등을 최소화한다.

참고로 우리나라는 지속된 저출산·고령화로 인구 변화의 변곡점을 지나기 시작하였다. 합계출산율은 '38년째 인구대체율(2.1명)을 하회하고 있고, 최근에는 1 이하를 기록하며 전 세계 최하위 수준으로 하락하였다.

이러한 인구 감소와 저성장 등에 대응하여 토지 이용 및 건설 수급 대응전략 마련, 토지의 공공성을 강화하여 인구 감소에 따른 유휴 토지를 효율적으로 활용할 수 있는 정책을 개발하고 운용한다.

한편 제4차 국토종합계획에 이어 발표된 제5차 국토종합계획(2020~2040)은 인구 감소, 고령 인구 증가, 4차 산업혁명, 기후변화 등 빠르게 변화하는 여건을 반영하여 현재와 미래 세대 모두를 위한 국토 정책으로, 앞으로 20년간 수행해 나갈 국토 발전 방향이다.[12]

---

12 ① 인구 감소 시대에 대응한 국토공간구조 개편
   - (공간 재배치) 도시 내 부지 우선활용 및 녹지 조성
   - (친환경 관리) 산업 쇠퇴지역·저이용 등 복원
② 국토환경의 연결성 강화를 위한 체계적 국토관리
   - (국토생태축) 백두대간 등 국토환경 네트워크 강화
   - (연결성 강화) 생태훼손 단절지역 등 복원
③ 기후변화에 대응하여 안전한 저탄소 국토 조성
   - (저탄소) 온실가스 저감 그린인프라 구축
   - (기후회복력) 취약지역 재난재해 안전관리망 확충
④ 첨단기술을 활용한 혁신적 국토-환경 공간 구현
   - (인프라) 제로에너지 건축 등 친환경 인프라 보급
   - (신산업 기반) 탄소산업 클러스터 조성 등
⑤ 남북협력과 국제협력을 통한 글로벌 위상 제고
   - (남북협력) 한반도 주요 생태축 연결 등
   - (국제협력) 국제기구 역할 강화, 신기후체제 이행 등

제5차 국토종합계획의 주요 목표는 '어디서나 살기 좋은 균형국토', '안전하고 지속 가능한 스마트국토', '건강하고 활력있는 혁신국토'이다. 이를 위한 발전 전략으로 개성 있는 지역 발전과 연대·협력 촉진, 지역산업 혁신과 문화관광 활성화, 세대와 계층을 아우르는 안심 생활공간 조성, 품격 있고 환경친화적인 공간 창출, 인프라의 효율적 운영과 국토 지능화, 대륙과 해양을 잇는 평화 국토 조성을 제시하고 있다. 그중 인프라의 효율적 구축·운영과 기존 교통체계를 혁신, 미래를 대비하기 위해 전국을 2시간대, 대도시권은 30분대로 연결하는 국가교통 네트워크를 보완하고 고속철도 서비스 확대로 전국에 X자형 고속교통망을 구축한다.

또한 GTX 등 광역철도망 구축, 순환도로망으로 교통량 분산, 대심도 지하도로 추진 등 '광역교통비전 2030'의 내용도 반영하였다. 또 자율자동차 등의 출현과 개인용 모빌리티 증가에 대응하여 도로·보도로 이루어진 기존 도로체계를 개편하고, 드론 및 소형비행기 등 다양한 항공교통수단이 안전하게 운항할 수 있는 항공교통체계도 구축한다. 대심도 교통수단 및 하이퍼루프 등 새로운 교통수단 등장에 대비해 지하교통체계 개편 등도 계획에 포함되어 있으며, 이는 '제2차 국가기간교통망 계획(2021~2040)'에서 구체화될 예정이다.

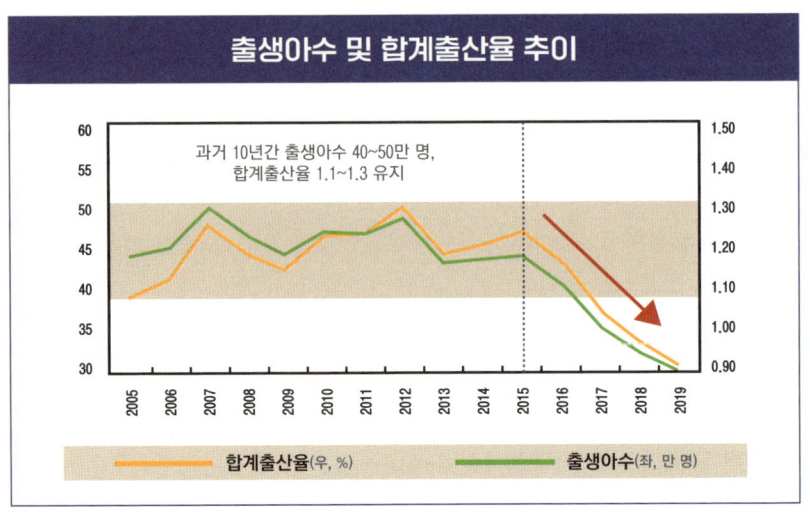

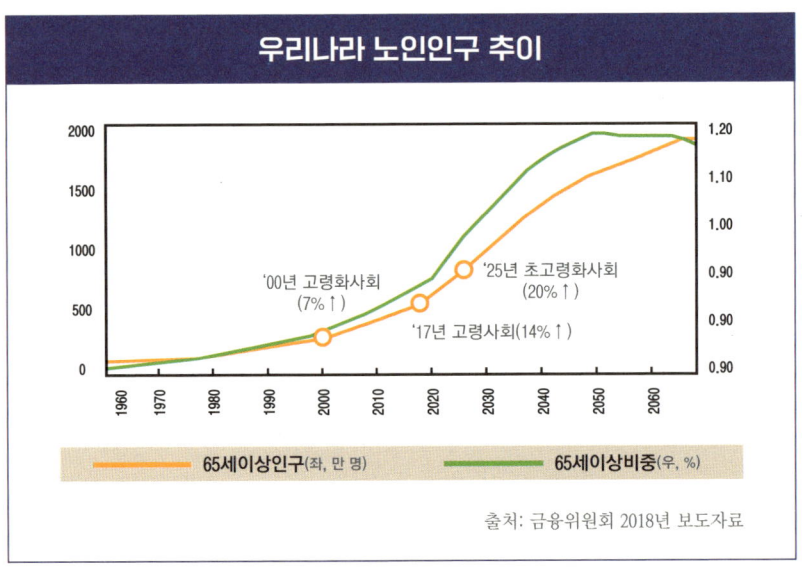

출처: 금융위원회 2018년 보도자료

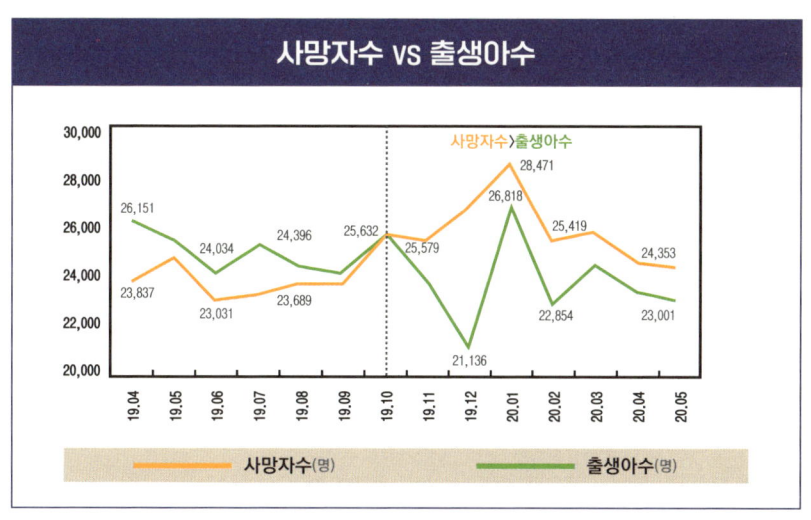

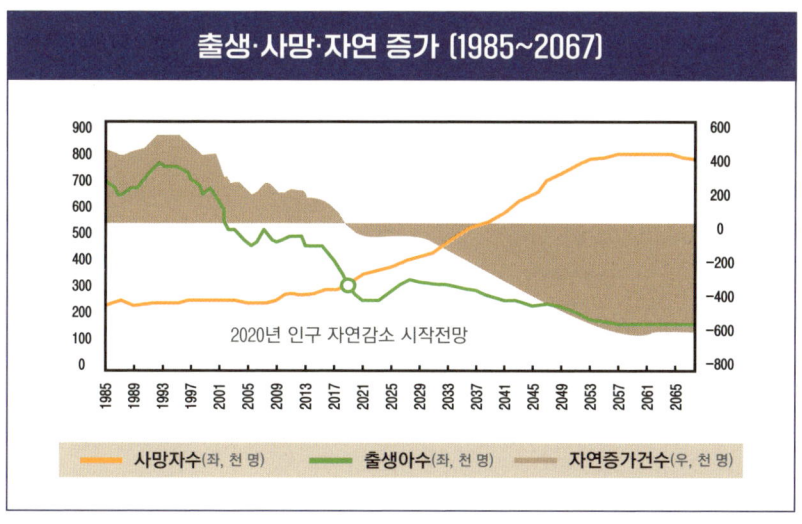

I. 우리나라 부동산 정책의 변화

국토 정책의 시대적 배경에 따른 변화 추이

시대 구분	시대적 특성	시대상황	국토계획의 추진상황	계획의 지향점
1950 년대	혼란기	- 해방공간과 한국 동란으로 국토의 피폐 - 지역 불균형 시작	- 50년대 말 국토개발 정책이 논의된 정도	
1960 년대	발아기	- 50년대부터 누적된 국가 전반적인 분야의 불안전성 계속	- 국토 건설 종합 계획법 - 제1,2차 경제개발 5개년 계획구상 시도	- 산업구조의 근대화
1970 년대	부흥기	- 60년대 추진한 산업구조의 변화로 효율성은 증대되었으나 사회적 불균형 노정	- 제1차 국토종합 개발 계획 추진 - 제3,4차 경제개발 5개년 계획실시	- 국토의 효율적 이용 - 환경 보존 - 대도시 인구 집중 억제
1980 년대	성숙기	- 고도 성장 달성 - 대도시 인구 집중 - 난개발, 부동산 투기 심화	- 제2차 국토종합 개발 계획 실시 - 제5,6차 경제개발 5개년 계획실시	- 개발 가능성 전체 확대 - 인구의 지방 분산 - 자연환경 보존
1990 년대	안정기	- 국토개발 불균형 심화 - 지가상승 - 환경오염 확산 - 기반시설 미약	- 제3차 국토종합 개발 계획 실시 - 제7차 경제개발 5개년 계획실시	- 수도권 과밀 억제 - 지역격차 해소 - 환경 보존 - 국가경쟁력 고도화 - 국토기반시설 확충
2000 년대	총체적 융합기	- 다양성의 시대 - 고도의 첨단과학 및 지식 정보화 시대 - 세계적 경쟁력의 시대 - 지방화 본격적 시작 - 지구 환경문제, 에너지·자원위기 도래	- 제4차 국토종합 계획 추진 (수정계획 포함) - 제1차 국가 균형 발전 5개년 계획추진 - 지역발전 5개년 계획 추진 - 광역경제권, 초광역권 개발 추진 - 저탄소 녹색성장 추진	- 세계화 및 동북아 성장에 적극대응 - 지방화 및 지식정보화 - 남북한 경제협력과 국토 통합 촉진 - 국토의 지속 가능성

자료: 국토계획 및 이용에 관한 연차 보고서. 2011

국토종합계획의 변천

구분	제1차 국토종합개발계획 (1972~1981)	제2차 국토종합개발계획 (1982~1991)	제3차 국토종합개발계획 (1992~1999)	제4차 국토개발계획 (2000~2020)
수립시점 1인당 GNP	319달러(1972)	1,824달러(1982)	7,007달러(1992)	1만 841달러 (2000.GN)
배경	- 국력의 신장 - 공업화 추진	- 국민 생활환경 개선 - 수도권의 과밀 완화	- 사회 간접 자본시설 미흡, 경쟁력 약화 - 자율적 지역개발	- 21C 여건 변화 주도적 대응 - 국가의 융성과 국민 삶의 질 확보 위한 새로운 국토 비전과 전략
방식	성장거점개발	광역개발	균형개발	균형발전
권역	4대강 유역권	4대 경제권, 4대 특정지역	7개 광역권	10대 광역권
목표	- 국토이용관리 효율화 - 국토개발기반 확충 - 국토 자원 개발과 자연 보전 - 국민 생활환경의 개선	- 인구의 지방정착 유도 - 개발 가능성의 전국적 확대 - 국민 복지수준 제고 - 국토 자연환경 보전	- 지방 분산형 국토 골격 형성 - 생산, 자원 절약적 국토 이용 체계 구축 - 국민 복지 향상과 국토 환경 보전 - 남북 통일대비 기반조성	- 계획의 기조 - 21C 종합 국토의 실현 - 계획의 목표 - 균형국토, 녹색국토, 개방국토, 통일국토
개발전략 및 정책	- 대규모 공업기반 구축 - 교통 통신, 수자원 및 에너지 공급망 정비 - 부진지역 개발을 위한 지역 기능 강화	- 국토개발 불균형 심화 - 지가상승 - 환경오염 확산 - 기반시설 미약	- 제3차 국토종합 개발 계획 실시 - 제7차 경제개발 5개년 계획실시	- 수도권 과밀 억제 - 지역격차 해소 - 환경 보존 - 국가경쟁력 고도화 - 국토기반시설 확충
특징 및 문제점	- 수도권과 남동임해 공업 벨트 중심 - 거점개발방식 채택 - 경부축(서울~부산) 중심으로 인구와 산업집중→ 지역 격차 심화	- 양대도시 성장억제 및 성장 거점도시의 육성에 의한 국토 균형발전 추구 - 구체적 집행수단의 결여로 국토의 불균형 지속 및 환경문제	- 서해안 신산업 지대와 지방도시 육성 - 개발지향적 사고, 난개발 방치 - 세계화, 개방화, 지방화 등 여건반영 미흡	- 개방형 통합 국토축 형성 : 연안국토축+동서내륙축 - 지역 균형 발전 개발 촉진 - 국토 환경의 적극적인 보전을 위해 개발과 환경의 조화전략 제시

자료: 국토업무편람. 2007. 건설교통부

제4차 국토종합계획 수정계획 비교

구분	제4차 국토계획 (2000~2020)	제4차 국토계획 수정계획 (2006~2020)	제4차 국토계획 재수정계획 (2011~2020)
국토 공간구조	- 개방형 통합 국토축: 연안국토축+동서내륙축	- 개방형 국토축+다핵연계형 국토 구조 π형 국토축+(7+1)구조	- 개방형 국토발전축+5+2 광역경계권 중심으로 한 거점도시권
기조	- 21C 종합국토 실현	- 약동하는 통합국토 실현	- 새로운 도약을 위한 '글로벌 녹색국토'
목표	- 균형국토, 녹색국토, 개방국토, 통일국토	- 균형국토, 녹색국토, 개방국토, 통일국토, 복지국토	- 경쟁력있는 통합국토 - 지속가능한 친환경국토 - 품격있는 매력국토 - 세계로 향한 열린국토
개발전략 및 정책	*5대 전략 - 개방형 통합 국토축 형성 - 지역별 경쟁력 고도화 - 건강하고 쾌적한 국토환경 조성 - 고속교통, 정보망 구축 - 남북한 교류 협력기반 조성	*6대 전략 - 자립형 지역발전 기반 구축 - 동북아시대의 국토 경영과 통일기반 조성 - 네트워크형 인프라 구축 - 아름답고 인간적인 정주 환경 조성 - 지속가능한 국토 및 자원관리 - 분권형 국토계획 및 집행체계 구축	*6대 전략 - 국토 경쟁력 제고 위한 지역특화 및 광역적 협력 강화 - 자연친화적 안전한 국토 조성 - 쾌적하고 문화적인 도시, 주거환경 조성 - 녹색교통, 국토정보 통합 네트워크 구축 - 세계로 열린 신성장 해양 국토 기반 구축 - 초국경적 국토경영 기반 구축

구분	제4차 국토계획 (2000~2020)	제4차 국토 계획 수정계획 (2006~2020)	제4차 국토 계획 재수정계획 (2011~2020)
지역개발	- 10대 광역권 종합적 개발	- 행정중심 복합도시 건설, 공공 기관 지방이전, 혁신도시 및 기업도시 건설 추진	- 광역경제권 형성하여 지역별 특화 발전, 글로벌 경쟁력 강화 - 지역 특성을 고려한 전략적 성장거점 육성 (대도시와 KTX정차도시 중심으로 도시권 육성)
교통	- 전국을 하나의 생활권으로 묶는 통합 교통망 체제 - 동북아 관문기능 수행 위한 국제교통망 구축	- 7×9 간선도로망 지속 추진 - 행정중심 복합도시와 각 지역 연결 강화 - TCR, TSR등 남북한-동북아 연결 교통망 구축	- 철도 중심의 녹색교통체계 - 기존 시설의 운영 효율화 - 광역경제권, 초광역 개발권 연계 인프라 확충
집행	- 지방 분권화 및 지역 간 협력 체계 기반으로 한 지자체의 자율적인 계획집행을 강조 - 조직, 법, 재원기반 구축	- 지방분권, 갈등조정 시스템 구축 - 투자재원 다양화, 운영 효율화	- 지역 개발사업 남발 방지 위한 효율적인 지역개발 시스템 구축 - 자원 조달방식 다양화, 재정분담 원칙 정립

I. 우리나라 부동산 정책의 변화

재명 100

땅 투자 100계명

역대 정부별 부동산 정책

우리나라 토지 정책의 변화는 한국전쟁의 상흔을 극복하고 경공업으로 산업을 일으키던 시기인 박정희 정부 때부터 시작되었다고 볼 수 있다. 이를 1960~1990년대와 1990년 이후로 나누어 정부별로 각각의 부동산 정책들을 살펴보도록 하자.

1. 1960~1990년대 중반

>>> 1) 박정희 정부(1962~1979)

고도성장을 목표로 한 규제의 시대이다. 1960년대부터 본격적으로 대한민국 수도로서의 위상을 갖춘 도시로 서울을 개발하기 시작하였다. 매년 홍수가 범람하던 한강 변을 정비하였으며, 강북에 밀집된 인구를 분산시키기 위해 한적한 농촌지역이었던 강남을 개발하고 강북과 강남을 연결하는 간선도로를 건설하여 서울의 영역을 확장하였다. 이어서 서울과 지방을 연결하는 고속도로까지 건설함으로써 산업을 위한 물류 수송에 도움을 주었을 뿐만 아니라 전국을 1일 생활권으로 묶어 수도권으로 인구 이동이 더욱 수월해졌다.

이와 함께 서울에 가득했던 판자촌들을 헐고 그 자리에는 대형 건물과 아파트를 세웠다. 그런데 제대로 된 준비나 근본적인 대책을 마련하지 않은 채 빠른 기간 내에 개발을 추진하다 보니 여러 가지 문제들이 발생했다. 그 대표적인 것으로 1970년의 와우아파트 붕괴사건과 1971년 광주대단지사건은 개발지상주의가 낳은 참사였다.

　박정희 정부는 국토개발을 경제개발 전략과 동시에 추진하면서 공업지구 조성과 산업용지 개발을 위한 부동산 정책에 주안점을 두었으며, 도시계획에 따른 시가지 개발 사업도 본격적으로 추진하였다. 또한 산업화 추진을 위한 개발 목표로 정책들이 제정되어 토지 정책에 있어 획기적인 전환기를 맞게 된다.

　특히 주택정책의 전체적인 모습은 부동산 경기 변화가 있을 때마다 투기를 억제하고자 주택 공급제도의 기준을 강화하거나 완화하는 등의 정책으로 수요를 조절하려고 하였다. 그러다 보니 사람들은 수시로 변하는 부동산 및 토지 정책에 따라 투자 또는 투기에 관심을 갖게 되었다.

　산업정책과 공업입지정책은 1963년 「국토종합계획법」에 의하여 국토계획의 기본구상으로 제1차 국토종합개발계획(1972~1981)이 추진되었다. 이후 제2차 국토종합개발계획(1982~1991), 제3차 국토종합개발계획(1992~2001)으로 이어졌다.

　이 시기 박정희 정부가 추진했던 부동산 정책과 입법들을 보면 공업단지 조성을 위한 정책으로 「토지수용법」(1962), 「공업지구 조성을 위한 토지수용특례법」, 「수출공업단지 개발조성법」(1964), 「기계공업진흥법」(1967) 등이 있다. 그 외에도 「건축법」(1962), 「도시계획법」(1962), 「부동산 투기억제에 관한 특별조치법」(1967), 「농촌근대화촉진법」(1970), 「특정지역 개발 촉진에 관한 임시조치법」(1972), 「부동산 투기억제 및 지가안정을 위한 종합대책」(1978) 등도 제정되었다.

한편 주택 공급을 위하여 1962년 대한주택공사를 설립하고, 1967년에는 한국주택금고를 설립하여 주택 금융 수요를 담당케 하였다.

>>> 2) 전두환 정부(1980~1986)

지역개발을 위한 규제 완화의 시대이다. 이때는 인구의 도시집중이 심화되어 대도시를 중심으로 주택 문제가 더욱더 심각해졌다. 따라서 무주택자를 위한 부동산 대책에 대한 논의도 그만큼 깊을 수밖에 없던 시기였다. 부동산 정책의 초점을 택지 공급 확대에 두고, 도시의 주택난 해소를 위한 택지 공급 방안이 적극 도입되었다. 결과적으로 볼 때, 전두환 정부의 부동산 정책은 당시 벌어진 상황을 수습하는 즉, 상황에 따라 투기를 억제하는 정책과 침체한 부동산 시장을 활성화시키는 경기 부양책이 반복되는 임시 대응적 성격이었다.

도시의 주택난을 해소하기 위하여「택지개발촉진법」(1980)과「주택임대차보호법」(1981)을 제정하였다. 그리고 1982에 '청약저축제도'가 도입되었으며,「임대주택건설촉진법」(1984)도 제정되었다.

이외에도 주택 투기를 억제하기 위한 대책으로 '채권 입찰제'(1983) 등의 제도와 함께 청약, 전매, 분양 자격의 강화를 추진하였다. 또한 지역 간 형평성을 제고하기 위해 '토지 거래 신고제'(1984), '토지 거래 허가제'(1985)를 실시하였다.

>>> 3) 노태우 정부(1987~1992)

　　　　　토지공개념에 입각한 규제의 시대이다. 1980년대 전반기는 그동안의 부동산 정책의 문제점이 수요와 공급의 불균형에 있다는 인식 아래 토지(택지) 공급 확대 정책에 초점을 두어 정책을 집행하였다. 그런데 1980년대 후반기에 들면서 이전에 추진했던 다수의 개발 사업으로 인해 개발지 인근 및 주변 지역의 지가가 상승하면서 토지로 인한 막대한 불로소득이 발생하였다. 이것이 사회 문제로 제기되면서 토지공개념 제도를 도입하게 되었다. 특히 1988년 이후에는 규제 정책이 쏟아진 시대라고 하겠다.

　법과 제도의 수립을 살펴보면 토지공개념 제도에 입각하여 '토지과다보유세' 부과와 '8·10부동산 투기억제 종합대책'(1988)의 발표, '공시지가제도'(1989)를 도입하였다. 그리고 주택 가격안정과 저소득층 주거안정을 도모하면서 주택 공급을 확대하기 위해 주택 200만 호 건설계획을 발표하였다. 또 노후아파트 재건축 사업을 처음으로 승인하였으며, 1990년에는 '종합토지세'를 과세하였다.

>>> 4) 김영삼 정부(1993~1997)

　　　　　주택 공급 확대를 기반으로 한 규제 완화의 시대이다. 김영삼 정부 시기는 전반적으로 집값이 안정화된 시기였다. 이는 앞의 정부에서 추진했던 주택 공급 확대와 분양가 안정화 조치 등에 기인한 것이었다. 노태우 정부 때 추진하였던 토지공개념과 주택 200만 호 건설, 원가 연동제 시행 등의 정책적 효과가 본격적으로 빛을 보게 된 것이다.

  1993년 발표한 금융실명제의 여파로 인해 부동산 거래는 전반적으로 위축되었으나, 이는 부동산 시장의 안정에 크게 기여하였다. 그런가 하면 1994년에는 준농림지에 아파트를 지을 수 있게 해 수도권 난개발을 부추기기도 하였다.

  '금융실명세' 시행에 따라 부동산 투기를 억제하기 위해 전 국토에 대해 토지 거래 허가 제도를 시행하고 부동산 구입 자금에 대한 자금 출처 조사를 하겠다고 발표하였다.「토지 초과 이득세법」의 헌법 불일치 결정과 함께 1994년에는 '주택임대사업자제도'의 도입이 이루어졌다. 1995년에는 '부동산실명제'와 '주택 할부금융제도'가 시행되었고, 1997년 IMF 위기의 도래로 건설 및 부동산 경기 활성화 방안을 발표(1998)하였다. 그 외의 정책으로는 토지 시장의 개방(1998), '자산담보부증권제도(ABS)' 시행(1998), '분양가 전면 자율화' 시행(1999), 채권 입찰제 폐지(1999)를 들 수 있다.

2. 1990년대 후반 이후

>>> 1) 김대중 정부 (1998~2002)

　　　　　　외환위기로 인한 개방과 규제 완화의 시대이다. 외환위기와 함께 집권한 김대중 정부 시기는 부동산 규제가 대대적으로 완화될 수밖에 없었다. IMF 외환위기로 경기 침체기에 접어들면서 자산 가치가 급락함으로써 주택 수요가 크게 위축돼 경기 부양을 위한 규제 완화 중심의 부동산 정책이 추진되었다. 즉, 부동산 정책의 주안점이 주택의 안정적 공급보다는 외환위기 극복 이후 침체된 건설 경기를 부양하는 것이었다.

　경기 부양을 위해 토지 거래 신고구역 및 허가구역 등 토지공개념으로 실시했던 제도를 완화하였으며, 일정 요건을 갖춘 주택에 대해서는 양도소득세 면제 등 세제 혜택을 주었다. 또 아파트 분양가 자율화 조치로 집값이 상승하는 결과를 가져왔다. 금융정책으로는 부동산에 대한 여신 제한을 폐지하였으며 미분양 주택 구입자에 대한 자금 지원, 전세 반환 자금 지원 등을 실시하여 외환위기 이후 침체되었던 경기가 어느 정도 활성화되었다.

▶▶▶ 2) 노무현 정부(2003~2008)

부동산 투기 근절에 대한 강한 의지로 역대 정부 중 가장 많은 대책이 시행된 시기이다. 취임 기간 중 가장 강력한 부동산 대책이라고 할 수 있는 2005년 8월 31일의 정책을 비롯하여 30여 건의 크고 작은 부동산 정책이 있었다. 2004년을 제외하면 매년 2~3차례씩 새로운 규제책이 쏟아져 나왔다. 시기별로는 초기 부동산 정책의 경우 대부분 수요 억제 측면에 초점을 두었으며, 후반기에는 공급 확대가 지속되었다.

부동산 시장 안정을 부동산 정책의 최우선 목표로 삼은 노무현 정부는 부동산과 관련한 직·간접적 수단을 대부분 꺼내 들었다는 평가를 받고 있다.

취임 첫해인 2003년 10·29대책 이후 안정세를 지속하던 주택 가격이 2005년 2월부터 상승세로 전환하였다. 특히 아파트 가격은 전체 주택보다 높은 상승세를 보였는데, 강남과 분당에서 시작된 가격 급등세가 강북 일부, 수도권 남부지역까지 확산되었다. 이들 지역의 주택 가격 상승은 수요·공급 측면과 심리적 요인이 복합적으로 작용한 결과로, 노무현 정부는 이에 대응하여 강력한 부동산 시장 안정 정책을 추진하였다.

2005년 '8·31부동산제도 개혁방안'을 통해 서민 주거안정, 부동산 거래 투명화, 주택시장 안정대책과 토지 시장 안정대책을 추진하였다. 8·31정책 발표 이후 부동산 시장은 전반적으로 안정세를 유지하며 실수요자 중심으로 재편되는 모습을 보였다. 그러나 2006년 들어 강남지역 재건축 아파트를 중심으로 국지적인 불안 양상이 재연되었다. 8·31 정책의 효과가 아직 본격화되지 않은 상황에서 막연한 규제 완화 심리와 함께 재건축 시장을 중심으로 주택 가격이 상승하기 시작한 것이다. 이러한 시장 불안을 해소하기 위해 재건축 제도와 주택담보 대출방식의 변화가 필요하다고 생각한 정부는 후속 조치로 2006년 3·30대책을 발표하였다. 3·30대책에서는 고가주택에 대한 총부채상환비율(DTI)을 적용했고, 이어서 모든 부동산에 실거래가 과세를 하고 1가구 2주택자에 대한 양도세 중과(50%) 조치를 발표했다.

8·31대책에서는 송파신도시 개발계획을 내놓으며 사실상 처음으로 공급 측면의 조치를 강조한 이후 검단신도시와 파주신도시 3단계를 비롯하여 분당급의 신도시인 송탄2신도시 등을 잇달아 추진하였다.

▶▶▶ 3) 이명박 정부 (2008~2012)

경기 부양을 목표로 한 규제 완화의 시대이다. 이명박 정부의 부동산 정책 기조는 시장 경제의 원리를 바탕으로 노무현 정부 시절의 과도한 규제를 완화하고 충분한 공급 확보를 통해 가격안정을 도모함으로써 사실상 마비 상태였던 부동산 시장의 기능 회복에 중점을 두고 있다. 특히 취득세 감면, 고가주택의 기준 조정, 양도세율 완화 등 주로 세제 감면을 통한 주택 거래 정상화 등을 중점적으로 추진하였다.

이와 관련하여 비수도권 지방 미분양 주택의 취등록세율 1% 완화 및 LTV(주택담보 대출비율) 규제를 완화하고 재건축·재개발 절차를 간소화하였다. 또 고가주택의 기준을 6억 원에서 9억 원으로 상향하고, 부동산 양도세율을 6~33%로 인하하고, 서울의 강남3구를 제외한 수도권 모든 지역을 투기지역에서 해제한 것 등이 대표적 정책이다.

무엇보다 이명박 정부의 부동산 정책의 핵심은 보금자리주택이다. 이명박 정부는 서민 주거 환경 개선이란 목적 아래 주변 시세보다 15%에서 50%까지 싼 아파트인 보금자리주택 150만 호를 2018년까지 서울 외곽에 공급하겠다고 발표했다. 하지만 보금자리주택이 사실상 강남권인 개발제한구역에서 공급되면서 민간 건설사의 아파트가 경쟁력을 잃게 돼 주택 사업을 포기하는 건설사들이 속출하는 결과를 초래하였다.[13]

이명박 정부에서 실시한 부동산 정책을 시기별로 나열하면 다음과 같다. 2008년에는 지방 미분양 주택 해소 및 수요 활성화를 목표로 한 6·11대책, 주택 공급 기반 강화 및 건설 경기 보완 방안을 담고 있는 8·21대책, 부동산 세제 완화 중심인 9·1대책, 국민 주거안정을 위한 보금자리주택 건설 방안을 담은 9·19대책, 가계 주거 부담 완화 및 건설 부문 유동성 지원·구조조정 방안이 포함된 10·21대책, 경제위기 종합대책의 일환이었던 11·3대책 등을 발표하였다. 2009년에는 주택

---

[13] 그린경제신문, 2013. 1

법·공급규칙 개정, 양도세제 개정 등을 통해 규제 완화 정책을 실시하였고, 서민 주거안정을 위한 보금자리주택 공급 확대와 공급체계 개편 방안을 담은 8·27대책을 추진하였다. 2010년에는 주택 미분양 해소 및 거래 활성화 방안의 일환으로 4·23대책을 발표했고, 8·29대책을 통해 실수요 주택거래 정상화와 서민·중산층 주거안정 지원 방안을 공표하였다. 2011년에는 전월세 시장 안정 보완 대책, 주택 거래 활성화 방안, 건설 경기 연착륙 및 주택 공급 활성화 방안, 주택시장 정상화 및 서민 주거안정 대책 등을 쏟아내었다. 2012년에는 5·10대책을 통해 강남3구 투기구역 해제 등을 골자로 하는 주택시장 정상화 및 서민 중산층 주거안정 지원 방안을 발표하고, 6월 18일에는 5·10대책에 대한 후속 조치로 분양가 상한제를 폐지하고, 전매제한제도 개선 등을 제시하였다.

>>> 4) 박근혜 정부(2013~2017)

박근혜 정부 부동산 정책의 핵심은 주택 매매 활성화를 통한 부동산 경기 부양이었다. 취임 1년 차인 2013년 첫 번째 나온 4·1대책은 한시적으로 양도소득세를 면제하고, 생애 첫 주택에 대해 취득세를 면제하는 내용과 민간 공급의 촉진을 위해 공공분양을 줄이는 내용을 담고 있다. 보금자리주택 공공분양을 4년간 축소하는 7·24조치와 8·28대책 또한 부동산 매매 촉진을 위한 것이었다.

이후 유주택자나 업계의 요구를 반영한 규제 완화 대책을 지속적으로 내놓은 덕분에 매매 및 거래 수요가 크게 되살아나면서 주택 거래가 획기적으로 늘고 가격도 물가 상승률을 2~3배 초과할 정도로 가파르게 올랐다. 기득권층의 저항으로 적정 임대료와 임대차 등록에 관한 전월세 대책의 도입은 좌절되어 서민 주거는 불안정하였다. 2016년에 투기적 가수요를 잡기 위해 청약 자격과 분양권 전매를 제한하는 11·3대책을 내놓아 2017년 들어 부동산 시장 침체의 조짐이 보이기도 했다.

⟫⟫⟫ 5) 문재인 정부(2017~)

집값 상승을 막기 위한 정책에 주력하였으나 실효성을 거두지는 못하였다. 취임 한 달여 만에 내놓은 6·19부동산 대책은 조정대상지역을 추가로 선정하고, 60%였던 총부채상환비율(DTI)을 50%로 낮추고, 70%였던 담보인정비율(LTV)은 60%로 낮추었다. 또 강남4구에서만 적용되던 분양권 전매 금지를 서울 전역과 광명시로 확대했다.

투기억제에 초점을 맞춘 정책에 대해 확실한 효과가 나타나지 않자 8·2부동산 대책, 10·24대책, 8·27부동산 대책 등 여러 대책을 내놓았다. 2020년 9월에는 문재인 정부의 가장 강력한 방안으로 평가되는 9·13부동산 대책을 발표했는데, 조정대상지역의 2주택 이상 보유자에 대해 종부세 최고 세율(3.2%)을 부과하고 세 부담 상한을 150%에서 300%로 상향하기로 하였다. 또 과세표준 3~6억 구간을 신설, 세율 0.2%p 인상과 다주택자의 대출 규제 등을 담고 있다.

공급 측면으로는 9·21주택 공급 대책을 발표하여 수도권에 공공택지를 선정하고 신도시를 추가로 조성하여 총 30만 가구를 공급할 예정이라고 한다. 그리고 이에 대한 후속 조치로 3기 신도시 예정지로 남양주 왕숙, 인천 계양, 하남 교산을 지정한 데 이어 고양 창릉, 부천 대장을 추가로 지정하였다.

　문재인 정부의 가장 특징적인 정책은 '공시가격의 현실화'이다. 그동안 시세의 50~70% 수준이었던 부동산의 공시가격을 점진적으로 올려 시세의 90% 수준으로 맞추겠다는 계획이다.

땅 투자 100계명

우리나라
땅값
상승 추이

1. 경제성장과 땅값 상승

해방 직후 부동산이 대부분인 귀속재산을 시가의 10% 수준의 헐값에 불하하면서 시작된 한국 부동산 파동의 역사는 〈표1-1〉에서 보듯이 1960년대부터 10년 안팎 주기로 모두 네 차례에 걸쳐 가격이 폭등하는 양상을 보인다. 부동산 가격은 토지공개념 도입 직후인 1990년대 초와 1998년 외환위기 직후 조금 떨어진 것을 빼고는 계속 상승하였다.[14]

---

14   손낙구, 통계로 보는 부동산 투기와 한국경제, 참여연대 2006. 7. 5

해방 이후 전국 부동산값 폭등주기

구분	제1차 폭등기	제2차 폭등기	제3차 폭등기	제4차 폭등기
기간	1965 ~ 1971	1975 ~ 1979	1988 ~ 1990	2001 ~
정점	1969	1978	1989	2002
부동산값 변동률 (연평균, %)	주요 도시 땅값 50%↑	전국 땅값 30.6↑ 전국 집값 32.8↑	전국 땅값 26.7↑ 전국 집값 16.3↑	현재 진행 중

자료: 건교부, 지가동향, 각 연도. 국민은행, 전국주택 가격동향, 각 연도 종합
(손낙구, 통계로 보는 부동산 투기와 한국경제 참여연대)

    정부가 체계를 갖춰 전국 수준의 땅값을 조사하기 시작한 것은 「국토이용관리법」 제28조에 따라 건설교통부가 1975년부터 작성한 전국 지가변동률 통계부터이다. 이 통계를 종합하면 〈표1-2〉에서 보듯이 전국의 땅값은 1974에서 2004년까지 30년 만에 19배로 올랐으며, 대도시 땅값은 30배, 서울 땅값은 37배로 뛰어올랐음을 알 수 있다. 그런 반면 같은 기간 동안 소비자 물가는 10배 오르는 데 그쳤다.

1974~2004년간 부동산 가격지수 (1974=100)

	1974	1978	1980	1985	1987	1989
땅값	100.0	214.7	416.6	677.6	833.8	1402.6
6대 도시 땅값	100.0	387.4	552.9	1079.7	1308.6	2235.5
서울 땅값	100.0	474.0	572.0	1353.5	1491.9	2551.3
집값	100.0	184.7	378.8	541.7	564.9	732.2
소비자 물가	100.0	181.7	276.6	389.8	412.7	467.5

	1993	1996	1998	2002	2004	총 증가율
땅값	1744.2	1760.3	1525.7	1745.9	1875.5	19배
6대 도시 땅값	2884.6	2894.5	2451.3	2821.7	3018.0	30배
서울 땅값	3301.2	3292.9	2765.8	3351.1	3671.7	37배
집값	813.2	823.0	735.4	977.6	1011.6	10배
소비자 물가	617.8	719.8	807.9	890.7	956.1	10배

자료: 건설교통부, 국민은행, 통계청.
(손낙구, 통계로 보는 부동산 투기와 한국경제 참여연대, 2006. 7. 5)

정부가 1975년 전국 수준 땅값 통계를 내기 전인 1964년부터 서울을 비롯한 12개 주요 도시 땅값 변동을 조사해 온 통계자료를 종합해 보면

1963년부터 1974년 동안 서울과 전국 12대 도시 땅값은 각각 26배가 폭등했다.[15]

한편 우리나라 국내총생산(GDP)을 기준으로 보면 1953년 13억 달러에서 2007년 9천699억 달러로 약 746배 증가하였으며, 1인당 국민소득은 같은 기간 67달러에서 2만 45달러로 299배 증가하였다. 경제성장률 역시 1956년, 1980년(석유파동), 1998년(외환위기) 등 세 차례를 제외하고는 꾸준히 증가하여 연평균 6.8%의 성장을 보이고 있다. 제조업 부분에서는 종사자 수 5인 이상 규모의 사업체 수가 1955년 8천800개에서 2006년 11만 9천200개로 13.5배 증가하였다. 15세 이상 인구의 경제활동 참가율은 1963년 56.6%에서 2007년 61.7%로 5.1%p 증가하였다. 특히 여성의 경제활동 참가율은 37.0%에서 50.1%로 13.1%p로 크게 증가하였다. 2007년 도시근로자 가구의 월평균 소득은 367만 5천 원으로 1963년에 비해 614배가 증가하였다.

하늘 높은 줄 모르고 오르기만 하는 토지 가격을 잡기 위해 역대 정부에서는 여러 가지 조치를 취해왔다. 2008년 국정브리핑 특별기획팀에서 발간한 『대한민국 부동산 40년』에 따르면, 1967년 첫 부동산 투기대책인 「부동산 투기억제에 관한 특별조치법」 이후 2007년 1월 11일 발표된 '부동산 시장 안정을 위한 제도개편 방안'까지 총 59건의 부동산 및 주거복지 관련 정책과 조치가 있었다고 한다.

지난 40년간 부동산 시장은 상승과 하락을 반복하는 '부동산 경기 순

---

15 손낙구, 통계로 보는 부동산 투기와 한국경제, 참여연대, 2006. 7. 5

환주기'가 있었으며, 정부에서는 부동산 시장 상황에 따라 규제 강화와 완화를 반복하며 경기 의존적 정책을 펼쳐왔음을 알 수 있다. 또한, 이 가운데 투기억제 및 가격안정을 위한 정책이 31건이었으며, 부동산 규제 완화 등을 통한 경기활성화대책이 17건, 임대주택 확대 등 서민 주거복지 정책이 11건이었다. 결국 우리나라 부동산 정책은 주기적인 가격 상승과 하락에 대응하여 대책을 시행하는 과정에서, 부동산 가격이 급등하면 긴급 부동산 대책을 발표하고 이에 따른 문제점이 발생하면 후속 조치를 시행함으로써 가격안정을 되찾는 형태로 진행되었다. 이러한 정책의 순환주기가 반복됨에 따라 부동산 시장 안정을 위해서는 임시방편적 조치가 아닌 지속적이고 일관성 있는 투기억제 및 부동산 가격안정 정책을 수립하고 이를 일관되게 추진하는 것이 절실히 요구되는 상황이다.

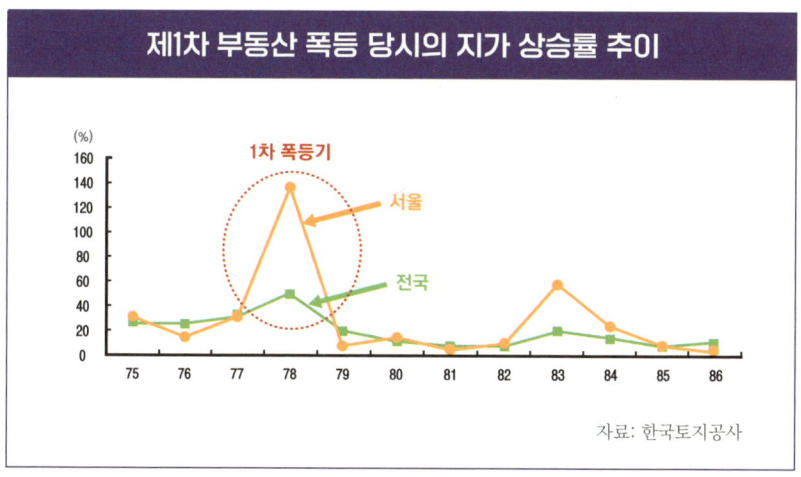

2. 세 차례 지가 폭등기

>>> **1) 1964~1971년:
연평균 50%** (경부고속도로, 경제성장률)

1962년 시작된 경제개발 5개년계획에 따라서 1960년대는 우리나라의 공업화 기반 조성기로 주로 농업생산에만 의지하던 우리 경제를 공업화하기 위한 본격적인 자본 축적의 과정을 거치게 된다.[16] 이

---

[16] 박정희 정부는 1962년 1월 제1차 경제개발 5개년계획을 발표하였다. 이는 1958년에 작성된 이승만 정부의 계획안과 1961년 2공화국에 의해서도 작성된 것을 참고하였는데 훨씬 의욕적이었다. 이전의 계획들은 5년 동안 연평균 5.2% 성장을 목표로 삼았는데 7.1%로 끌어올렸다. 당시 일본은 10년 안에 1인당 국민소득을 두 배 늘리는 '소득 배증계획'을 추진하고 있었는데 이것에 힌트를 얻은 것이다. 이 같은 성장을 달성하기 위해 3천200억이라는 자금이 필요한 것으로 추산되었다. 이 자금을 마련하기 위한 목적으로 민간에 숨어 있는 여유자금을 찾아내 산업자금으로 돌리겠다는 취지로 1962년 6월에 대한민국 환에서 대한민국 원으로 전환하는 화폐개혁을 단행했다. (위키백과 참조)

를 위해 수출주도형 경제 발전 전략을 강력하게 추진하기 시작하여 잠재 경제성장률 9%, 실질 경제성장률 11% 달성이라는 높은 경제성장률을 보였던 시기이다.

>>> 2) 1975~1979년: 연평균 30.6%(경제성장률, 물가 상승률)

정부는 제1차 국토종합계획(1972~1981)을 수립하여 고도 경제성장을 위한 기반시설 조성을 목표로 수도권과 동남해안 공업 벨트 중심의 거점개발을 추진하게 된다. 이때부터 박정희가 시작한 경제개발계획에 따라 경부고속도로가 조성되고 경부고속도로 주변의 논과 밭의 가격이 천정부지로 오르게 되었다.

1960년대 말부터 1970년대 초, 한국의 정치와 경제는 다시금 위기를 맞았다. 1962년부터 의욕적으로 추진해 온 저임금을 이용한 노동집약적 경공업 중심의 산업구조로는 지속적인 경제성장을 이루는 일이 한계에 달했다. 1960년대 급속한 수출 지향 성장 정책의 결과로 비롯된 1970년대 초 경제위기와 함께 박정희 정부의 정치적 정당성도 쇠퇴하였다. 변화하는 국제 안보체제에 대한 대응으로 이후 박정희 정부는 1972년 10월 17일, 비상조치를 발동하고 유신체제를 선포하였다.

그리고 본격적으로 유입되는 서울 인구의 분산과 수도 서울의 보안 문제 등을 타결하기 위해 강남에 대규모 아파트 단지를 건설한다. 금융과 산업이 성장하여 규모를 갖추게 되면서 대규모 공단을 개발하였다. 그리고 일제강점기에 주거와 공업, 상업지역이 혼재된 상태로 조성된 강북에서 새로운 강남지역으로 이동하면서 강남에 토지를 선점한 현대그룹 같은 재벌을 비롯한 많은 투기꾼들에게 엄청난 재화가 집중하게 된다.

이러한 시기 1973년 중동전쟁과 제1차 석유파동이 일어나자 기업의 자금난이 악화되었다. 정부는 1974년 5월 기업의 체질개선과 자금 동원에 관한 특별조치를 발표하여 기업이 보유하고 있는 비업무용 토지를 처분토록 하고, 여기에서 생긴 자금으로 금융기관 부채를 상환하거나 중화학공업 사업자금으로 사용하도록 하였다. 그 당시 토지 시장 불황으로 기업들이 비업무용 토지를 처분할 수 없게 되자 정부에서는 1975년 4월 토지 금고(현 한국토지개발공사)를 설립하여 기업의 비업무용 토지를 사들이도록 하였다.

70년대 말 제2차 오일쇼크를 맞으면서 전 세계적인 경기 침체기를 맞아 국내 경제 상황 역시 악화되었다. 중화학공업의 무리한 투자로 인해 20~30%에 이르는 인플레와 이어지는 기업 도산으로 중산층이 붕괴되고 경기 성장은 후퇴하였다. 또한 1979년 대통령 박정희가 시해된 10·26사태로 촉발된 12·12사태로 신군부가 집권하자 1980년의 5·18광주민주화운동이 확산되는 등 우리나라는 정치·사회적 불안정이 지속되었다.

>>> 3) 1988~1990년: 연평균 26% (지가 상승률 강세, 올림픽 특수)

이 시기 우리 경제는 3저(저금리, 저유가, 달러 약세) 호황, 올림픽 특수 등으로 사상 최고의 무역수지 흑자 폭을 기록한 가운데, 정부가 신규 아파트 분양가를 동결하였다. 이러한 환경으로 신규 분양 아파트 가격이 기존 아파트 가격보다 더 낮게 책정되면서 시세 차익을 노린 가수요가 대거 몰리기 시작하였다. 그 바람에 채권 입찰 가격을 포함한 새 아파트 가격이 큰 폭으로 상승했고, 그에 따라서 기존 주택 가격도 덩달아 오르는 현상이 나타난다.[17]

---

[17] 부동산뱅크 자료에 의하면, 서울의 APT 평당 매매 가격이 1991년 5월 700만 7천 원에서 1992년 2월에는 547만 7천 원으로, 불과 9개월 만에 21.8%나 하락한다.

3. 90년대 이후

① 1994년부터 1997년까지는 지가안정기로 연평균 1% 이내의 상승세를 유지하였다. 부동산실명제, 투기 단속 강화 대책 등 규제 정책의 영향으로 보인다.
② 1997년 말 외환위기 이후인 1998년에는 지가가 급락(-13.60%)하였다. 이때 지가 급락 현상은 1997년 말에 시작된 IMF 외환위기 이후 경기 침체, 고금리, 기업들의 연쇄 부도 및 구조조정으로 인한 부동산 수요가 감소했기 때문이다. 그러나 이후 1998년 하반기에서 2001년은 IMF 이후 환율 안정, 거시경제의 회복과 정부의 건설 경기 부양책 등으로 부동산 시장이 다시 활성화되기 시작하여 12.4%의 상승세를 보였다.
③ 2002년부터 2005년까지는 지가 상승기로 꾸준한 상승세를 유지한다.

2002년에는 저금리 등으로 인한 풍부한 유동성을 바탕으로 부동산 시장이 과열 양상을 보인다.

2003~2004년은 부동산 시장이 일시적으로 침체 양상을 보였으나 저금리가 지속되고, 뉴타운 개발계획, 신도시 건설, 개발제한구역 해제 및 행정수도 이전 추진 등의 정책이 발표되자 2005년 이후 수도권을 중심으로 다시 폭등하는 모습을 보였다.

2005년은 행정중심복합도시, 혁신도시, 기업도시 등 정부의 개발계획 추진으로 개발지역과 그 주변 지역 등 개발 호재가 있는 곳은 국지적인 상승세를 보였다.

④ 2006년 부동산 실거래가 신고제 시행과 3·30대책 등으로 안정세를 보이나, 뉴타운 건설 등으로 서울지역의 지가는 비교적 높은 상승세(5.617%)가 지속되었다.

땅 투자 100계명

수도권 집중
억제를 위한
명분과 대책들

도권에 전체인구의 46.3%가 집중되어 있고, 국가 공공기관의 84.3%, 30대 대기업 본사의 88.5%가 수도권에 집중되어 있다. 또 금융 대출의 62.2%, 예금액의 67.9%가 수도권에 집중되어 있다. 이렇게 모든 사회적 경제적 자원이 수도권에 집중되어 있다 보니 이로 인하여 수도권은 초만원이 될 수밖에 없었고 지역 간 불균형은 사회적 갈등과 불신을 야기하게 되었다.

반면에 수도권의 주거 환경은 열악해질 수밖에 없었다. 한국교통연구원의 조사에 따르면 2017년 기준, 교통 혼잡으로 인한 사회적 손실 59조 6천억 원 중 수도권의 비중이 27조 5천억 원으로 46.3%를 차지했다. 수도권 1인당 녹지 면적은 베를린과 런던의 4분의 1, 뉴욕과 파리의 2분의 1 수준이며, 수도권 비산먼지 농도는 뉴욕, 파리의 3배에 달했다.

수도권에 집중되는 인구와 산업의 과밀화를 해소하고 지역의 고른 발전을 위해 정부에서는 1982년 제정하고, 1995년 수정한 「수도권정비계획법」을 근거로 서울과 경기, 인천 등을 과밀억제권역, 성장관리권역, 자연보전권역[18] 등으로 구분하여 인구 집중을 유발시키는 시설이나 일정 규모 이상의 개발 사업을 제한하고 있다. 그러나 이러한 수도권 규제에 대해서는 인구가 집중된 수도권에서 일자리를 창출해 경제를 살려야 한다는 쪽과 수도

---

18 ① 과밀억제권역: 인구와 산업이 지나치게 집중되었거나 집중될 우려가 있어 이전하거나 정비할 필요가 있는 지역
② 성장관리권역: 과밀억제권역으로부터 이전하는 인구와 산업을 계획적으로 유치하고 산업의 입지와 도시의 개발을 적정하게 관리할 필요가 있는 지역
③ 자연보전권역: 한강 수계의 수질과 녹지 등 자연환경을 보전할 필요가 있는 지역

권 집중 발전으로 지방의 인재와 자원이 고갈되는 등 지역 불균형이 심화되고 있으므로 규제를 강화해야 한다는 쪽으로 찬·반 양론의 의견이 대립하여 왔다.

한편 수도권에 집중된 행정부의 분산을 위해 박정희 정부 때 행정수도 건설을 계획했다가 무산된 바가 있었다. 이후 노무현 정부는 과밀화된 수도권의 문제와 낙후된 지역 경제를 해결하기 위한 방안으로 청와대와 정부 부처를 충청권으로 이전하겠다는 공약을 했다. 이를 실천하기 위해 2004년 1월 16일 「신행정수도의 건설을 위한 특별조치법」을 공포하고 충청북도 연기군과 공주 일대를 행정수도 입지로 선정하였다. 그러나 이에 대해 헌법소원이 제기되어 같은 해 10월 21일에 헌법재판소에서 "헌법에 '수도가 서울'이라는 명문의 조항이 존재하지는 않지만 현재 서울지역이 수도인 것은 그 명칭상으로도 자명하며, 대한민국의 성립 이전부터 국민들이 이미 역사적, 전통적 사실로 인식하고 있으므로 단순 법률의 형태로 수도를 이전하려는 것은 헌법에 위반"된다는 결정을 내렸다. 이후 행정수도 추진계획은 전면 중단되고, '행정중심 복합도시'로 세종특별자치시를 건설하여 청와대와 국회, 일부 부처를 제외한 행정부처를 옮겼다.

이후 문재인 정부에서는 집값을 정상화시키고 서민 주거안정을 위한 수도권 주택 공급 확대 방안의 일환으로 대규모 택지 지구인 3기 신도시와 3천 세대 이상의 중규모 택지를 조성하기로 하였다. 그와 함께 서울로의 접근성을 높이기 위해 광역교통망 건설계획을 함께 발표하였다.

1. 3기 신도시 추진 방향 및 특징

▶▶▶ 1) 신도시 지구 지정과 입지 선정

　　　　　1차로 남양주 왕숙, 하남 교산, 인천 계양을 지정하고 이어서 2차로 고양 창릉, 부천 대장을 추가하여 총 5곳을 지정하였다. 이후 광명 시흥이 추가로 지정되면서 449.6만㎡의 면적에 총 16.7만 가구(수도권 공급계획 30만 가구 중 대략 57%)를 공급할 계획이다.

　3기 신도시 이외에 3천 세대 이상의 중규모 택지로 경기도 9곳에 총 5만 9천300호를 공급할 예정이며, 서울의 경우 대부분이 역세권에 위치하며 대중교통 이용에 편리한 도심 국공유지와 유휴 군부지 등을 선정하였다.

3기 신도시는 기존 1기, 2기 신도시에 비해 상대적으로 서울 접근성이 높은 입지를 선정하였다. 이미 건설된 2기 신도시 대부분은 서울과 멀리 떨어져 있을 뿐만 아니라 입주 초기에 서울로 진입하는 광역교통망이 제대로 갖춰지지 않아 서울지역 주거 분산 효과가 상대적으로 미흡하였다. 예를 들면 2기 신도시 중 양주 옥정, 파주 운정, 동탄신도시의 경우 서울로의 접근성이 떨어지다 보니 입주했다가 서울로 되돌아오는 사람들이 많았다. 반면, 2기 신도시 중 서울과 연접한 위례신도시와 경부선을 통해 강남 접근성이 높은 판교는 상대적으로 높은 인기와 함께 서울지역 대체 주거지로서 역할을 하였다.

이에 따라 3기 신도시는 서울 집중도를 분산시키고 주거안정 목표를 달성하기 위해 1기, 2기 신도시보다 물리적으로 서울과 가까운 지역, 즉 1기 신도시와 서울 사이에 위치한 입지를 지정한 것이다. 대부분 서울에 연접하거나 서울 경계와 매우 가까운 곳으로, 서울로부터 평균 1.3km 내외의 거리(최단거리 기준)에 위치하였다. 고양 창릉은 서울 중구를 기준으로 10km 정도 거리에 위치하며, 인천 계양, 부천 대장, 남양주 왕숙, 하남 교산신도시 예정 지구도 20km 내외의 거리에 있다.

▶▶▶ 2) 교통망 확보로 서울 도심 접근성 높임

3기 신도시는 지구 지정 제안 단계부터 교통 대책을 함께 마련하여 신도시 입주 시 거주민들의 서울 도심 접근성을 높일 수 있도록 추진하였다.

　대부분의 1, 2기 신도시는 서울과의 거리가 멀 뿐만 아니라 입주 초기, 서울로 진입하는 광역교통망을 미처 갖추지 못해 서울지역 주거 분산 효과가 반감되었다. 반면 3기 신도시는 최근 진행 중인 GTX, 신안산선 등 철도 중심의 광역교통망과 연계를 통해 서울 주요 도심까지 30분 이내에 진입할 수 있도록 접근성을 높이며, BRT(간선급행버스) 등을 활용하여 도로와 교통 효율성을 높일 예정이다. BRT는 버스 운행에 철도시스템의 개념을 도입한 것으로, 통행속도, 정시성, 수송 능력 등 버스 서비스를 도시철도 수준으로 대폭 향상한 새로운 교통시스템이다. 미국 등 선진국에서는 1970년대부터 운행됐으며, 대도시권의 교통 문제를 해소할 수 있는 획기적인 시스템으로 각광 받고 있다.

　안산선 등 4개 노선은 비용의 추가 투자 없이 차량운행계획 조정을 통하여 급행열차를 확대 운행하고, 이어서 경부선, 분당선, 과천선, 일산선도 대피선 설치 등 시설 개량을 통하여 급행열차의 운행을 확대한다. 또한 서울 도심과 수도권 외곽지역을 연결하는 GTX(수도권 광역급행철도)를 2025년까지 구축하는 것을 주요 내용으로 하고 있다.

　또한 인근 수도권 지역의 서울 접근성도 떨어뜨리지 않기 위해서 인근 신도시의 교통망 개선도 포함하여 기존 신도시 주민들도 교통 인프라 혜택을 볼 수 있는 방안을 종합적으로 고려하고 있다. 이를 위해 역 신설, 도로 확장 등 주변에서 역까지의 접근성 개선에 중점을 둔다.

　남양주 왕숙과 고양 창릉의 경우는 GTX를 활용하여 도심 접근성을 개선할 수 있다. 특히 남양주 왕숙에는 GTX-B 역사를 신설하여 서울역과 청량리역까지 접근성을 증가시킬 계획이다. 또 왕숙 신도시 북쪽에 진접선 신설역을 설치하고 별내선 연장으로 서울 동부지역으로의 접근성을 높인다. 추가로 도로 확장 및 수석대교를 신설하여 한강 이남으로의 접근성을 높일 계획이다.

또 고양 창릉 지역은 서부선 연장으로 새절역부터 고양시청까지 7개 역이 신설될 예정이며, 서부선과 GTX-A와의 연계를 강화하여 강남과 도심 접근성도 높일 수 있다. 또 서울 진입 시 병목 현상을 개선하기 위해 화랑로를 확장하고 수색로와 월드컵로를 입체화하는 등 교통 환경을 개선할 계획이다.

▸▸▸ 3) 자족도시 조성

1기, 2기 신도시는 대부분 서울에 생활권을 둔 주민이 많아 자족도시의 기능을 하지 못했다. 다만 판교신도시의 경우 테크노밸리가 성공을 거두면서 어느 정도 자족도시로서의 기능을 하고 있다. 3기 신도시도 자족도시를 목표로 자족용지의 규모를 대폭 증가시켰다. 즉 주택용지의 3분의 2 이상을 자족용지로 공급할 수 있도록 기존 신도시 대비 2배 수준의 자족용지를 확보하였다.

물론 자족용지를 제대로 활용하여 자족도시로서의 면모를 갖추기 위해서는 입주 시 주요 기업들을 유치하기 위한 적극적인 유치 전략과 강력한 유인책이 필요하다. 한편 광역교통망 확충 등 교통 환경 개선은 기업 유치에 어느 정도 시너지 효과를 가져다줄 것으로 기대된다.

3기 신도시의 위치와 규모

3기 신도시					
	사업시행자	지구명	위치	면적(만㎡)	호수
2차 발표	LH · 남양주도공	남양주 왕숙1,2	남양주 진접읍, 일패동	1,134	66,000
	LH · 경기도공	하남 교산	하남 교산동	649	32,000
	LH · 인천도공	인천 계양	인천 계양 동양동	335	17,000
3차 발표	LH · 고양도공	고양 창릉	고양시 화전동	812.7	38,000
	LH · 부천도공	부천 대장	부천시 대장동	343.5	20,000
합계				3,274.2	173,000

중규모 택지 (3천 세대 이상)					
	사업시행자	지구명	위치	면적(만㎡)	호수
2차 발표	LH · 경기도공 · 과천시	과천 과천	과천 과천동	155	7,000
	LH	부천 역곡	부천 춘의동	72	5,500
	LH · 남양주도공	성남 낙생	성남 동원동	58	3,000
	LH	고양 탄현	고양 탄현동	42	3,000
3차 발표	LH · 경기도공 등	안산 장상	안산시 장상동	221.3	13,000
	경기도공 · 용인시 등	용인 구성역	용인시 보정동	275.7	11,000
	LH · 안산도공	안산 신길2	안산시 신길동	74.6	7,000
	LH	수원 당수2	수원시 당수동	68.4	5,000
	경기도공	광명 테크노	광명시 가학동	68.1	4,800
합계				1,035.1	59,300

Ⅳ. 수도권 집중 억제를 위한 명분과 대책들

2. 광역교통 비전 2030

국토교통부는 2020년 10월에 대도시권 광역교통망을 철도 중심으로 재편하는 내용의 '광역교통 2030'을 발표했다. 2030년까지 철도망을 2배로 확충하는 것을 목표로 하는 향후 10년간 대도시권 광역교통 정책 방향이다. 지금까지 40년간 건설했던 철도망을 앞으로 10년 동안 배로 늘리겠다는 것이다.

이번에 발표한 '광역교통 2030'은 앞으로 10년간 대도시권 광역교통의 정책 방향과 광역교통의 미래모습을 보여주는 것으로, '광역교통 2030'이 차질없이 추진되면 2030년 우리나라 대도시권의 광역교통 여건은 현재와 비교할 수 없을 정도로 획기적으로 개선될 것으로 기대된다. 광역거점 간 통행시간은 30분대로 단축되고, 통행비용은 최대 30% 절감, 환승시간 30% 감소의 3대 목표를 기대하고 있다.

▶▶▶ 1) 세계적 수준의 급행 광역교통망 구축

주요 거점을 30분대에 연결하는 광역철도망을 구축할 계획이다. 수도권 주요 거점을 광역급행철도로 빠르게 연결하여, 파리, 런던 등 세계적 도시 수준의 광역교통망을 완성할 계획이다.

수도권 급행철도 A노선과 신안산선은 계획대로 차질 없이 준공하고, B, C노선은 조기 착공을 적극 추진할 계획이다. 이를 통해, 수도권 인구의 77%가 급행철도의 혜택을 받을 것으로 예상된다.

추가로 급행철도 수혜지역 확대를 위하여 서부권 등에 신규노선도 검토할 계획이다. 이와 함께 4호선(과천선) 등 기존 광역철도 노선을 개량하여 급행운행을 실시하고, 인덕원~동탄 등 신설되는 노선도 급행으로 건설하여 급행 운행비율을 현재의 2배 이상(16%→35%, '30)으로 확대해 나갈 예정이다.

또한 어디서나 접근 가능한 대도시권 철도 네트워크를 구축해 나간다. 유기적인 철도 네트워크 구축을 위하여 수인선('20, 동서축), 대곡~소사('21, 남북축) 등 동서·남북축을 보강하고, 사상~하단선('23, 부산·울산권), 광주 2호선('25, 광주권) 등 도시 내 이동성 강화를 위한 도시철도를 지속적으로 확충할 계획이다. 아울러 일광~태화강('21, 부산·울산권) 등 기존 철도 노선을 활용한 광역철도 운행으로 수송 능력을 증대할 예정이다.

트램, 트램-트레인 등 신교통수단을 적극 도입해 나갈 예정이다. 성남 트램 등 GTX 거점역의 연계 교통수단 및 대전 2호선 트램, 위례신도시 트램 등 지방 대도시와 신도시의 신규 대중교통수단으로 트램을 활용할 계획이다. 또한, 도시 내부에서는 트램으로, 외곽지역 이동 시에서는 일반철도로 빠르게 이동하여 접근성과 속도 경쟁력을 동시에 갖춘 '트램-트레인' 도입도 검토할 계획이다.

출처: 2019 국토 교통부 보도자료

급행철도 수혜범위

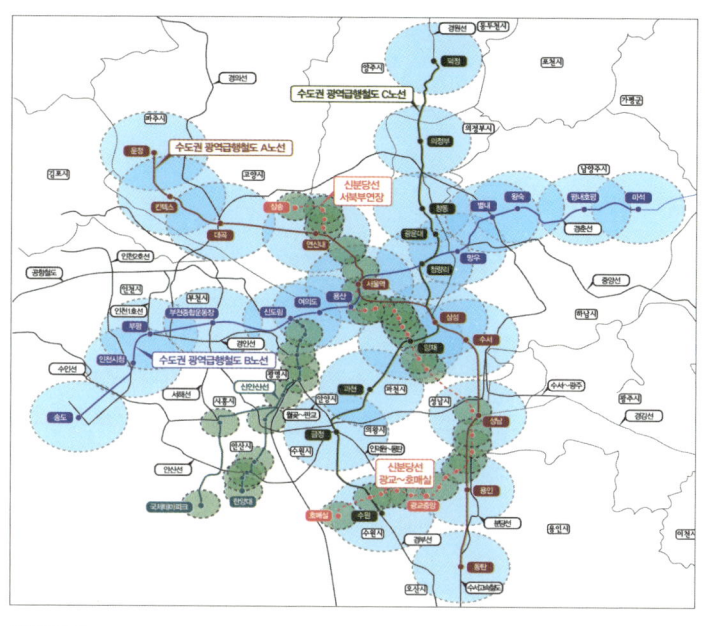

〈영향권 범위〉
- GTX-A,B,C: 5.0km 내
- GTX-A,B,C: 5.0km 내

출처: 2019 국토 교통부 보도자료

트램-트레인 운영사례 : 독일 카젤

시내구간 트램 노선 이용

외곽이동 일반 노선 이용

▶▶▶ 2) 수도권 외곽순환고속도로망 건설

수도권 외곽순환고속도로망을 조기에 완성하여 도심 교통량의 분산을 추진한다. 제1 순환고속도로의 교통 흐름 개선을 위하여 상습 정체 구간 2곳(서창~김포, 판교~퇴계원)의 복층화를 검토하고, 제2순환고속도로는 미착공 구간의 조속 착수를 통해 2026년 전 구간 개통을 추진할 계획이다.

주요 간선의 상습 정체 구간 해소를 위해서는 대심도 지하도로 신설을 검토한다. 수도권 동서 횡단축 등 주요 간선도로, 부산·울산권 사상~해운대(민자 적격성 조사 중) 등에 지하부는 자동차, 지상부는 BRT, 중앙버스차로 등 대중교통 차로로 활용하는 대심도 지하도로 신설을 검토할 예정이다. 그렇게 되면 30분 안에 자동차 통행이 가능할 것을 목표로 진행하고 있다.

▶▶▶ 3) 버스·환승 편의 증진 및 공공성 강화

① 광역버스의 대폭 확대와 함께 서비스도 향상시킬 계획이다. M버스 운행지역을 지방 대도시권까지 확대하는 등 운행노선을 대폭 확충하고, 정류장 대기 없이 M버스를 이용할 수 있도록 전 노선 예약제를 확대('22)할 예정이다.

② 남양주 왕숙, 인천 계양, 부천 대장 등 3기 신도시에 전용차로, 우선 신호체계 적용 등 지하철 시스템을 버스에 도입한 S-BRT를 구축한다. 아울러, 청라~강서 2단계 등 광역BRT 구축 사업을 지속 확대하는 한편, 장기적으로 BRT를 S-BRT 수준으로 업그레이드해 나갈 예정이다.

③ 속도 경쟁력과 대용량 수송 능력을 갖춘 고속 BTX(Bus Transit eXpress) 서비스를 도입하여 기존 광역버스보다 이동시간을 30% 이상 단축할 계획이다. 또한 고속 전용차로와 함께 정체가 심한 종점부 구간에는 지하에 전용차로 및 환승센터를 설치하여 이동속도를 30% 이상 향상시키는 방안을 연구용역을 거쳐 마련할 예정이다.

④ 도심형(삼성역 등), 회차형(청계산입구역 등), 철도연계형(킨텍스역 등)으로 환승센터를 체계적으로 구축하고, 광역버스 노선을 환승센터에 연계되도록 개편하는 등 대중교통 운행체계를 환승센터 중심으로 재정비하여 환승시간을 최대 30% 단축할 예정이다.

⑤ 교통비 부담을 경감하고 공공성을 강화해 나간다. 교통비를 최대 30% 절감할 수 있는 광역알뜰교통카드를 '20년부터 본격 시행한다. 이와 함께 다양한 교통수단, 기간, 시간대별 요금제 도입 및 공유 모빌리티와의 연계를 검토하여 대중교통 이용 활성화를 유도해 나갈 계획이다. 아울러 신도시 등 교통 소외지역에 안정적 서비스 제공과 광역버스 서비스 개선을 위해 광역버스 준공영제를 도입하여 정류장 대기시간과 차내 혼잡을 줄이는 등 이용편의를 대폭 향상할 계획이다.

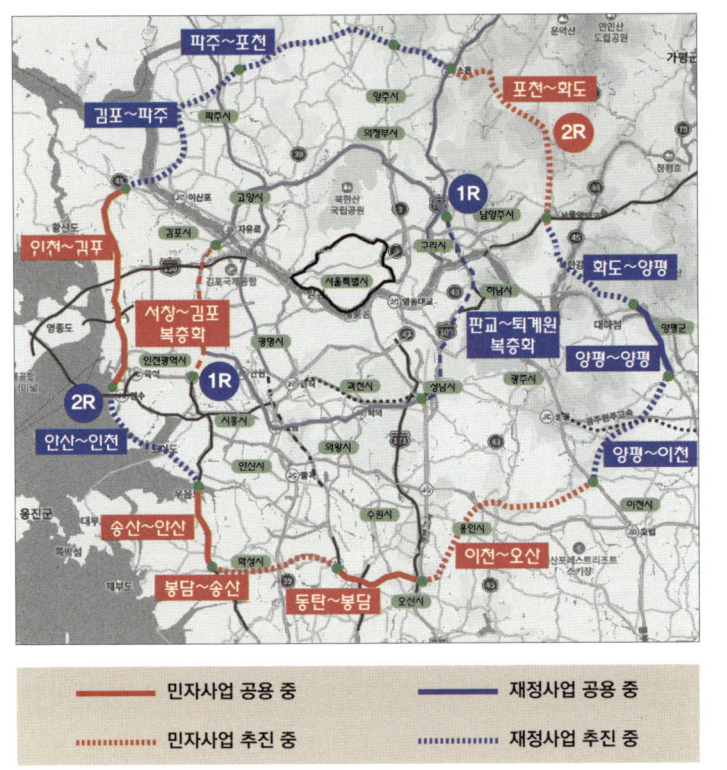

구분	사업구간	현황	연장 (km)	사업유형	총사업비 [조 원]
고속도로	(민자)동탄~봉담	운영 중	17.8	4차로 신설	0.67
	(민자)봉담~송산	공사 중	18.3	4차로 신설	1.33
	(민자)송산~안산	운영 중	9.8	4차로 신설	0.30
	(재정)안산~인천	타당성평가 중	20.0	4차로 신설	1.49
	(민자)인천~김포	운영 중	28.9	4차로 신설	1.74
	(재정)김포~파주	공사 중	25.4	4차로 신설	1.55
	(재정)파주~양주(포천)	공사 중	24.8	4차로 신설	1.28
	(민자)포천~화도	공사 중	28.9	4차로 신설	1.27
	(재정)화도~양평	공사 중	17.6	4차로 신설	0.74
	(재정)양평~양평(중부내륙)	운영 중	10.5	4차로 신설	0.22
	(재정)양평~이천	'19.9 착공	19.3	4차로 신설	1.0
	(민자)이천~오산	공사 중	19.3	4차로 신설	1.4
합계			252.6		12.99

Ⅳ. 수도권 집중 억제를 위한 명분과 대책들

3. GTX (수도권 광역급행철도망)

　　　　GTX란 수도권 외곽과 서울 도심의 주요 거점을 연결하는 수도권 광역급행철도를 가리키는 것으로 수도권의 교통 문제를 해결하기 위해 2007년 경기도가 국토교통부(당시 국토해양부)에 제안해 추진됐다. 그동안 서울을 포함한 수도권은 교통망이 도로에 집중되었기 때문에 만성적인 교통 체증을 겪고 있었다. GTX는 기존의 지하철보다 더 깊은 지하 40~50m의 공간을 활용, 노선을 직선화하여 시속 100km 이상으로 운행하도록 하는 신개념 광역교통수단이다.

　특히 대규모 택지개발로 공급되는 3기 신도시 주요 지역을 연계, '경기 파주 운정~화성 동탄'을 연결하는 A노선, '인천 송도~경기 마석'을 연결하는 B노선, 그리고 '경기 양주~경기 수원'을 잇는 C노선 등 3개 노선을 계획하고 있다. GTX는 최고 시속 200km, 평균 시속 100km의 속도로 주행하기 때문에 경기도나 인천에서 서울 도심까지 가는데 2~3시간 걸리던 시간을 20~30분 이내로 대폭 단축시킬 것이다. 이를 통해 수도권 인구의 77%가 급행철도 혜택을 받게 될 것으로 예상하고 있다.

기술적인 문제와 민간 사업자 유치, 기존 신도시와의 연계로 인한 노선 변경 등 여러 가지 상황들로 착공이 늦어지면서 정확한 개통 시기는 특정하기 어렵지만, 모든 GTX 노선이 개통되면 수도권 통근시간이 최대 80% 이상 단축될 것으로 전망된다. 또 A, B, C 각각의 GTX 노선은 서울역, 청량리역, 삼성역을 주요 거점으로 하여 방사형으로 교차되도록 구축할 계획이다.

GTX망 구축 사업을 위해 필요한 재원 약 14조 원은 민간, 국가, 지자체 등이 분담하기로 하여 민간 약 50%, 나머지는 국가와 지자체가 7:3 비율로 분담할 예정이다. 정부는 사업 추진에 필요한 사업 고시 등의 행정절차를 신속하게 이행하여 추진하고 있다.

그 외에도 국토교통부는 2019년 12월 보도자료를 통해 수도권 전철 급행화 추진방안을 발표했다. 그동안 대피선 미확보 등 시설 여건이 부족했던 노선에 빠른 시설 개선을 추진하여 운행횟수를 대폭 확대하겠다는 계획이다. 대피선이란 급행전동열차가 일반전동열차를 추월할 수 있도록 하는 선로로 급행전철을 시행하기 위해서는 꼭 필요한 시설이다.

수도권 광역화로 인해 핵심축으로 발전 가능성이 있는 도시는 다음과 같다. 즉 김포 시네마폴리스, 용인 구성 플랫폼시티, 양주 백석신도시, 구리 구리플랫폼신도시, 양재역(서울시민의 숲) 양재신도시, 하남시의 초이동신도시, 과천 선바위신도시 등이다. 이 지역들은 서울 광역 지하 네트워크와 가깝고, 서울로 접근하기 쉬운 주요 교통의 핵심이기 때문이다.

출처: 2020 국토교통부 보도자료

>>> 1) GTX 노선별 시행계획

① **GTX-A:** 파주시 운정역에서 서울 삼성역을 거쳐 화성 동탄신도시 동탄역을 잇는 노선이다. 2017년 3월, 삼성~동탄 구간 착공, 2018년 12월, 운정~삼성역 구간을 착공하였다. 3기 신도시로 선정된 고양시 창

릉지구를 지나고 있어 주민들의 요구로 창릉역을 추가하기로 하였다. 2023년 개통 예정이었지만 설계 변경과 공사 지연 등으로 일부 구간은 2026~2027년에 개통될 것으로 보인다. 총연장 83.3km, 총사업비 5만 5천473억 원을 예상하고 있다.

② **GTX-B:** 인천광역시 송도국제도시에서 남양주 마석역을 잇는 노선으로 2027년 개통 예정이다. 철도 시발역인 용산역, 서울역, 청량리역을 모두 통과하기 때문에 과밀 교통 해소에 큰 도움이 될 것으로 보인다. 또 3기 신도시의 하나인 왕숙신도시의 왕숙역을 포함시켜 수도권 전철의 공급 부족을 해소할 수 있다.

계획대로 사업이 추진될 경우 2022년 착공하여 2027년에 개통 예정이다. 망우~마석 구간은 기존의 경춘선 노선을 공유한다. 총연장 80.1km, 총사업비 5만 9천38억 원을 예상한다.

③ **GTX-C:** 양주시의 덕정역과 수원역을 잇는 노선이다. 도봉산 북쪽 구간은 경원선과 공유하며, 인덕원~금정~수원 구간은 과천선, 경부선과 선로를 공유한다. 경제적 타당성이 없다고 결정되었으나 강남으로의 접근이 어려웠던 서울과 경기 동북부의 교통 수요를 해소하고 수원, 안양 등 서남부 쪽에서 강남으로 가는 수요가 많은 것을 감안하면 타당성 재검토의 실익이 있을 것으로 보인다.

2019년 기획재정부의 민자 적격성 조사를 통과하였으며 2021년 하반기 착공 예정이다.

>>> 2) 급행전동열차 노선별 시행계획

① 경부선(서울~천안, 96.6km)

대방, 영등포, 금천구청, 안양, 군포, 의왕의 6개 역에 대피선을 설치하여 급행열차를 추가 운행하며 금정역에 정차하도록 한다.

추진 일정: 착공('18.상), 급행 운행 개시('20.상)

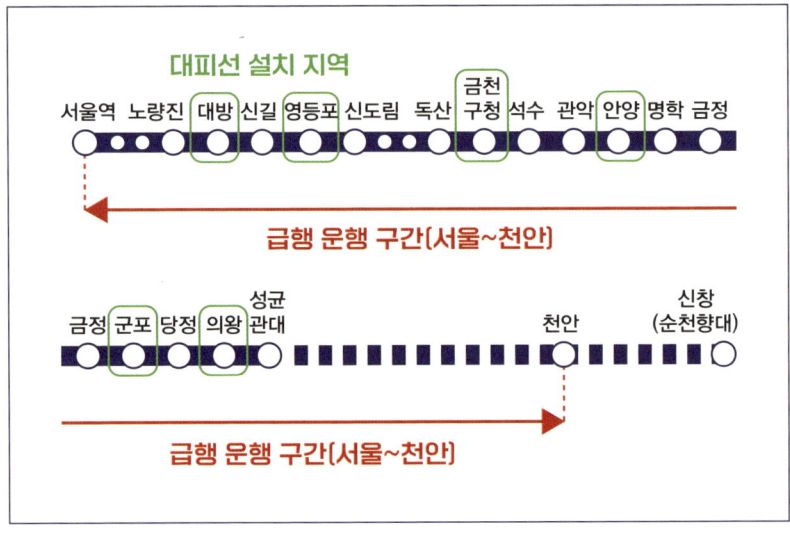

② 분당선(수원~왕십리, 53.0km)

야탑역과 수서역 인근에 대피선을 설치, 전 구간 급행열차 운행이 가능하도록 하여 일반열차 대비 소요시간을 21분 단축하도록 한다.

추진 일정: 예타 착수('18.상), 설계 및 착공('19.하), 완공·개통('22.상)

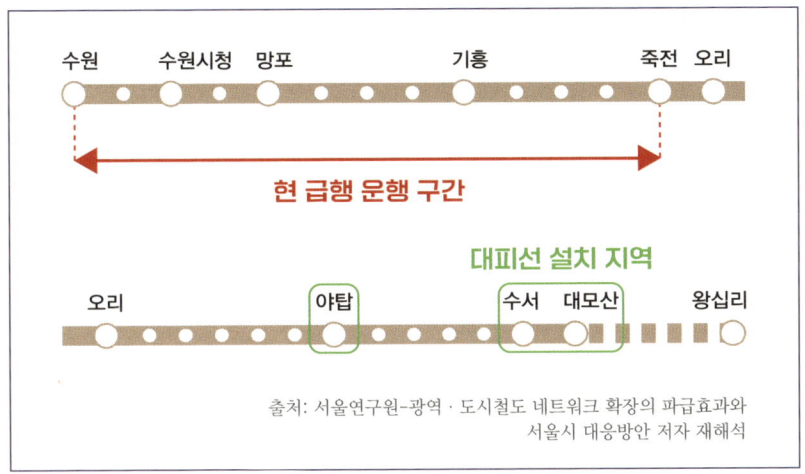

③ 과천선 (금정~남태령, 14.4km)

정부과천청사역, 대공원역 2곳에 대피선을 설치하여 소요시간을 7분 단축하도록 한다.

추진 일정 : 예타 착수('18.하), 설계 및 착공('20.상), 완공 및 개통('22.하)

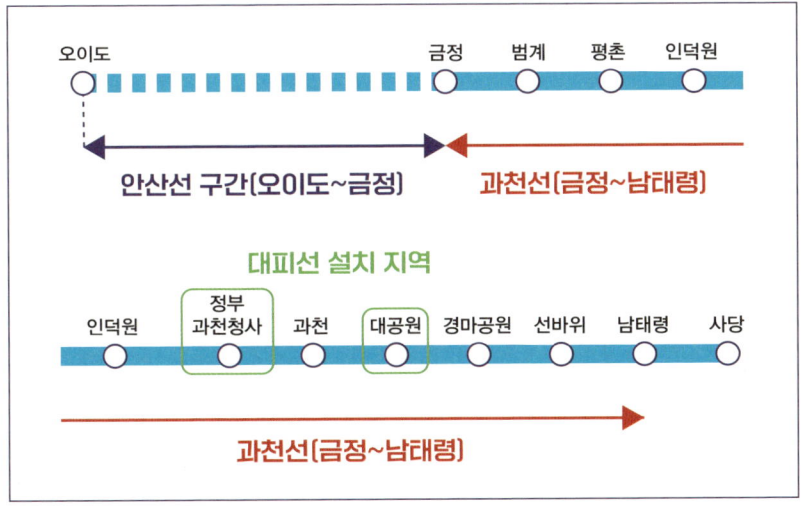

④ **일산선(대화~지축, 19.2km)**

정발산역, 화정역, 원흥역 3곳에 대피선을 설치하여 소요시간을 7분 단축하도록 한다.

추진 일정 : 예타 착수('18.하), 설계 및 착공('20.상), 완공·개통('22.하)

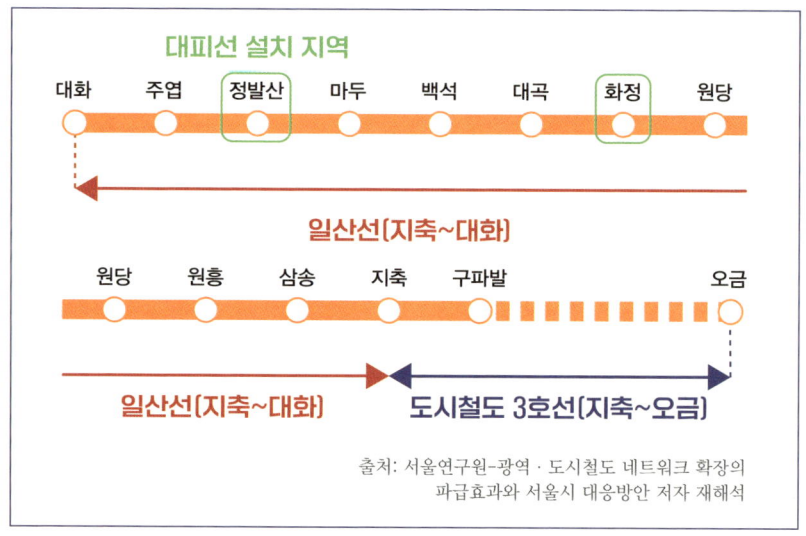

3) 교통수단 분담률의 효과

앞으로 서울시 중심의 신규 광역철도 공급 및 도시철도 연장, 신규 도시철도 건설이 완공되면 수도권 출퇴근 시간의 단축, 도로혼잡 완화, 대중교통 및 녹색교통의 활성화 등 여러 효과를 거둘 수 있을 것이다. 특히, 기존에 승용차나 버스를 이용하던 이들이 철도를 이용하게 됨으로써, 이를 통해 대중교통 수송 분담률이 증가하여 통행시간 감소 등의 효과를 얻을 수 있을 것이다.

또한 기존 1~9호선의 수요를 분산시켜 평균 혼잡도는 현재 평균 140%에서 평균 110%로 노선별 약 30%씩 혼잡도 감소 효과가 기대된다. 그리고 기존선 급행화에 따라 기존노선의 열차운행 효율성이 향상되고, 신규노선의 공급으로 기존선의 수요가 일부 전환되어 기존선의 혼잡도가 감소할 것으로 예측된다.

① GTX-A 건설에 따른 변화

GTX-A 건설에 따라 경의선, 3호선(일산선), 4호선, 신분당선 등에서 수요가 GTX-A로 전환되어 혼잡도가 감소할 것으로 예상된다. 그러나 GTX 환승역을 중심으로 3호선과 2호선 등 일부 구간에서는 추가 수요가 발생하여 혼잡도가 증가할 것으로 예측된다.

출처: 서울연구원-광역·도시철도 네트워크 확장의 파급효과와 서울시 대응방안

② GTX-B 건설에 따른 변화

GTX-B가 건설되면 경인선, 1호선, 공항철도 등의 수요가 GTX-B로 전환되어 혼잡도가 감소할 것이다. 그러나 GTX 환승역을 중심으로 4호선, 신분당선 등 일부 구간에서는 추가 수요가 발생하여 혼잡도가 증가할 수도 있다.

출처: 서울연구원-광역·도시철도 네트워크 확장의 파급효과와 서울시 대응방안

③ GTX-C 건설에 따른 변화

GTX-C가 완공되면 경의중앙선, 1호선, 4호선 등에서 수요가 GTX-C로 전환되어 혼잡도가 감소할 것으로 예상된다. 그러나 GTX 환승역을 중심으로 4호선, 분당선 등 일부 구간에서는 추가 수요가 발생하여 혼잡도가 증가할 것으로 예측된다.

GTX-C 건설에 따른 철도수요(혼잡도) 변화

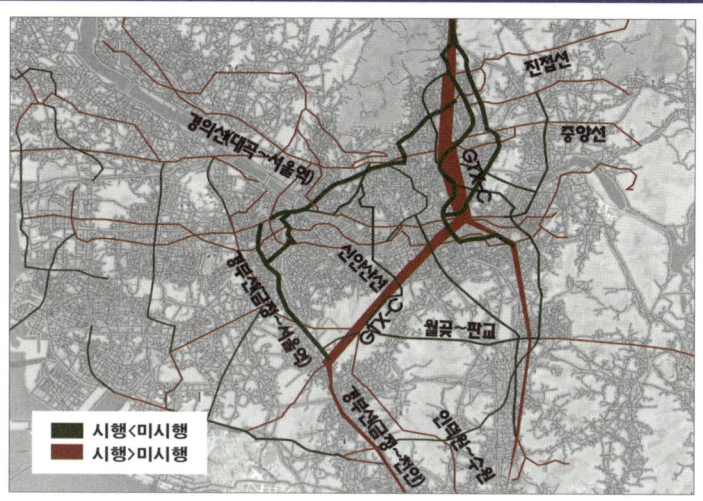

출처: 서울연구원-광역·도시철도 네트워크 확장의 파급효과와 서울시 대응방안

<그림4> GTX-A/B/C 건설에 따른 철도수요(혼잡도) 변화

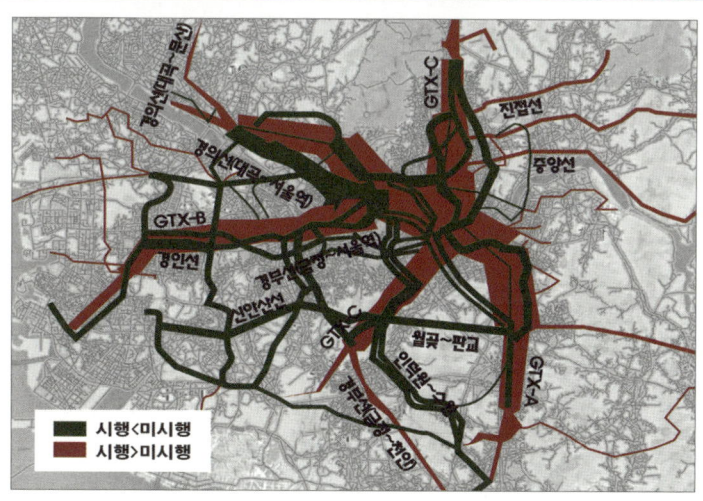

출처: 서울연구원-광역·도시철도 네트워크 확장의 파급효과와 서울시 대응방안

117

Ⅳ. 수도권 집중 억제를 위한 명분과 대책들

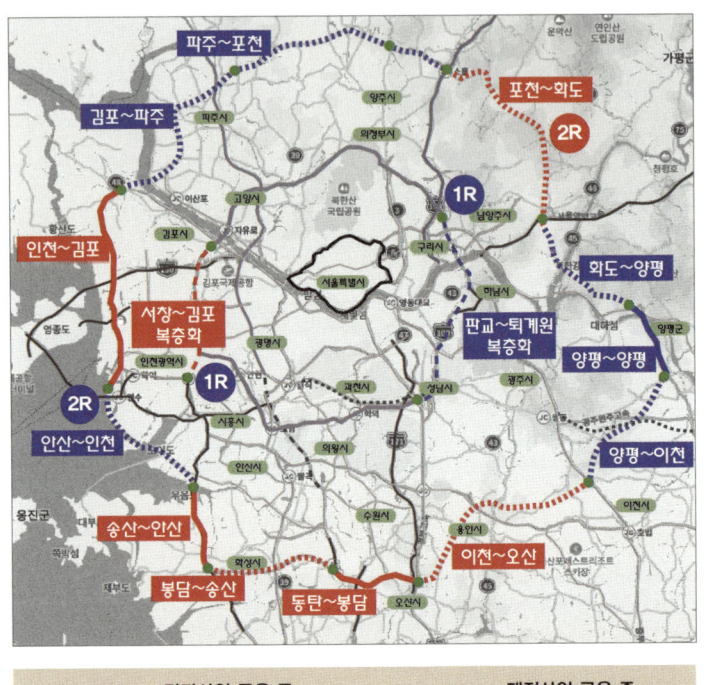

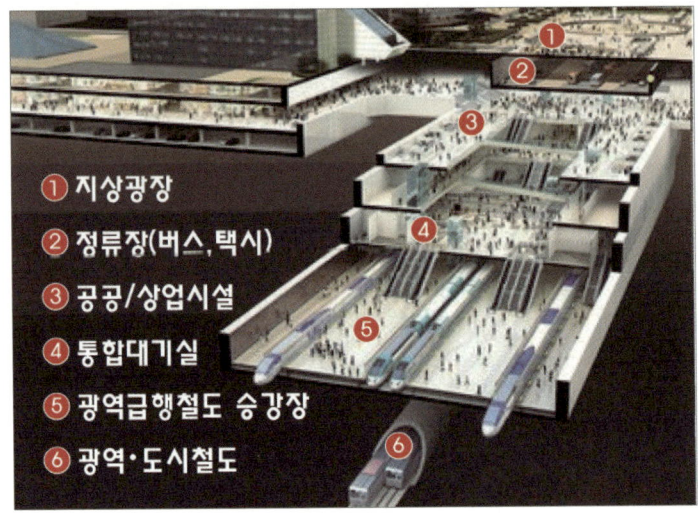

4. 국가철도망 구축계획

국토교통부는 2021년 4월, 제4차 국가철도망 구축계획안(2021~2030)을 발표했다. 국가철도망 구축계획은 10년 단위로 발표하는 국가철도망 건설계획으로 이번 4차 계획안에서는 주요 거점 간 고속 연결, 비수도권 광역철도 확대, 수도권 교통 혼잡 해소 등 7대 추진 과제를 포함하여 철도 중장기 비전을 제시하고 있다. 이 계획안은 공청회와 관계 기관 협의 등을 거쳐 올해 상반기 중에 확정, 고시할 계획이다.

▶▶▶ 1) 제4차 국가철도망 구축계획안 수립 배경

경제·사회적 여건 변화로 인한 획기적인 철도의 역할을 정립하여 계획을 수립하였다.

먼저 인구 구조의 변화를 보면 우리나라 인구가 2030년까지 증가할 것으로 예측했으나 2020년 들어 최초로 감소세를 보였다. 우리나라보다 10년 앞서 인구가 감소하고 있는 일본의 예로 볼 때 인구는 감소하더라노 철도 이용률은 증가할 것으로 보인다. 또 지방 광역권의 중요성이 부각하여 광역 교통 네트워크를 중심으로 균형발전 거점의 확보가 필요하며, 기후변화에 대응을 위해 친환경 교통수단인 철도의 수송 부담률을 높일 필요가 있다.

그러나 철도망 투자에도 불구하고 대부분이 일반철도이기 때문에 철도 수송 분담률은 11.5%(통행량 기준)로 매우 낮은 수준이다. 참고로 도로의 수송 분담률은 88.3%를 차지하고 있다.[19] 따라서 철도 수송 분담률을 높이기 위해 고속철도 건설 및 일반철도의 고속화를 통해 속도를 향상시키고 대도시권 내 광역철도를 확충할 필요가 있다.

▶▶▶ 2) 7대 추진 방향별 추진 과제

① 철도 운영 효율성 제고

경부고속선 수색~금천구청 구간 고속화와 경부고속선 광명~평택선 복

---

[19] 제4차 국가철도망 계획 공청회 발표 자료, 한국교통연구원, 2021

복선 추진, 분당선의 왕십리~청량리 구간을 선로 추가하여 왕복선으로 시민 편의를 제공한다. 또 공항철도의 급행화와 지방철도의 단절 구간(문경~김천, 점촌~영주) 연결과 전철화를 추진한다. 특히 광역급행철도는 어디서나 접근 가능한 대도시권 철도 네트워크를 구축하는 것을 목표로 한다.

유기적인 철도 네트워크 구축을 위하여 우선 수도권에서는 수인선('20, 동서축), 대곡~소사('21, 남북축) 등 동서·남북축을 보강하고, 지방에서는 사상~하단선('23, 부산·울산권), 광주 2호선('25, 광주권) 등 도시 내 이동성 강화를 위한 도시철도를 지속적으로 확충할 계획이다.

또한 트램, 트램-트레인 등 신교통수단을 적극적으로 도입해 나갈 예정이다. 특히 성남 트램 등 GTX 거점역을 연계하는 교통수단으로 활용하며, 대전 2호선 트램, 위례신도시 트램 등 지방 대도시와 신도시의 신규 대중교통수단으로 트램을 활용할 계획을 세워 추진하고 있다.

② 주요 거점 간 고속 연결
- ▶ **고속철도 수혜지역 확대:** 서해선 경부고속선 연결하여 수도권(서울, 용산역) 진입을 수월하게 한다.
- ▶ **일반철도 고속화:** 평택~부발선, 강릉~삼척, 전라선의 고속화, 가수원~논산 구간 직선화, 원주~만종 구간 연결로 속도를 확충한다.

③ 비수도권 광역철도 확대
- ▶ **기존선 개량:** 신탄진~조치원, 강경~계룡, 김천~구미
- ▶ **신규 광역철도 건설:** 동탄~청주공항, 대전~세종, 대구~경북, 동남권순환 광역철도, 부산~양산~울산, 광주~나주, 대구 1호선 연장, 용문~홍천

④ 수도권 교통 혼잡 해소
▶ **광역급행철도:** 기존의 GTX 3개 노선은 차질 없이 추진하며 서부권역에 광역급행철도 노선을 신설, 급행철도 서비스 수혜지역 확대를 도모한다. (김포 한강 등 2, 3기 신도시에서 서울로 진입할 수 있도록 장기~부천종합운동장 연결)

▶ **신규 광역철도망:** 별내선 연장(별내역~별가람역), 분당선 연장(기흥~오산), 인천2호선 연장(인천 시구~고양 일산 서구), 송파 하남선(오금~하남시청), 위례삼동선(위례~삼동), 일산선 연장(대화~금릉), 강동~하남~남양주, 대장홍대선(부천대장~홍대입구), 위례과천선(복정~정부과천청사), 신분당 서북부 연장(용산~삼송), 신분당선(호매실~봉담), 제2경인선(청학~노온사), 신구로선(시흥대야~목동), 고양은평선(새절~고양시청)

⑤ 산업발전 기반 조성
▶ **철도를 통한 산업활동 지원 :** 주요 산업단지와 항만의 물동량을 원활하게 처리하기 위한 인프라 확충을 위해 새만금선, 동해신항선, 부산신항 연결지선, 대합산단산업선 등 신규 사업 추진
▶ **철도산업 도약을 위한 기반시설 조성:** 오송 철도종합시험선로 내 3.6km 선로를 신설하여 순환선 12.3km 구축 등

⑥ 안전하고 편리한 이용환경 조성
성능 중심 철도시설 관리체계 구축을 통한 철도 안전을 강화하며 이용자가 편리한 철도환경 조성을 위해 사업 초기 단계부터 전문가, 주민 및 관계기관 등의 의견수렴을 통해 노선 선정

⑦ 남북·대륙철도 연계 준비

통일 시대에 대비한 남북철도 연결과 국제철도 운행 준비를 위해 국제철도협력기구 활동을 본격화하며 '동아시아철도공동체' 구상을 구체화한다.

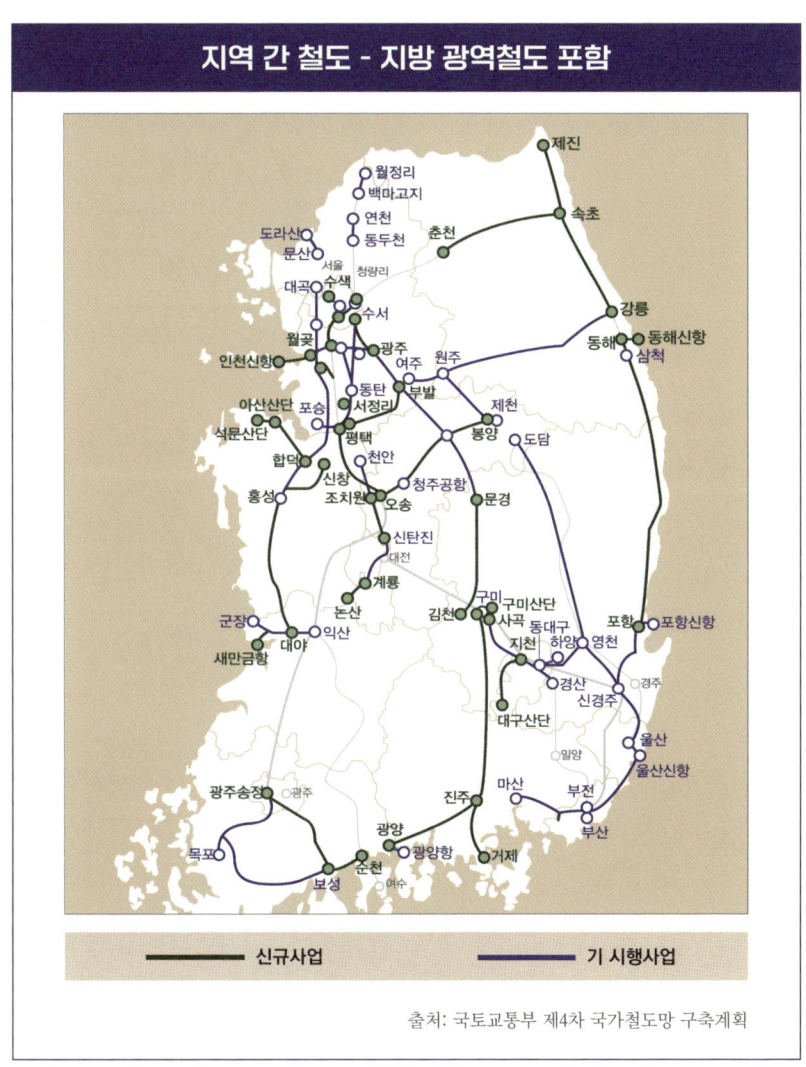

출처: 국토교통부 제4차 국가철도망 구축계획

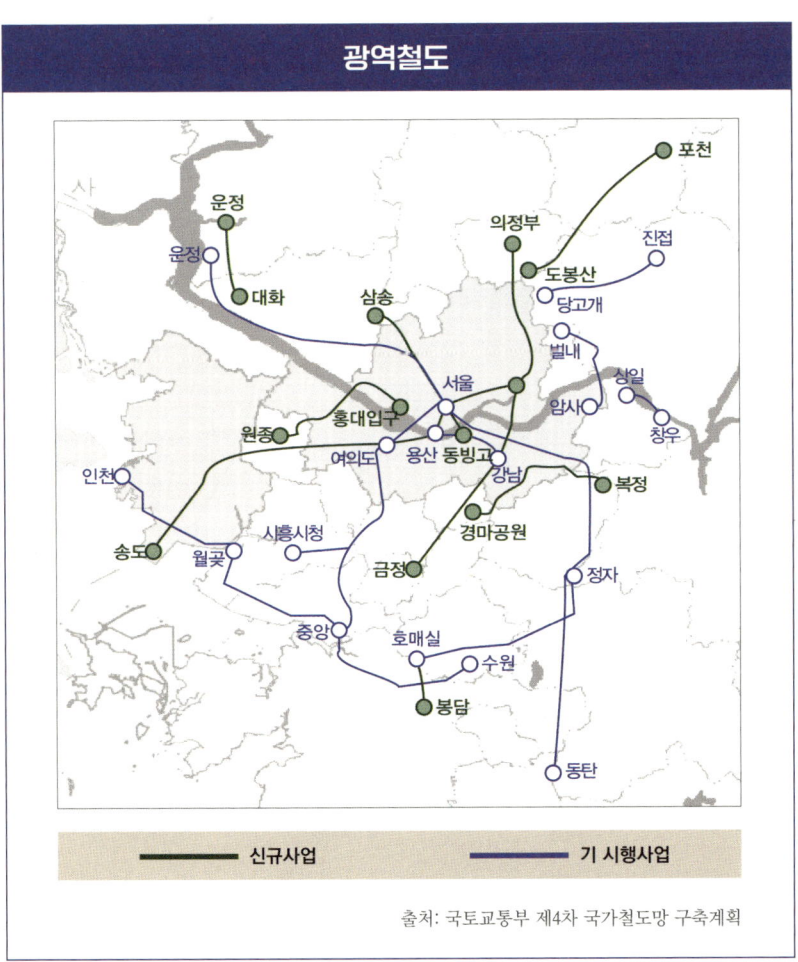

사회구조 변화에 따른 물류 미래상

인구구조 변화 (고령화, 저출산, 국가간 인구 이동 등)
- 노령화 및 저출산 지속→ **배송인력 등 물류인력 부족**
- 근력 의존적 작업을 도와주는 **로봇장비 보편화**
- 1~2인 소형가구의 증가로 소량다빈도 주문 물류증가와 함께 **무인택배 등 편의 물류 서비스 확산**

개인권한 확대 (스마트폰, 소셜미디어)
- 고층빌딩 내 입주한 다수기업에 대한 **빌딩 공동물류 서비스 도입**
- 인구밀집지역 내 물류 클러스터를 통해 **도시 화물 통합 처리**
- 도심내 **저소음 저공해** 물류활동 및 **지하수송시스템** 확산
- 지역내 연계수송수요 증가 및 물동량 밀집으로 **수송수단의 대량화, 고속화, 지능화**

개인권한 확대 (스마트폰, 소셜미디어)
- 개인의 권한(니즈)의 확대에 따라 고객이 집하 및 배송 등 물류프로세스에 직접 참여
  → '**크라우드(crowd)물류**' (DHL Myways등)
  *크라우드 물류: 고객을 집하 및 배송에 적극 참여시키는 물류
- 스마트폰과 클라우드 기술을 통해 배송직원간 정보 · 노하우 공유
- **신선 · 냉동 식품**의 택배수요 증가→ **특수가공 및 포장법 확산**

경제적 양극화 심화 및 삶의 질 중요성 부각
- 기업의 사회적 책임 가중→ **공급사슬 전체에 걸쳐 공정한 계약, 공정한 근로, 환경친화적 물류활동**
- 물류인프라가 낙후된 지역에서 협력적 사업 모델 확산 → 참여자가 기여한 바에 따라 혜택 부여
- 인구가 밀집한 대도시와 이외 지역에 대한 **물류서비스 양극화**
- **지역 주민과 공유할 수 있는 물류시설** 확산→ 물류산업에 대한 인식변화
- 물류 현장 근로자의 주5일제 근무, 휴게시간 보장, 기계화, 자동화 등 더 이상 3D업종이 아닌 **물류근로여건 및 복지향상**
- **여성과 노령자, 외국인 노동자**가 쉽게 일하는 일터

출처: 국토교통부 · 해양수산부 제4차 국가물류기본계획(2016~2025)

경제구조 변화에 따른 물류 미래상

경제의 글로벌화 및 국제 물류 네트워크 다원화

- 새로운 **국제 물류루트** 및 **지구촌 싱글 물류네트워크**를 통한 **글로벌화 및 물류지도 변화**
  - 북극항로 수에즈, 파마나 운하 확장에 따른 네트워크 다원화
  - 북방물류 대비한 '**유라시아 복합교통 물류네트워크**' 연계
  - 유라시아 이니셔티브 등과 국제적이 차원에서 '**메가FTA**'병행
- 통일된 한반도 국제물류 경쟁력 강화를 위한 **인프라 체계 구축 및 연계교통체계 효율화→교통 물류체계 효율화**

경제적·정치적·권력의 분석 (글로컬라이제이션)

- '세계화'와 '지역화(현지화)'가 결합된 **글로컬라이제이션 확산**
  - 복잡한 공급사슬과 쉽게 변화하는 고객의 요구로 인해 글로벌 전략과 지역내 신속한 고객위주 서비스 제공 전략간 협력
- 역외조달에 이어 사회·경제 변화에 따른 '**니어쇼어링, 리쇼어링, 백쇼어링, X-쇼어링**' 등 새로운 조달전략 가속화
  *니어쇼어링: 인근국가 등으로 핵심사업을 옮기고 서비스를 근거리에서 지원하는 것

산업 및 일자리 고도화

- 물류서비스 수준 고도화와 전문직 일자리 증가
  - 창고와 운송 등을 기본으로 특화된 서비스를 제공하는 3PL에 물류 IT솔루션과 물류 컨설팅을 더하여 제공하는 **4PL업체 등장**
  - '**슈퍼그리드물류**' 등 인한 차세대 물류기업 장악
  - 디지털화된 근린집단 내 새로운 물류수요 유발, 협력 경쟁자들과 인프라 및 서비스 공유→ '**공유경제물류**' 활성화
  - 배송 등 단순일자리는 자동화 기술로 대체되고 **전문직 일자리는 증가**

지식기반 경제 심화

- 전자상거래 물류시장 확장(물류와 유통 등 연관 업종 융복합)
  - 디지털 라이프 스타일의 확산으로 '**물류마켓**' 및 '**옴니채널물류**' 활성화→고객중심물류서비스 제공
  - 제조▶유통▶물류▶소비자 B2B, B2C, M2C, C2C, O2O융합
- 전자상거래무역 발달로 물류·유통시장 글로벌화 가속

출처: 국토교통부·해양수산부 제4차 국가물류기본계획(2016~2025)

광역철도

▶ 수도권은 외국과 비교 시 인구규모, 면적 등에 비해 연장 부족

- 면적당 연장: 동경권의 54%, 런던권의 11%, 파리권의 62% 수준
- 인구당 연장: 동경권의 55%, 런던권의 24%, 파리권의 28% 수준

구분	수도권	동경권	런던권	파리권
인구(만 명)	2,280	3,602	751	1,160
면적(km^2)	10,789	16,605	1,579	12,011
연장*(km)	928	2,650	1,253	1,665
면적당 연장 (m/km^2)	86	160	794	139
인구당 연장 (m/만 명)	407	736	1,668	1,435
수송분담률* (%)	33%	86%	65%	58%

*연장은 도시 및 광역철도 등을 포함, 수송분담률도 이를 토대로 산정
출처: 국토교통부 제4차 국가철도망 구축계획

주요 거점간 고속연결 사업

기 시행사업
- 호남고속철도 2단계(광주~목포) 등 27개 사업

신규사업 (총 6개 사업)
- 어천연결선 어천선~경부고속선
- 지제연결선 서정리역~수도권 고속선
- 남부내륙선 김천~거제*
- 춘천속초선 춘천~속초*
- 평택부발선 평택~부발
- 충북선 조치원~봉양*

*별표 3개 사업은 2차 계획에 기포함 사업

Ⅳ. 수도권 집중 억제를 위한 명분과 대책들

대도시권 교통난 해소 사업

기 시행사업
- 수도권 광역 급행철도 일산(파주)~삼성 등 13개 사업

신규사업 (총 9개 사업)
- 수도권 광역급행철도 송도~청량리1)*, 의정부~금정2)*
- 신분당선 호매실~봉담
- 신분당선 서북부 연장 동빙고~삼송3)
- 원종홍대선 원종~홍대입구4)
- 위례과천선 복정~경마공원
- 도봉산포천선 도봉산~포천5)
- 일산선 연장 대화~운정
- 충청권 광역철도〈2단계〉(논산~계룡, 신탄진~조치원)*

*별표 3개 사업은 2차 계획에 기포함 사업

1) 수도권 광역급행철도 송도~청량리 사업은 재기획 결과에 따라 추진
2) 수도권 광역급행철도 의정부~금정 사업은 고속철도 의정부 연장을 포함하여 추진
3) 신분당선 서북부연장은 지자체 시행 광역철도로 우선 시행 검토
4) 연계사업인 신정지선(화곡~까치산)은 서울시 도시철도망 구축 계획에 따라 도시철도로 추진
5) 도봉산~포천 사업은 도봉산~옥정(예타중)과 옥정~포천으로 분리하여 추진가능

**광역철도로 지정되지 않은 사업은 향후 광역철도로 지정 후 사업추진

철도운영 효율성 제고 사업

기 시행사업
- 여주원전선 1개 사업

신규사업 (총 6개 사업)
- 경부(고속)선 수색~금천구청, 평택~오송
- 중앙선 용산~청량리~망우
- 수서광주선 수서~광주*
- 경전선 진주~광양*, 광주송정~순천*
- 장항선 신청~대야*
- 동해선 포항~동해
- 문경·경북선 문경~김천

*별표 4개 사업은 2차 계획에 기포함 사업

철도물류 활성화 사업

기 시행사업
- 호남고속철도 2단계(광주~목포)등 27개 사업

신규사업 (총 7개 사업)
- 새만금선 대야~새만금항
- 구미산단선 사곡~구미산단*
- 아산석문산단선 합덕~아산산단~석문산단*
- 대구산업선 지천~대구산단
- 동해신항선 동해~동해신항*
- 인천신항선 월곶~인천신항
- 부산신항연결지선 부산신항선~부전마산선

*별표 3개 사업은 2차 계획에 기포함 사업

한반도 통합 철도망 구축사업

기 시행사업
- 경원선(동두천~연천, 백마고지~월정리 복원), 문산~도라산 등 3개사업

신규사업 (총 1개 사업)
- 동해선 강릉~제진

추가 검토 사업

-장래 여건 변화 등에 따라 추진 검토가 필요한 사업-

▶지역 간 철도: 대구광주선, 김천전주선 등 15개 사업

번호	노선명	사업구간	사업내용
1	대구광주선	대구~광주	단선전철
2	김천전주선	김천~전주	복선전철
3	교외선	의정부~능곡	단선전철
4	원주춘천선	원주~춘천	단선전철
5	호남선	가수원~논산	복선전철(고속화)
6	경북선, 중앙선, 대구선	점촌~동대구	단선전철(기존선일부활용)
7	보령선	조치원~보령	단선전철
8	경부선	사상~범일[1]	복선전철(경부선이전)

번호	노선명	사업구간	사업내용
9	대산항선	석문산단~대산항	단선전철
10	마산신항선	마산~마산신항	단선전철
11	녹산신단선	부산신항선~녹산산단	단선전철
12	반월신단선	안산~반월산단	단선전철
13	금강산선	철원~군사분계선	단선전철(철도복원)
14	경원선	연천~월정리	단선전철화
15	동해선	포항~강릉	복선전철화

1) 기존 경부선(사상~범일) 구간 선로기능 이전의 경우 부전역 철도시설 재배치와 연계하여 추진

추가 검토 사업

-장래 여건 변화 등에 따라 추진 검토가 필요한 사업-

▶광역철도:
인덕원 수원 연장, 서울 지하철 9호선 연장 등 5개 사업

번호	노선명	사업구간	사업내용
1	동탄~세교선	동탄~세교	복선전철
2	서울 9호선 연장	강일~미사[2]	복선전철(광역철도)
3	인천 2호선 연장	대공원~신안산선[3]	복선전철(광역철도)
4	충청권 광역철도 연장	대전조차장~옥천	복선전철(광역철도)
5	양산울산 광역철도	양산~울산	복선전철(광역철도)

[2] 서울시 도시철도망 구축계획에 따른 서울 9호선 고덕~강일 구간과 연계하여, 강일~미사 광역철도를 추진

[3] 여건변화 등으로 사업추진 시 대도시권 광역교통 기본계획(대공원~광명), 경기도에서 건의한 노선(대공원~독산, 대공원~매화)등을 비교 검토하여 최적 대안으로 추진

철도운영 효율성 제고 사업

기 시행사업
- 여주원주선 1개 사업

신규사업 (총 9개 사업)
- 경부(고속)선 수색~금천구청, 평택~오송
- 중앙선 용산~청량리~망우
- 수서광주선 수서~광주*
- 경전선 진주~광양*, 광주송정~순천*
- 장항선 신창~대야*
- 동해선 포항~동해
- 문경·경북선 문경~김천

*별표 4개 사업은 2차 계획에 기포함 사업

주요 거점간 고속연결 사업

기 시행사업
- 호남고속철도 2단계(광주~목포)등 27개 사업

신규사업 (총 6개 사업)
- 어천 연결선 어천선~경부고속선
- 지제 연결선 서정리역~수도권 고속선
- 남부내륙선 김천~거제*
- 춘천속초선 춘천~속초*
- 평택부발선 평택~부발
- 충북선 조치원~봉양*

*별표 3개 사업은 2차 계획에 기포함 사업

땅 투자 100계명

PART V

지역별 제5차 국토종합계획 요약

1. 서울특별시

>>> **1) 대한민국 중심 도시로서의 위상과 역할**

통일 한국의 중심도시로서, 세계 도시 간 국제경쟁력 선도를 위한 준비와 국제경쟁력 강화를 위한 거점 정비 및 국제 게이트웨이로서의 기능을 강화한다. 그 사전 작업의 일환으로 서울역~용산역 일대를 새로운 국가 중심공간으로 조성할 필요가 있다.

그러기 위해서 유라시아 철도 시대에 대비하여 국가의 중앙역으로 서울역의 지상과 하부 공간구조 재편이 필요하다. 서울역에 지하 통합역사를 설치하고, 국제관문으로서 위상을 제고하기 위하여 지상부에는 상징성과 공공성을 강화한다. 또한 신국가 중심공간 비전에 부합하도록 용산역세권 및 주변부를 개발·관리한다. 이와 연계하여 친환경성과 지속 가능성을 제고할 수 있는 용산역세권 개발 방향을 설정하고, 도시의 역사와 문화적 특성을 반영하여 주변부 관리 방향을 설정한다.

정부 협력에 기반을 둔 용산기지 국가공원 조성사업 추진을 위해 용산기지 내 근대건축시설 공동조사, 공원 주변 경관관리 공동연구, 온전한 공원경계 회복 등을 통해 명실상부한 국가공원으로 조성한다.

⋙ 2) 서울과 서울 대도시권의 글로벌 경쟁력 강화

국제적 전략거점과 게이트웨이를 연결하는 교통망 정비를 위해 인천국제공항~서울 중심지 연결 고속교통망을 정비하고, 김포공항을 아시아 주요 도시로 연결하는 비즈니스 공항으로 활용하여 유라시아 네트워크와 연계 추진한다. 수도권 균형발전을 선도하는 도시 및 광역철도망 구축으로 교통 혼잡을 완화하고 서울~수도권 연결성 강화를 위한 도시 및 광역철도기반을 확충한다.

인천, 경기지역을 고려한 서울의 주요 발전축 형성 및 공간구조 재편을 위해 주요 지역거점과 교통 결절점(공항, 철도역 등) 간 접근성을 제고하고 인천국제공항~서울 3도심 연계 교통망을 정비한다. 또한 마곡, 온수, 김포공항 등 기존 산업 중심지를 기반으로 국제거점 육성 및 연계를 강화한다.

3) 혁신과 신산업 창출을 위한 스마트시티 조성

미세먼지, 소음, 빛 등을 수집·활용할 수 있도록 스마트도시 데이터 플랫폼을 구축하고, 거점별 신산업(바이오, 의료, IoT, 문화콘텐츠 등) 중심으로 투자하여 신기술 혁신공간을 조성한다. 구로, 가산 디지털 산업단지로의 산업집적 촉진과 준공업지역을 관리한다.

2. 부산광역시

>>> **1) 기본 목표**

① 동북아 신경제 벨트 및 경제혁신 중심지
② 신공항·항만·철도 연계(TRI-PORT) 동북아 물류 중심지
③ 동북아 국제무역·금융·영상·컨벤션산업 중심지
④ 동북아 해양문화·과학·생태관광의 국제거점
⑤ 환태평양 국가기간산업 및 첨단지식기반산업 중심지
⑥ 글로벌 안전·친환경·지속 가능한 발전거점

▶▶▶ 2) 발전 방향

① 유라시아 관문 역할을 위한 교통 및 항만물류 인프라 구축, 신남방·북방 경제권의 글로벌 브릿지 조성을 위한 동북아 물류 플랫폼을 구축하여 신북방·신남방 정책 거점 연결, 게이트웨이로서 국제자유물류도시를 조성한다. 한반도 평화 시대를 대비하여, 공항-항만-철도(Tri-Port)를 연계한 글로벌 물류 인프라를 구축한다.

② 국제경쟁력을 갖춘 항만물류 중심기지 구축과 국제교류 관문 기능 강화를 위한 유라시아의 중심 거점기능 강화와 항만물류산업의 고부가가치화를 추진한다. 동북아 국제 물류·교류 기능 강화를 위한 해양·물류 단지와 배후도시를 건설하고, 김해신공항을 건설하여 연계 인프라 및 복합운송체계를 구축한다. 동남권 관문 공항과 공항복합도시 연계 개발로 지역경제 활성화를 도모한다.

③ 교통망 확충을 통한 지역 간 산업물류 및 관광자원의 연계 강화를 위해 남해안 고속화철도(부산~광주) 건설을 검토하며, 동남권 환상형 내륙순환도로를 구축한다. 또 남해고속도로~동해안고속도로(사상~해운대)를 연계하는 고속교통망 정비를 검토하고 KTX 역세권을 지역 성장 네트워크의 거점으로 육성한다.

3. 대구광역시

>>> 1) 세계 일류도시 도약을 위한 발판

유라시아 대륙횡단철도 시대를 대비하여 내륙 출발점으로서 인프라 확충 및 기능을 강화한다. 또 증가하는 항공 수요에 대비하여 대구공항 통합 이전과 연계성 강화를 위한 공항철도 건설을 검토하고 도로 확장 등 교통 인프라를 확충한다.

>>> 2) 지역 간 상생 협력을 통한 동반성장 강화

　　　　동서3축(새만금~무주~대구) 고속도로 개설 및 산업 벨트 형성과 대구~광주 내륙철도 건설 등 대구·광주 달빛동맹 협력사업 추진을 검토한다. 취수원 다변화와 지역 간 협력 발전을 통한 취수원 확보 등 낙동강 통합 물관리 방안으로 물 공급의 안정성을 제고하여 지역 간 상생 협력을 도모한다.

　광역권 도시 간 교통편의를 증진하고 물류 등 상호유기적 연계를 위한 광역도로 구축을 위해 군위~구미~성주 고속도로, 현풍~청도~영천 간 고속도로 개설을 검토하고, 중부내륙고속도로 지하화 및 기타 구조 개선을 검토한다. 또한 경부고속도로 도심 우회노선 이설 및 하이패스 전용 IC를 설치하고 신천대로 지하화 건설을 추진한다. 국도 4호선, 국도 5호선, 국도 30호선의 확장 및 군도 3호선 건설 및 국지도 승격을 검토한다. 대구 부산선(동대구~수성) 확장 및 연결로 설치와 금호강변도로 건설 및 국지도 79호선 개량을 검토한다.

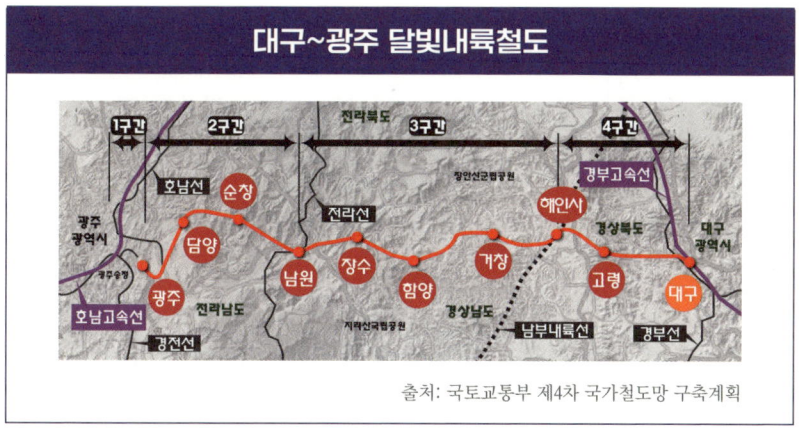

출처: 국토교통부 제4차 국가철도망 구축계획

4. 인천광역시

>>> **1) 대중교통체계 확충과 역세권 중심의 도시 공간구조 전환**

도시철도 확충, KTX·GTX 광역환승체계를 구축하고 역세권 복합개발로 도심 생활 거점을 조성한다. 도시공간구조를 집약화하고 기반시설이 미흡한 지역의 신규 개발 억제 등 압축도시를 조성한다.

개항 창조도시 재생사업 및 산단 구조 고도화 사업 등과 연계하는 재생사업을 추진하고 경인고속도로의 일반도로화 및 지하화 사업과 연계하여 토지 이용 효율화를 유도한다.

▶▶▶ 2) 원도심 여건과 특성을 반영한 맞춤형 도시재생뉴딜 추진

노후산업단지, 항만, 노후 불량주거지 등을 대상으로 도시재생사업을 확대 추진하며 폐·공가, 공장건물 등 유휴공간을 활용하여 문화체험공간으로 조성한다. 더불어 공항, 항만 등의 입지적 강점을 충분히 살린 지역산업을 진흥시킨다.

▶▶▶ 3) 경제자유구역 중심의 미래형 전략산업 육성

- **송도국제도시:** 바이오산업 연구시설 집적, 융합기술형 산업혁신클러스터 기반 마련
- **청라국제도시:** 로봇 R&D산업, 연구단지 로봇테마파크, 첨단부품 R&D 생산단지 조성
- **영종국제도시:** 항공정비단지(MRO)와 항공인력기관 설립, 첨단물류단지 등 복합단지 조성

>>> 4) 국제경쟁력 제고를 위한
산업인프라 확충과 산업재생 추진

　　　　노후 산단에 친환경 인프라 구축, 혁신역량 강화 등을 통해 스마트 혁신 산단으로 전환하고, 원도심의 노후산업단지는 도시형 첨단산업단지 및 일반산업단지, 특화산업단지로 조성한다.

　인천항 첨단 선박 수리시설 인프라 구축 및 항공산업, 로봇산업 등 융복합 클러스터를 조성한다. 또 GTX-B노선과 연계한 송도~부평~서울의 BIO, MICE 등 광역 신산업 벨트를 조성하고, 경인고속도로 지하화와 연계하여 주변 제조업 벨트의 광역 벤처기업 클러스터를 조성한다.

>>> 5) 남북한 긴장 완화에 따른
수도권 서해평화협력 시대 대응

　　　　서해평화협력지대(인천~개성~해주)를 인천경제자유구역청(IFEZ)과 연계하여 남북 공동 경제자유구역으로 조성할 것을 검토하며 경기도와 함께 한강 하구의 해양평화공원 및 서해 5도 남북 공동 어로구역, 해상파시 조성을 검토한다.

　인천국제공항 활성화를 위한 땅·바다·하늘길[남북평화도로, 동서평화고속도로 연장, 서해안 광역철도, 백령공항, 인천~순안(평양), 원산공항길 등] 추진을 검토한다.

▶▶▶ 6) 인천국제공항 경제권
　　　강화를 위한 인프라 확충 검토

　　　　　인천국제공항~수인선(KTX)을 연결하는 제2공항철도 등의 신설을 검토하고 제3연륙교 및 경인고속도로 지하화와 연계한 지상부 광역대중교통망(영종~청라~부천~여의도 연계) 구축을 검토한다.
　인천국제공항, 인천신항, 인천항 및 경인항을 연결하는 해상교통체계를 강화하고, 인천국제공항과 김포공항 기능 연계로 경인아라뱃길 및 공항 경제권을 활성화한다. 또한 인천신항 교통·물류체계 강화를 위한 인천신항선[인천신항~수인선(월곶)]을 검토한다.

▶▶▶ 7) 대도시권으로서 수도권의
　　　경쟁력 제고 및 상생발전 도모

　　　　　수도권 광역거버넌스 신설, 수도권 제2순환고속도로 주변 도시 간 서해안 거버넌스 구축과 미세먼지 등 광역적 환경문제 대응을 위한 수도권 환경 현안 공동대응 상설기구, 수도권과 중앙정부의 서해 평화협력 거버넌스를 설치한다.
　서해안 해상교류 활성화에 대비하여 도서지역 등을 포함한 해상 지역계획을 강화하며 경인아라뱃길을 활용한 인천 해상자원~한강~여의도 등의 연계를 통해 인천 및 서울 서남권 산업문화자원 활성화를 촉진한다.
　또 수도권 광역 대중교통체계 강화를 위한 인천2호선(인천대공원)~신안산선 연장, 인천2호선~고양 연장, 청학역~구로역 간 제2경인전철 건설, 서울2호선, 서울5호선 검단·김포 연장, 수도권 서부권 급행철도 건설을 검토한다.

5. 세종특별자치시

>>> 1) 기본 목표

① 상생하는 균형발전
② 시민 중심의 자치분권
③ 지속 가능한 혁신성장
④ 살기 좋은 품격도시

>>> 2) 발전 방향

① **실질적 행정수도 완성**: 행정수도로서의 기능을 수행할 주요 기관

(국회 세종의사당, 대통령 세종집무실 등) 설치와 함께 미이전 공공기관, 수도권 소재 공공기관의 추가 이전을 추진한다. 국제기구 유치와 함께 외국인 정주 여건을 조성하고, 글로벌 행정도시의 위상 제고를 위하여 세계 행정도시연합 창립 등 국제적 협력네트워크를 구축한다.

② **행정수도 기능 강화를 위한 교통망 확충**: 경부선 및 고속철도를 활용한 서울~세종 간 신속한 철도교통체계 구축 검토와 충청권 동서축 연결철도망(충북선 고속화, 충청산업문화철도)의 구축을 검토한다. 세종~서울 고속도로 조기 완공 및 세종~청주 고속도로 건설을 추진한다.

③ **광역도시권 내 생활권 조성 촉진 및 연결성 향상을 위한 광역교통망 구축 검토**: 충청권 광역철도 1단계(계룡~신탄진)에 이어 2단계 구간 건설을 추진하고, 광역 간선급행버스체계(BRT) 구축 및 노선 연장과 다양화 등 광역교통망 확충을 검토한다.

④ **역사문화자원을 공유하는 연계협력사업 추진**: 선비정신과 풍류문화를 주제로 한 금강누정선유길을 조성하고, 누정 관광권(세종~공주~부여)을 대표하는 금강 누정문화복합센터 건립 등 충청권 유교문화의 가치를 재조명, 관광자원화 할 수 있는 연계·협력 사업을 발굴·추진한다.

⑤ **지역 모두 고르게 잘사는 도농 균형발전 도모**: 살기 좋고 안전한 도시 조성과 농촌지역 생산 및 생활환경 개선으로 도·농의 상생 발전을 추진한다.

⑥ **세종형 자치분권 모델 완성**: 지자체경찰 설치, 유지 및 운영을 주도하는 광역단위 자치경찰제도 시범 시행 등 세종형 자치분권 모

델을 구축하고 확산한다. 읍면동 주민공동체에 조례 · 규칙의 제안권 부여 등 풀뿌리 민주주의를 구현한다.

⑦ **풀뿌리 민주주의를 뒷받침할 재원 마련:** 시민 주도로 마을의 조직·입법·재정·계획·경제 등 5대 분야를 이끌어 가는 시스템을 구축하고, 이를 뒷받침하기 위한 자치분권특별회계를 신설 검토한다.

⑧ **스마트 혁신기반의 지역특화산업 육성:** 스마트 국가시범도시(5-1생활권) 조성을 위해 스마트시티 추진본부 설립, 스마트시티 산업진흥원 설립 및 빅데이터 전문관을 신설한다. 국가 전략 핵심 신소재·부품·장비 경쟁력 강화를 위한 스마트국가산업단지를 조성하여, 지역특화산업 전·후방 혁신성장을 위한 신소재·부품산업을 육성한다.

⑨ **국제과학비즈니스 벨트 기능지구 활성화:** 국제과학벨트법 개정, 대덕 연구개발특구 확대 추진 등 국제과학비즈니스 벨트 기능지구 활성화를 위한 기반을 조성한다.

⑩ **국가혁신융합단지(클러스터) 육성 검토:** 자율주행 친화형 스마트시티 선도모델 구현 등 세종시 혁신클러스터 활성화를 위해 미래자동차 핵심부품 기반기술 및 지식서비스산업을 중점 육성한다.

⑪ **시민의 삶의 질이 높은 품격도시 구현:** 행정수도로서의 세종시 위상을 제고하고 고부가가치 서비스산업을 통한 도시자족기능 강화를 위해 도시 위상에 부합하는 각종 지원시설을 확충한다. 중부권 최고 수준의 어린이 전문병원을 설립하고 유치원·어린이집 통합 국가시범 지구 지정, 캠퍼스타운(4생활권) 조성 등 의료, 보육, 교육·문화 관련 시설 및 프로그램을 공급한다.

⑫ **생활환경 등 정주 여건 개선을 위한 서비스 제공 확대:** 거주민의 만족도를 제고하며 갈등을 해소하기 위한 공동주택 품질 검수단 및 민관협의체를 구성·운영한다. 미세먼지에 효과적으로 대응하기 위하여 미세먼지 정보센터를 설치하고, 충청권 미세먼지 공동대응 TF 팀과 미세먼지 중금속 측정망을 설치·운영하며 고농도 미세먼지 대응요령 등 현장교육을 추진한다.

6. 경기도

>>> 1) 기본 목표

① 공정과 균형발전이 실현되는 경기
② 삶의 질과 환경생태가 보장되는 경기
③ 편리하고 빠른 교통인프라를 가진 경기
④ 첨단산업과 좋은 일자리를 만드는 경기
⑤ 남북교류와 경제통합을 준비하는 경기

▶▶▶ 2) 발전 방향

① **북부·동부지역, 구시가지 등 저발전지역 균형발전 정책 추진**: 파주 캠프 에드워즈, 동두천 캠프 케이시, 의정부 캠프 라과디아 등 주한미군 반환 공여구역 및 주변 지역개발과 저발전 낙후지역 철도·도로망 건설 조기 추진

② **압축적인 토지 이용을 위한 광역 거점도시와 농촌지역거점 조성**: 토지 이용의 효율성 및 도시 서비스 접근성 개선을 위한 광역·농촌지역거점 강화 프로젝트 추진

③ **주거·문화·의료·교육 서비스 시설의 시민 접근성 개선**: 지역주도형 택지개발 공공임대주택 건설과 취약계층 주거서비스 개선, 2030년까지 공공임대주택을 62만 호 공급하고, 공공임대 거주율 18.4%까지 제고

④ **생활SOC 확충과 균형 배치**: 문화·체육·의료보건·교육 관련 생활SOC를 확충하고, 도 내 시·군 간 접근성 격차 해소, 김포평화누리길 등 올레길 네트워크화 사업을 추진하고, 양평·가평 등의 산악 휴양 관광 벨트 및 남양주·여주 등 강변 휴양 관광 벨트 조성과 수요자 중심 스마트관광 전략 추진

⑤ **도시 및 지역재생 활성화를 위한 특성화 재생사업 추진**: 도시재생 뉴딜사업 활성화, 중소도시와 소도읍·마을 대상의 경기도형 지역 재생사업 추진, 미군 반환 공여구역, 공공기관 이전 부지 등에 대학캠퍼스 연계형 또는 경제 도시형 재생 추진

⑥ **기후변화에 대응한 환경·에너지 혁신**: 탄소 저감형 도시계획 확

대와 경기도형 환경생태계획 기법 개발, 신재생에너지 확대와 분산형 에너지 격차 완화

⑦ **광역급행철도망과 순환철도망의 구축:** A노선(파주~삼성~동탄), B노선(송도~마석), C노선(양주~수원) 등 3개 노선 건설, 대곡소사선과 별내선 개통 추진 및 교외선(능곡~의정부) 운행 재개, 의정부~남양주 철도 건설 검토

⑧ **공공성 강화를 위한 버스 준공영제 추진과 BRT 및 트램 노선 확대:** 노선 입찰제 방식 등 버스노선에 대한 공공의 역할 확대 및 철도 신설 시 버스노선체계 개편, 광명~시흥(전용형 1개)/시흥~구로, 구리~잠실, 고촌~강서, 성남~수서, 인천~시흥 등(고급형 8개)/파주~은평, 양주~의정부, 별내~성북, 김포~강서 등(기본형 13개) 등 22개 노선 간선급행버스체계(BRT) 구축 및 친환경 노면전차(트램) 도입 검토

⑨ **수도권 고속도로체계 완성과 혼잡구간 개선:** 수도권 제2순환고속도로망 완성 및 부천·남양주 등 혼잡구간의 도로시설 개선, 인천 영종~강화~북한 간 경기만 고속도로와 경기~강원 접경지역 간 평화고속도로 건설

⑩ **자율주행자동차, 전기·수소자동차 등 신교통수단 인프라 구축:** AV(Auto Vehicle) 테스트베드 확대 및 AV 시범도로 확충과 전기·수소차 충전소 확충

⑪ **4차 산업혁명 대비 산업혁신과 좋은 일자리 공급:** 신산업 육성을 위한 권역별 혁신클러스터 구축 및 해양레저산업 벨트 조성, 자동차·게임·MICE·방송문화·패션가구디자인 등 다양한 산업생태계 형성을 위한 혁신클러스터와 서비스업과의 융·복합 및 청년

인력 접근성을 반영한 거점형 산업단지 조성, 안산 방아머리, 김포 아라 마리나항 건설, 평택호 내수면 마리나 조성과 항만 유휴지 개발 추진

⑫ **제2기 테크노밸리 조성 확대 및 거점형 창업 허브 조성:** 산업단지 혁신을 위한 스마트산업단지, 스마트팩토리, 스마트시티 추진, 시화·반월·성남·부천·군포·동두천 등의 산업단지 및 공업지역의 스마트산업단지 사업 추진, 시해안 자동차~기계~부품소재 클러스터 등을 중심으로 스마트팩토리 지원사업 추진

⑬ **ICT·신교통수단을 활용한 물류·유통체계 혁신:** 물류복합단지 조성과 드론·AV 등 ICT 활용한 물류·유통시스템 혁신

⑭ **한반도 평화·경제공동체의 거점 조성:** DMZ 생태·역사문화·평화관광 벨트 구축, 중앙정부의 '한반도 신경제구상'과 연계하여 북한 인접지역에 통일경제특구 조성 추진 검토, 한반도 유라시아 연결 교통인프라 확충, 유라시아 연결철도망 건설과 아시안 하이웨이의 경기도 접경지역과 북한 접경지역 연결 검토

7. 강원도

>>> **1) 기본 목표**

① 체류 인구 250만 명 달성
② 전국 4% 강원경제권 실현
③ 동북아 1일 생활권 중심지대 육성

>>> **2) 발전 방향**

① **동북아 글로벌 네트워크를 위한 신발전축 구축**: 국토의 중북부 내륙과 대륙을 연결하는 새로운 실크로드 형성, 통일 및 북방경제 시

대 남북교류와 평화벨트 연계 내륙종단 고속교통망 완성 추진, 춘천~원주 스마트 융·복합산업 벨트, 환동해 경제벨트, 스마트 생명·관광벨트(원주~평창~강릉)를 연계하는 H벨트를 중심축으로 육성

② **활력 넘치는 도농 생활공간환경 조성:** 청정 자연환경과 고품질 도시 서비스를 제공하는 도농복합타운형 스마트 헬스케어단지 조성, 인구 소멸에 대응해 농촌과 소규모 학교를 중심으로 기초공공서비스를 집적한 스마트 생활공동체타운 모델사업 추진, KTX 역세권 개발을 통한 지역거점개발 추진

③ **한반도 신경제구상을 선도하는 광역물류교통망 확충:** 신경제구상을 선도하기 위한 동해선 및 동서고속화철도, 내륙종단선 등 평화고속철도망 구축 추진, 춘천~철원, 속초~고성, 포천~철원, 제천~삼척, 철원~고성을 연결하는 종·횡축 대륙화 전진기지 고속도로망 구축 추진, 환동해권 신해상 교역항로 및 평화크루즈 항로 개설 방안 모색

④ **양양국제공항 경제권 육성 및 국가환승터미널 구축방안 모색:** 양양국제공항을 동북아 거점공항으로 육성, 동해공동관광특구 내 남북교류 전담공항 지정 운영 및 양양 공항경제권 조성 방안 모색, 동해선 및 춘천~속초 동서고속철도 연결로 동북아 Fly-Cruise 허브 육성

⑤ **접경지역 연결도로망 구축:** 평화지역(접경지역) 연결도로 구축 등 통일경제·평화지역(접경지역) SOC기반 구축, 국토 내륙 통합·포용 국토 기반 광역교통망 구축, 강원(제진~강릉~원주)~충북~호남 철도 연결을 통한 강호축 연계망 구축 검토, 강원 남부 제천~삼척 고속화철도 건설, 수도권 순환철도망 및 용문~홍천 철도 연장 검토

8. 충청남도

>>> 1) 기본 목표

① 누구나 살고 싶은 포용사회 구현
② 도민 행복경제 및 문화·환경기반 조성
③ 다층적 성장 거점을 통한 균형발전 추구

>>> 2) 발전 방향

① **공간통합적 지역 발전 유도:** 인구 감소에 대응한 압축도시 공간구조를 형성하고 4차 산업혁명 시대에 대응한 스마트 도시권 육성,

도농·농촌형 지역(보령, 부여, 서천, 청양, 홍성, 예산, 태안)을 중심으로 스마트팜 및 신재생에너지 기반의 스마트빌리지 조성

② **농어촌 커뮤니티 재편 및 미래 농어업인력 육성:** 농어촌마을 간 기존 커뮤니티 바탕으로 접근성 양호한 다양한 형태의 작은 거점 조성

③ **혁신·균형 성장과 자립적 경제기반 조성:** 지역 혁신과 균형 성장을 위한 산업생태계 조성, 충남형 경제순환과 지역 자립 토대 구축

④ **지역 자산을 활용한 지역 주도의 지속 가능한 발전:** 문화 복지 실현과 여가·위락 융복합 관광 인프라 구축, 산줄기, 물줄기를 연결한 그린인프라 구축 등 풍요롭고 쾌적한 환경복지 구현

⑤ **신성장 거점 네트워크체계 구축:** 내포신도시, 행정중심복합도시 광역도시권 육성을 위해 내포신도시에 국가기간산업의 헤드쿼터를 조성하고, 서해안 밸리(Golden Valley) 구축 추진, 내포신도시를 수소도시로 조성, 주변 지역에 수소자동차 부품 생산기반 수소국가 산업단지 조성

9. 경상북도

>>> 1) 기본 목표

① 차별 없이 함께 잘사는 균형발전지역
② 미래 성장을 주도하는 스마트산업 선도지역
③ 품격 있는 글로벌 문화관광 중심지역
④ 세계로 통하는 교통·물류망 거점지역

>>> 2) 발전 방향

① 역사·문화·생태가 어우러진 글로벌 문화관광 육성: 신라 천년고

도 경주 문화유적 및 왕경 복원과 가야 문화권 관광거점, 선비·유교문화 관광거점 조성, 세계문화유산 등재 확대, 해양·생태관광 자원화와 일상에서 누리는 문화·관광 인프라 확충

② **국토의 연계와 균형발전을 위한 인프라 확충:** 남북7축(포항~삼척) 고속도로, 영일만 횡단고속도로, 동해선 고속철도 복선화, 대구~포항 영일만 직결철도 등 남북교류와 북방경제 진출을 위한 동해안축 교통망 확충 검토, 남북6축(영천~양구) 고속도로, 문경·성북선 고속철도, 남부내륙 고속철도(김천~거제), 중앙선 고속철도 복선전철화(도담~신경주) 검토 등 국토 내륙 연결성 강화 추진, 동서3축(대구~무주) 및 동서5축(보령~울진) 고속도로, 중부권 동서횡단 고속철도(서산~울진) 등 동서 균형발전 교통망 구축 검토

10. 경상남도

>>> 1) 기본 목표

① 제조업 혁신을 주도하는 국가 성장 거점 구축

② 경남형 안전·복지모델 수립을 통한 사람이 우선되는 경남사회 실현

③ 함께 누리는 문화생태계 조성 및 동북아 관광거점 구축

④ 대륙과 해양을 잇는 동북아 교통·물류 중심 구축

⑤ 안전하고 지속 가능한 경남환경 조성

⑥ 광역연합을 통해 동북아 7대 핵심 경제권 진입

▶▶▶ 2) 발전 방향

① **광역교통·복지교통·고속교통체계 구축:** 광역교통 인프라 구축, 광역교통수단 적기 도입으로 광역교통 불편 해소, 남해안권 통행시간 단축(2시간대)으로 영·호남 교류 및 해양관광 확대, 창원~서대구 철도물류망 구축을 검토하여 물류 경쟁력 강화 및 영남권 순환철도망 완성

② **동북아 진출거점 기반 마련 및 주력산업 활성화:** 한반도 신경제구상과 연계하여 남해안 벨트 강화, 신북방·신남방 정책 추진을 위한 선제적 대응기지 구축 검토, 동북아 물류 R&D센터와 융·복합 스마트물류단지 조성, 항만서비스 자유구역 지정, 신항 개발 및 배후도시 종합발전으로 인프라 개선, 항만·물류 클러스터 구축

11. 전라북도

››› 1) 기본 목표

① 스마트 농생명 산업 수도
② 에너지 · 신기술 융복합 신산업 거점
③ 문화와 관광 여행체험 1번지
④ 글로벌 SOC · 안심 삶터

››› 2) 발전 방향

① 새만금과 특화자원을 활용한 글로벌 신성장 중심지로 도약: 단기

적으로 재생에너지, 전기자동차 등을 중심으로 한 산업생태계 변화를 도모하고 스마트 수변도시 및 한·중 경제협력단지 조기 조성, 세계잼버리 시설을 항구적 관광·레저·체육시설로 조성

중장기적으로 신공항·항만 등 교통인프라를 활용한 글로벌 자유무역의 중심지 및 고품격 도시로 조성

② **전북에 집적화된 농생명 혁신자원의 발전 동력화:** 농·생명 식품산업 십석화를 위한 익산 국가식품 클러스터 기능 확대, 글로벌 허브화 사업을 추진하고 민간육종연구단지 확장과 지능형 농기계 실증단지 조성으로 종자·농기계산업 거점 육성

③ **문화·관광 기반 확충과 체험·힐링 명품화로 신가치 창출:** 전라북도 대표도서관 건립, 지역별 생활문화센터와 생활밀착형 체육시설을 확충하고 곰소만 해양생태관광 벨트, 옥정호 에코관광지, 백두대간 산악형 정원, 동부권 에코사파리공원, 임실 반려동물 클러스터, 말산업특구시설, 벽골제 농경문화체험관광지, 고군산 해양관광거점 등 추진

가야 역사문화자원 발굴 및 지역 자원화, 전라무형문화와 동학·유학 재조명을 위한 관련 사업 및 전담시설 확보

④ **환황해권 교류거점으로 도약을 위한 글로벌 공공인프라 확충:** 초고속 첨단교통인프라(하이퍼루프) 구축과 국가철도망으로 새만금~대야, 국가식품 클러스터 인입선, 전라선고속화철도, 서해안철도 건설 추진 검토

기존 내륙도시와 새만금을 연계한 대도시권 형성을 위한 광역첨단연계 인프라(BRT, 트램-트레인 등) 구축, 지리산 전기철도 건설 추진 검토

12. 제주 특별자치도

>>> **1) 기본 목표**

① 제주도민 삶의 질, 안전 향상 추구
② 분권과 균형의 특별자치도 실현
③ 청정과 공존의 핵심가치 공간 구현
④ 혁신·스마트·평화 가치가 반영된 국제자유도시 조성

▶▶▶ 2) 발전 방향

① **국제 자유도시로서의 교통·물류 체계 구축:** 지역친화형 제주 제2공항과 제주신항만 건설 추진, 제주~육지부 해상물류체계 구축, 동해안 벨트(제주~부산~강원~원산~청진) 및 서해안 벨트(제주~인천~남포~신의주)와 연계한 한반도 해상물류체계에서 제주도와 육지부를 연결하는 여객운송 공영제 도입 검토

② **혁신공간 조성을 통한 지역 균형발전 실현:** 제주혁신도시와 연계한 국제 MICE산업 클러스터 조성, 제주혁신도시의 인력, 인프라와 연계하여 MICE산업 활성화 기반을 조성하고, 이를 토대로 제주 관광산업의 고부가가치화 추진, 서귀포 도심과 서귀포 혁신도시, 중문관광단지 간 연결 인프라 구축

③ **제주 역사·문화 중심의 도시재생 추진:** 제주신항만(예정), 서귀포항 등 연계한 원도심 재생사업 추진 및 도심활성화정책과 연계, 제주 역사·문화자원을 이용한 도시재생사업 추진, 원도심 사업대상지에 존재하는 다양한 역사·문화자원을 토대로 지역주민이 상생하는 재생공간으로 전환 추진

100 제 재테크

땅 투자 100 계명

PART VI

부동산의 미래

1. 융복합 콘텐츠

지금까지 부동산은 어느 한 지역에 고정되어 있는 것으로, 용도지역이나 지목에 따라 그 가치가 정해져 있었다. 그러나 이제 땅의 경제력은 복합 콘텐츠 유무에 달려 있다. 또 수도권 광역철도의 경쟁력에 따라서 돈과 사람이 어느 한쪽으로 흘러간다.

프라이빗 개인주의화 시대는 철저하게 개인으로서 즐기는 것이 아니다. 그 말 속에는 개인적이며 복합적이라는 뜻이 함유되어 있다고 본다. 지금 현재 관광지나 외곽 여관업, 자동차 극장, 체험장 등은 모두 폐허가 되어가고 있다. 그러나 앞으로 복합 콘텐츠로 새롭게 개발을 한다면 토지는 부를 창출하는 공간으로 변모할 것이다.

주말에는 자동차 극장 겸 캠핑장에서 차박을 하며 영화 관람을 하고, 지역 축제를 즐기며 맛집을 찾아 먹거리를 즐기기도 한다. 또 캠핑뿐 아니라 마술이나 문화체험 또는 독서를 즐기는 등 두 가지 이상의 즐길 거리를 찾는 경우가 많다. 이러한 욕구에 대한 수요를 만족시킬 수 있다면 자연스럽게 토지의 가치도 올라갈 수밖에 없다. 가장 확실한 것은 문화체험이라는 것이다.

멀리 떨어져 있는 관광지뿐만 아니라 도시의 생존 역시 변화하는 소비자들의 욕구를 만족시켜야만 한다. 그러다 보니 여러 도시에서 국제 관광 수요를 잡기 위해 복합 콘텐츠 사업을 진행하기 위한 준비를 하고 있다.

>>> 1) 파주출판도시

'파주출판문화정보산업단지'라고도 부르는 파주출판도시는 우리나라의 대표적인 융복합산업도시이다. 21세기 고도 정보화 사회에 대비하여 출판, 영상 등 지식·정보산업을 중심으로 문화산업을 집적화하여 국가 전략산업으로 육성하려는 목적을 갖고 1989년에 준비하여 2013년에 입주를 시작하였다.

이후 해마다 어린이책잔치, 파주북소리 등의 행사를 펼쳐 출판, 영상, 교육 등 체험 중심의 융복합 문화콘텐츠를 중심으로 한 체험 관광지로서의 역할을 수행하고 있다. 또한 서울 근교에 위치하고 있기 때문에 각 출판사들이 직영하는 서점과 북카페, 헌책방, 갤러리 등을 이용하려는 사람들이 자주 찾고 있다. 먼 거리에서 찾아오는 사람들을 위한 게스트하우스로 '지지향'을 운영하고 있으며 누구나 이용할 수 있는 열린 도서관 '지혜의숲'도 운영하고 있다.

한편 파주시는 아직도 너른 들판에서 생산되는 쌀이 유명한 곳으로, 1차 산업인 쌀산업과 출판·인쇄 등의 제조업 기능, 영상 방송 정보통신 등 서비스부문의 융합이 가능한 곳이다. 이러한 특성을 이용하여 다양한 지식기반산업 자원을 부문별, 기능별로 융합하여 농업-제조업-서비스업의 융복합 클러스터를 구축하였다. 1차에서 2차, 3차 산업까지 전 산업을 아우르는 융복합단지로 발전해 나갈 것을 목표로 한다.

⟫⟫⟫ 2) 기타 도시의 융복합 사업 추진

파주와 인접한 고양시에서도 이미 집적화돼 있는 각종 방송·영상 제작 시설 등을 이용, 융복합 콘텐츠 클러스터를 유치하기로 하고 준비 중이다. 기존의 방송·영상 시설과 웹툰, K-팝, 출판 콘텐츠를 중심으로 시너지를 일으킨다는 복안이다. 고양시에는 이미 MBC일산드림센터, SBS일산제작센터가 들어와 있으며 KBS도 일산 이전을 추진하고 있는 것으로 알려졌다.

고양시는 킨텍스 3전시장 건립으로 국제 규모의 콘텐츠 행사와도 연계할 수 있고, 2024년 준공 예정인 'CJ라이브시티'와의 시너지 효과 등을 고려하면 최적의 입지라는 게 관련자들의 설명이다. 이를 위해 정부에서 지원하는 'IP(지적재산)융복합 콘텐츠 클러스터' 조성 공모 사업에 응모했다.

'IP(지적재산)융복합 콘텐츠 클러스터' 사업에는 고양시 외에도 인천광역시를 비롯한 전국의 광역·기초 지자체들도 유치 경쟁에 뛰어들어 앞으로의 융복합 콘텐츠 사업의 귀추가 주목된다.

파주 북팜시티 사업지구 개념도

- ▶ 규 모: 총 100만 평(산업용지 15만 평, 농업용지 85만 평)
- ▶ 위 치: 출판도시 인근 파주·고양 농업진흥지역(절대농지)
- ▶ 개발목적: 출판 및 방송·통신 등을 결합한 단지 조성

출처: 경기연구원 2012 파주출판도시 활성화 방안

파주 북팜시티 발전 목표

출처: 경기연구원 2012 파주출판도시 활성화 방안

2. 유네스코 창의도시 네트워크

유네스코 창의도시 네트워크(UNESCO Creative Cities Network)는 각 도시가 가진 문화적 자산과 창의력에 기초한 문화산업을 육성하고 도시 간 협력을 통해 경제적·사회적·문화적 발전을 장려함으로써 문화 다양성을 증진하고, 나아가 지속 가능한 발전을 촉진시키기 위해 2004년에 시작되었다. 유네스코 창의도시 네트워크에 선정되면 공동체 일원으로서 각 도시들이 그동안 축적한 인적 자산이나 노하우를 공유하고 활용할 수 있다.

유네스코는 유네스코 창의도시 네트워크 가입을 희망하는 도시에서 지원서를 받아 자격 요건에 적합한가를 심사하여 선정한다. 문학, 공예와 민속예술, 음악, 디자인, 미디어아트, 음식, 영화의 7가지 분야로 나누어 선정하는데, 우리나라는 현재 10개 도시가 선정되었다.

▸▸▸ 1) 문학 창의도시

① **부천시(2017년):** 부천시는 변영로, 정지용, 양귀자 등 여러 문학인들이 작품 활동을 한 곳으로 곳곳에 이들 문인들의 발자취가 남아있다. 그 중 대표적인 문인은 신시(新詩)의 선구자 변영로다. 변영로는 자신의 호를 부천의 옛 이름을 따서 수주(樹州)라 할 정도로 부천에 대한 애정이 각별했다. 서울에서 거주할 때에도 주소는 부천에 두고 있었으며 죽어서는 부천의 고향 집 뒷산에 묻혔다. 부천 중앙공원에 그의 시비가 있으며 해마다 그의 호를 딴 수주문학상 수상자를 선발하고 있다. 이러한 문학도시로서의 특징을 살려 2017년 유네스코 창의도시로 선정되었다.

② **원주시(2019년):** 원주는 박경리, 김지하로 대표되는 문학도시로, 박경리는 『토지』를 이곳에서 집필했으며 죽을 때까지 떠나지 않았다. 해마다 박경리 문학상을 수여하고 있으며 2016년부터 '원주그램책포럼'을 열어 문학 특화 도시로서의 역할을 수행하고 있다. 박경리문학공원과 토지문학관 등이 있어 문학 발전과 보급에 활용하고 있다.

▸▸▸ 2) 공예와 민속예술 창의도시

① **이천시(2010년):** 이천시는 도자 예술인 및 관련 산업인구가 밀집된 도자 전문도시로서 이와 관련된 교육기관과 연구원을 포함한

도자 인프라가 잘 구축되어 있다. 세계도자비엔날레 및 도자기 축제 등의 운영과 전문적인 도자 업무를 담당할 수 있는 전담조직이 잘 갖추어져 있다는 점 등을 인정받아 2010년 7월에 공예 및 민속예술 분야 유네스코 창의도시로 지정되었다. 한국 전통공예(도자)문화를 전 세계에 알리는 동시에 세계 다양한 도시들과의 문화 공유 및 세계 문화 다양성 증진에 기여하고 있다

② **진주시(2019년):** 진주는 국가무형문화재로 지정된 검무로 유명하며 진주 농악은 세계문화유산의 하나로 지정되었다. 그뿐 아니라 교방굿거리, 진주포구락무. 진주한량무, 진주오광대탈놀이 등이 전승되고 있다. 또한 우리나라에서 가장 많은 전통가구 제작자인 소목장들이 활동하고 있다

2019년 10월 유네스코 창의도시로 지정된 후 '진주전통공예비엔날레', 진주 아티스트 인 레지던스 사업, 공예 및 민속예술 보급, 1인 1예능 프로젝트, 융복합 민속예술 공연 제작 지원사업, 공예 창업 공모전, 문화예술 택배, 국제학술토론회 등 전통 문화자산을 기반으로 한 창의적인 문화예술 콘텐츠 사업을 추진하고 있다. 또 진주 목공예 전수관, 월아산 우드랜드 등을 활용하여 진주의 전통공예인 소목장·장도장·두석장 보급에도 힘쓰고 있다.

▶▶▶ 3) 음악 창의도시

① **통영시(2015년):** 세계적인 음악가 윤이상이 탄생한 곳이며, 무형

문화재로 지정된 오광대, 남해안별신굿, 승전무 등 예술적 정서와 창의적 정신이 깃든 도시이다. 2015년에 유네스코 음악 창의도시로 선정되었다.

통영시에서는 통영국제음악제, 윤이상국제음악콩쿠르, 통영프린지페스티벌 등의 행사를 진행하고 있으며, 윤이상평화음악재단이 주관하는 '윤이상평화음악상' 수상식에 '유네스코 음악창의도시상'을 시원하여 수여하고 있다. 또 유네스코 음악 창의도시답게 음악방송시스템을 구축하여 시민들과 통영을 찾는 관광객들이 일상생활 어디에서나 음악을 향유할 수 있는 환경을 제공하고 있다.

② **대구광역시(2017년):** 대구는 근대음악의 태동지로 우리나라 최초의 동요인 「가을밤」(1920)을 작곡한 박태준, 「고향생각」, 「춘향전」 등을 작곡한 현제명, 우리나라 최초의 바리톤 독창자 김문보 등 한국음악사에 큰 족적을 남긴 근현대 음악가들의 고향이다. 그뿐 아니라 EXCO 컨벤션홀(3천500석)을 비롯하여 대구오페라하우스(1천508석), 경북대학교 공연장(2천96석), 계명아트센터(1천954석), 대구문화예술회관 팔공홀(1천8석) 등 1천 석 이상의 대형 공연장이 10여 곳이나 있다. 해마다 대구국제오페라축제, 대구국제뮤지컬페스티벌 등 외국인들과 함께하는 국제행사를 개최하고 있다.

>>> 4) 디자인 창의도시

① **서울특별시(2010년):** 전통문화와 디자인을 접목하여 도시공간을

구성하며, 디자인 산업계에 미친 공헌을 바탕으로 유네스코 디자인 창의도시로 지정되었다. '디자인 서울 아카데미'를 운영하고 있으며 창의도시 서울 국제세미나를 개최하기도 했다. '업사이클 디자인'을 주제로, 자원의 단순 재활용에서 그치지 않고 창의적이고 친환경적이며 지속 가능한 도시 환경을 위한 방안을 모색한다. 시장에 출시되거나 출시 예정인 공공시설물에 대해 '서울우수공공디자인' 인증제를 실시하고 있다.

>>> 5) 미디어아트 창의도시

① **광주광역시(2014년):** 광주시는 '빛고을'이라는 이름에 걸맞게 문화적 상상력과 빛의 예술 미디어아트를 중심으로 도시 발전을 추구하고 있다. 미디어아트를 체험할 수 있는 '유네스코 미디어아트 광주플랫폼'을 개관하여 미디어아트 전시, 연구, 교육, 산학협력을 위한 융복합센터로서 역할을 하도록 하였다. '유네스코 미디어아트 광주플랫폼'은 홀로그램파사드, 홀로그램극장, 미디어아트아카이브, 미디어놀이터, 미디어338, 디지털갤러리 등 6개 특화 공간으로 구성되어 있어 작가들은 자유로운 작품 활동과 전시가 가능하며 시민들은 미디어아트를 가깝게 느낄 수 있다. 또 매년 '광주미디어아트페스티벌'을 열어 전 세계 미디어아트 작가들의 작품을 접할 수 있는 기회도 제공하고 있다.

▶▶▶ 6) 음식 창의도시

① **전주시(2012년):** 전주는 역사와 전통문화 인프라가 구축되어 있는 도시로 특히 전주한정식, 전주비빔밥, 전주콩나물국밥 등 전통음식으로 지명도가 높다. 음식 창의도시 지정과 함께 전주 음식 관련 자료를 DB화하고 웹사이트 구축을 통해 전주 음식을 보존·계승하려는 노력을 기울이고 있으며 관련 산업기반 조성을 위해 정책 수립에 반영하고 있다. '전주비빔밥축제'를 개최하여 음식 관련 자료를 전시하고 창작 비빔밥 요리 경연대회를 진행하며 '전주김치문화관' 등을 통해 K-Food 세계화를 위한 거점이 되도록 노력하고 있다.

▶▶▶ 7) 영화 창의도시

① **부산광역시(2014년):** 부산은 일찍이 아시아 영화의 비전을 모색한다는 취지 아래 1996년부터 부산국제영화제를 개최하여 아시아 영화산업의 중심지 역할을 하고 있다. 이러한 역사를 바탕으로 부산지역 영상산업 유치와 활성화를 도모하며, 문화예술 도시로서의 이미지 고양 및 문화상품으로서의 관광자원화를 모색하고 있다.

또한 영화 창의도시로서의 역할을 위해 국제영화제 외에도 부산국제단편영화제, 부산독립영화제, 부산평화영화제, 부산반핵영화제 등을 개최하고 있으며 영화인을 양성하기 위해 부산아시아영화학교, 영화의전당아카데미 등도 운영하고 있다.

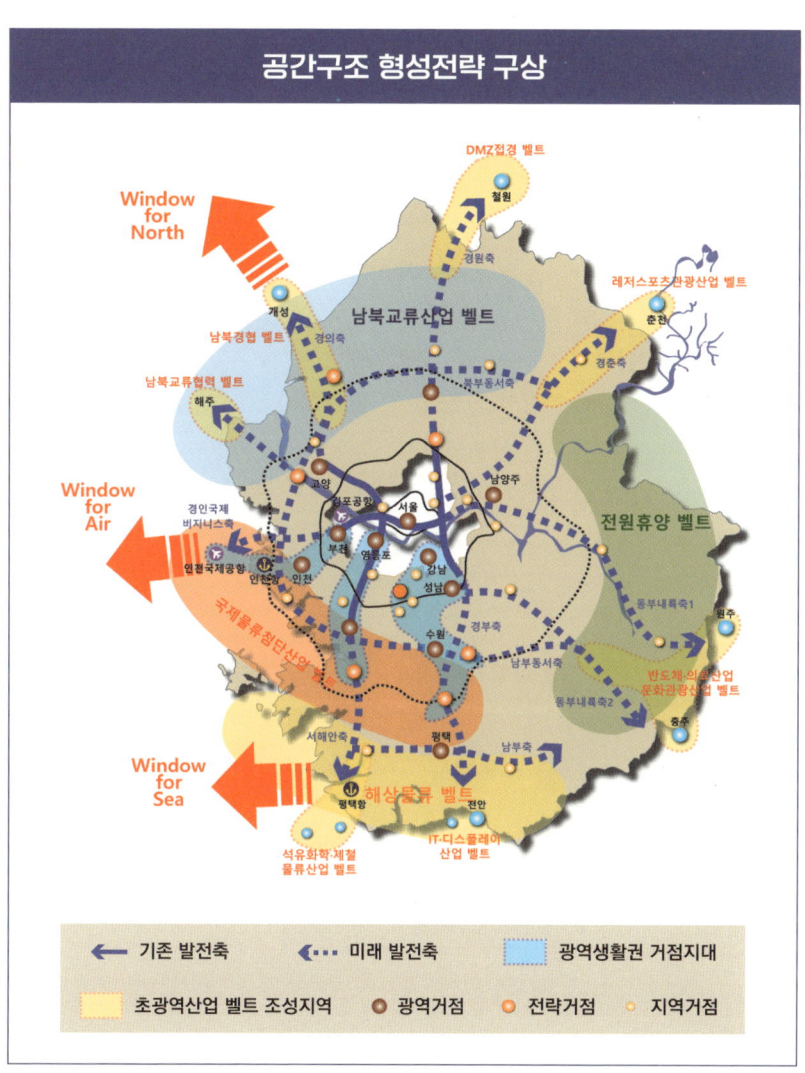

수도권 권역 현황

연천군
성장관리권역
포천군
동두천시
파주시 **양주군** **가평군**
김포시 **의정부시**
고양시 **남양주시**
서울특별시 **구리시**
인천 **부천시** 과밀억제권역 **하남시**
광역시 **광명시** **양평군**
시흥시 **안양시** **과천시** **성남시** **광주시** 자연보전권역
군포시 **의왕시**
안산시 **수원시**
용인시 **이천시** **여주군**
화성시 **오산시**
성장관리권역
평택시 **안성시**

과밀억제권역
과밀화 방지
도시문제 해소

성장관리권역
이전기능 수용
자족기반 확충

자연보전권역
한강수계 보전
주민불편 해소

수도권 권역 현황

구분		과밀억제권역	성장관리권역	자연보전권역
공장		공장총량 규제		
대학	4년제 대학 교육대	신설 금지(3년제 간화 대학의 4년제 승격은 수도권 심의 후 허용) 이전: 심의 후 가능 (서울로는 이전금지)	신설 금지 소규모(50인)대학은 심의 후 허용	신설 금지 소규모(50인)대학은 심의 후 허용
	전문·산업	신설 허용 (단, 서울 제외)	신설 허용	산업대 금지 전문대 허용
공공청사		신축금지(중앙부처 제외)/증축, 매입, 임차는 심의 후 허용		
판매업무 시설		과밀부담금 부과 (서울특별시에 해당)	규제 없음	금지
택지조성		100만m² 이상 상의 후 허용		*오염총량제 시행 및 지구단위계획구역내 (1)도시지역(주,상,공)은 10만m²이상 심의후 허용 (2)비도시지역은 10만 ~50만m² 심의후 허용 *수질오염총량제 미시행 3만~6만m² 미만 심의 후 허용
공업용지 조성		30만m² 이상 상의 후 허용		3만~6만m² 미만 심의 후 허용
관광지 조성		10만m² 이상 심의 후 허용		3만m² 이상 심의 후 허용 *수질오염총량제 미시행 3만~6만m² 미만 심의 후 허용

땅 투자 100계명

PART VII

서울 2030 계획

서울에서 돈을 벌려면 서울의 역사와 공간을 알아야 한다.

1. 인구 구조 변화

앞으로 서울의 인구는 고령화되고 1인 가구가 증가할 것이다. 그에 따라 복지시설 및 소형주택 수요가 증가할 것으로 예상하고 있다. 서울의 도시계획은 인구 구조, 즉 고령화와 1인 가구에 맞춰 계획될 것이다. 그렇게 되면 서울의 경제성장은 둔화할 수밖에 없고 침체기로 들어가게 된다.

서울의 도심권은 17%가 노년 인구로 그 비율은 빠르게 증가하고 있으며 그중 1인 가구가 40%이다. 건축한 지 30년 이상 된 주택이 28%나 되며 경제성장의 둔화로 일자리 수 증가 또한 둔화하고 있다. 또한 각종 도심규제로 역사·문화 지역에 규제가 강화되고 있다. 사실 이러한 지역은 역사·문화 공간으로 재탄생시켜 국제 관광지로서의 새로운 역할을 찾을 수도 있다. 실제로 건축물의 높이를 제한하여 역사·문화 관광의 경쟁력을 확보하려는 목표는 세우고는 있으나 개발과 보존 사이에서 제자리를 찾지 못하고 있는 실정이다.

동북권은 노년 인구 비중이 가장 높다. 장년이 50%, 노년이 15%이다. 그리고 동북권 역시 일자리 또한 둔화되고 있다. 30년 이상 노후주택은 21.5%이다. 1인 가구 30%, 2~3인 가구 증가세가 두드러지고 있다.

서북권의 노년 비중 또한 15%이며 주로 1~2인 가구 중심이다. 그러나 일자리는 2010년에 비해 연평균 2.4%씩 증가하고 있다. 노후주택이 15.8%로 서울 지역에서는 가장 적다.

서남권은 청년 비중이 30%로 가장 높다.

동남권은 유년 인구가 13%, 장년 인구는 50%를 차지한다. 일자리는 연평균 2.4%로 가장 크게 증가하고 있다. 1인 가구는 33%이며 노후주택은 18.6%로 평균을 하회하고 있다. 동남권은 3인 가구 비중이 높다. 일자리 평균은 1.7%로 서울 연평균 증가율보다 낮다. 노후주택 비율이 26.3%로 가장 높지만, 2005년 이후 주택이 대규모로 지속해서 공급되고 있다.

한편 서울은 여성과 청년 인구가 계속 유입되는 도시이지만, 여성과 청년이 빈곤에 처하는 경우가 많다. 2018년 공식적인 여성 실업은 4.6%, 20대 청년 실업은 10.1%였다. 그런데 포스트 코로나 시대의 여성의 실업은 평균 10% 이상이며 20대 청년의 실업은 20% 이상으로 추정하고 있다.

이러한 여러 가지 이유로 인하여 수도권 공간구조도 한쪽으로 성장이 바뀌게 될 것이다.

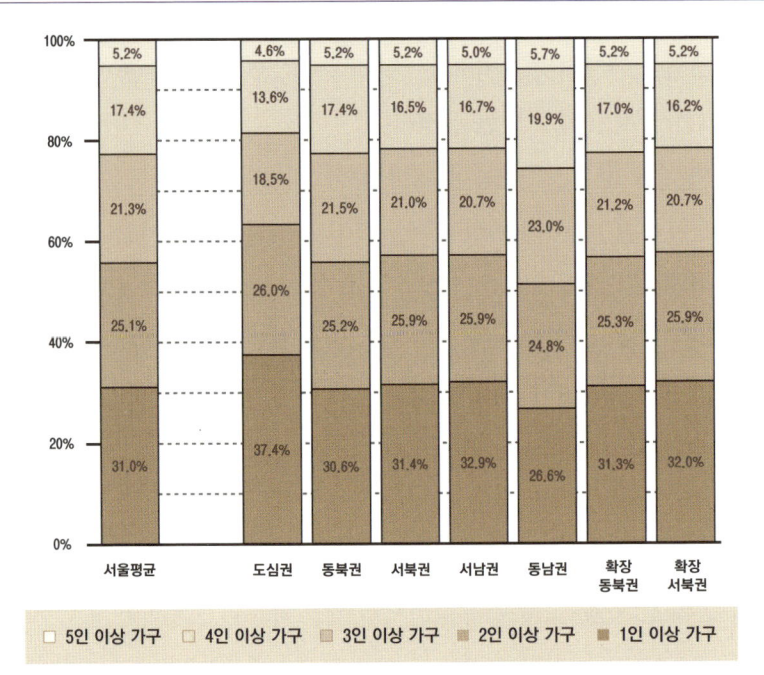

자료: KOSS, 인구총조사, 2017
확장동북권, 확장서북권은 도심권의 가구를 동북권과 서북권의 인구에 비례하여 배분한 결과임.
동북권이 약0.725, 서북권이 약0.275에 해당

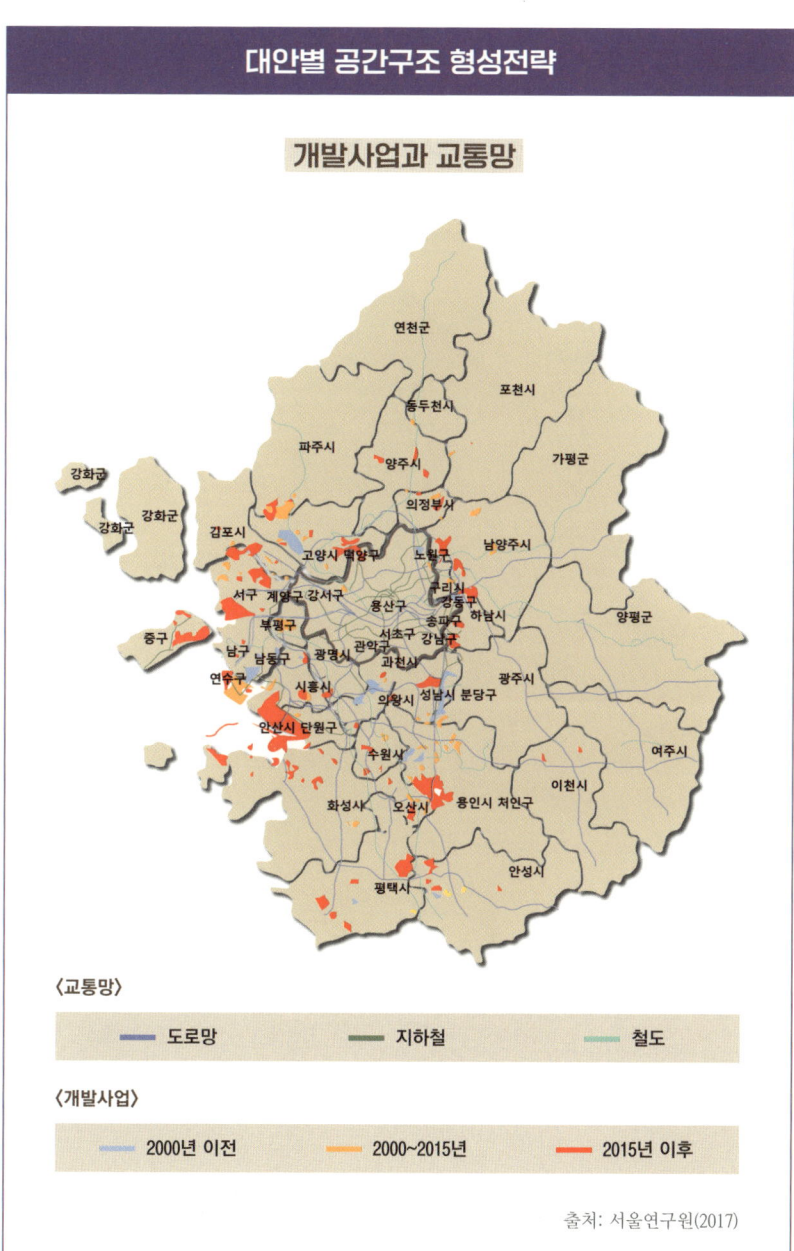

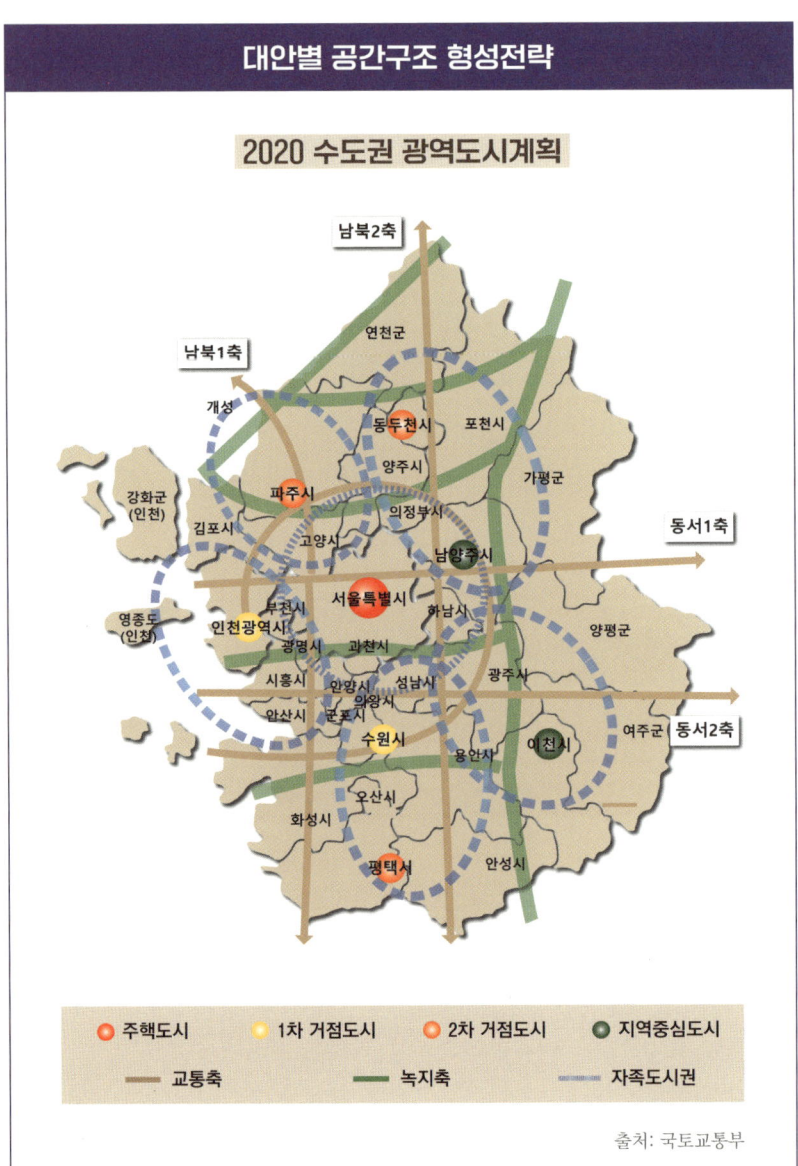

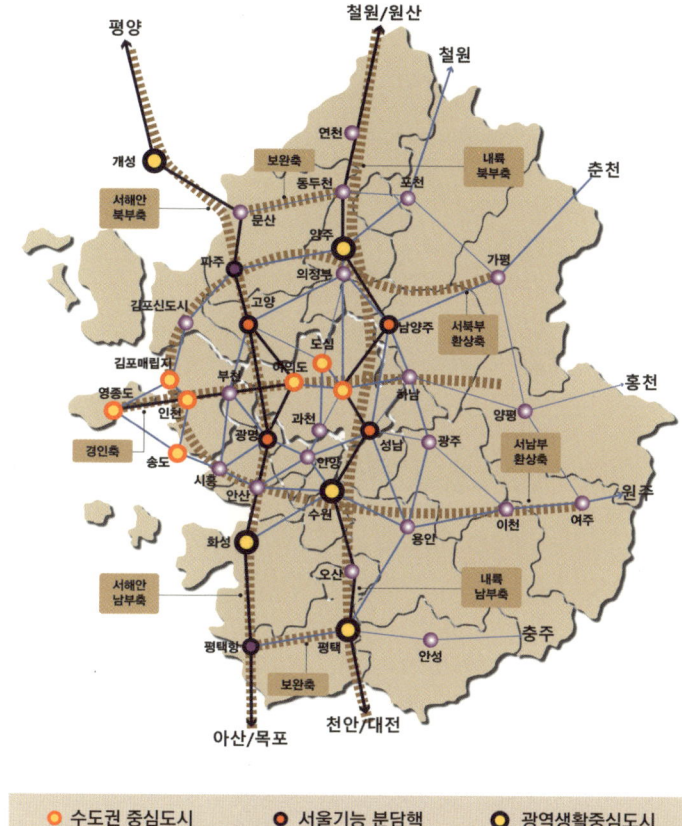

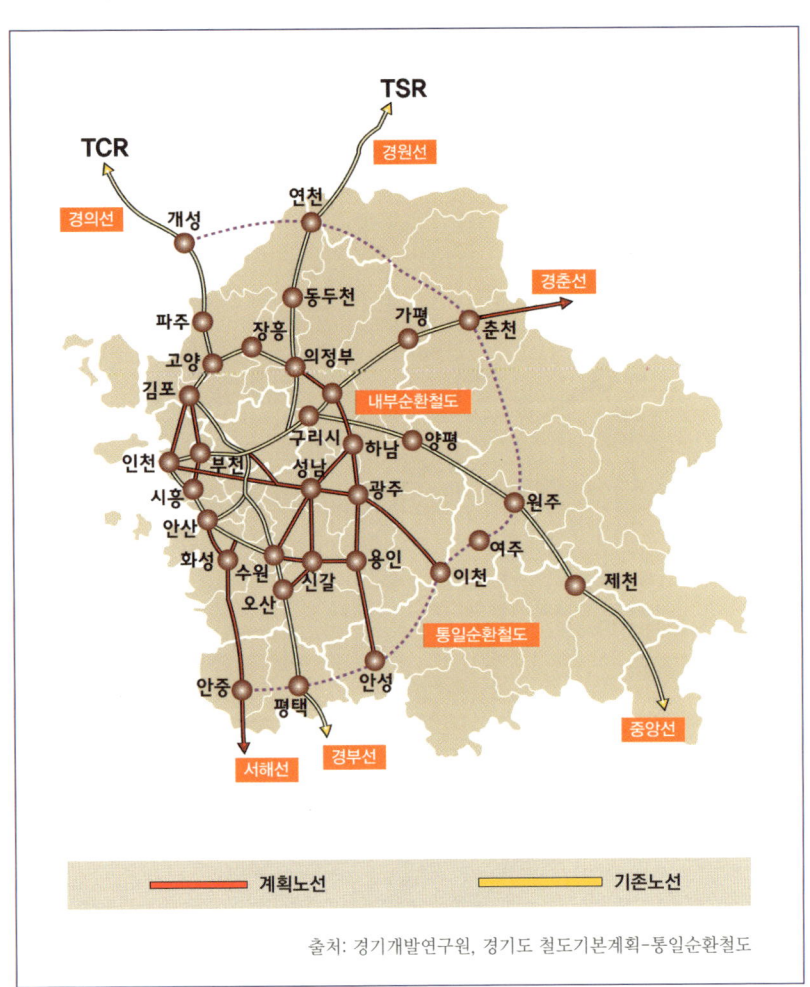

2. 경제성장의 둔화와 양극화

서울 2030 계획은 서울의 경제성장 둔화와 금융위기 등으로 소득 수준이 양극화되고 공간의 불균형이 심화되는 것에 대한 대책으로 만들어진 것이다.

또한 세계 초광역 대도시권 경쟁이 심화됨으로써 서울 대도시권의 경쟁력은 세계 여러 도시와 비교할 때 매우 취약한 수준이다. 이를 끌어올려 도시 경쟁력을 갖추고 세계 대도시권 간 글로벌 경쟁에 적극적으로 대응하기 위해 앞으로 100년 동안의 미래를 위한 계획을 세워야 한다.

먼저 시가지의 집단적 노후화에 대비하여 체계적이고 지속 가능한 관리방식을 마련할 필요가 있다. 세계 40대 주요 메가시티리전[20]이 글로벌

20　인구 1천만 명 이상의 도시인 메가시티(megacity)들이 띠 모양으로 모여 이룬 지역을 가리키는 말로, 메갈로폴리스(megalopolis), 혹은 메가리전(mega-region)이라고 한다.

경제활동의 66%를 차지하고 있다. 런던, 뉴욕, 동경권 등 세계 대도시권 경쟁에 대응하기 위해서는 경쟁력 강화가 필요하다.

또한 서울의 생활권이 광역대도시권으로 확장됨에 따른 공간구조를 재설정해야 할 필요가 제기된다. 예를 들면 일산~파주, 성남, 광명~안산, 의정부, 하남 축 등 시가화 진전으로 시 외곽 장거리 노선을 확충할 필요가 있다.

서울 대도시권 차원의 중심기능 특화를 위해서는 도심, 영등포, 강남을 3핵으로 육성히여 글로벌 중심지로 육성해야 한다.

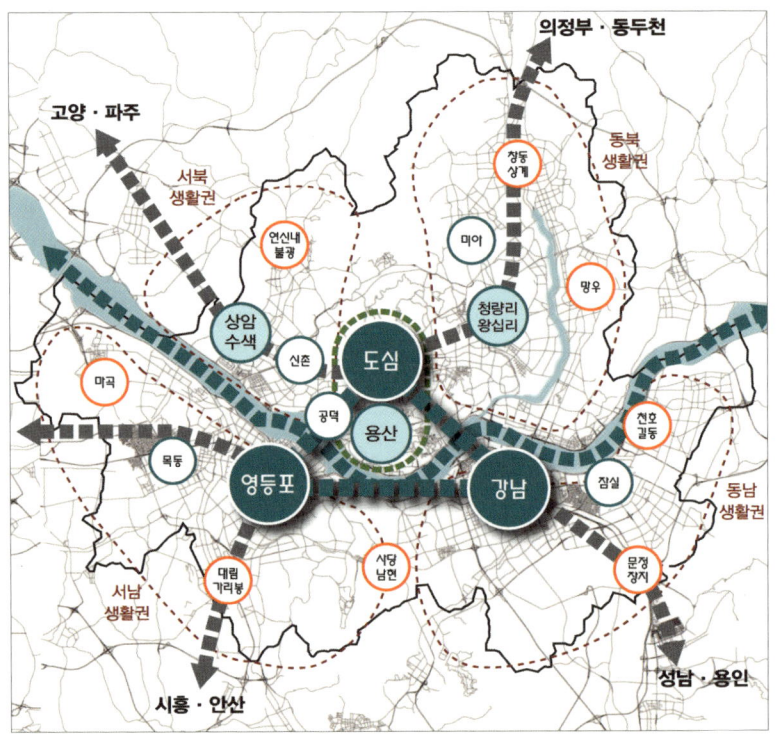

출처: 서울연구원 2030

서울 도심에서는 7개의 환승센터(서울역, 청량리, 여의도, 사당, 강남, 삼성, 잠실)가 도심축을 이루며 외곽과 이어지는 도로와 GTX 환승센터가 중심이 된다. 국가철도망 구축으로 2030년까지 건설될 철도망이 지금까지 40년간 건설된 철도망의 2배가 될 것이다. 또 서울과 인천을 잇는 경인축이 대세를 이룰 것이며, 송도까지 포함하는 3핵으로 국제 업무지구를 육성하여 국제경쟁력을 강화해야 한다.

3. 지역별 특화 육성을 위한 발전축의 다변화

　그 외 서울 도심의 교통난 해소와 중심지 개발을 위해서 서북권의 상암·수색은 수색복합역사와 경의선 상부 부지를 활용해 영상, 미디어 연구개발 기능을 확충해 디지털 미디어 거점으로 육성한다. 신촌 일대는 대학과 연계해 청년 창업 거점으로. 불광동, 홍은동, 성산동 일대는 1인 가구와 어르신 등 맞춤형 공유주택 도입을 유도한다. 3핵-3부핵-13거점을 중심으로 용산, 청량리·왕십리, 상암·수색은 3핵을 지원하는 부핵으로 육성하고 고용기반과 수도권 배후도시와 연계성을 강화한 광역연계거점으로 육성한다.

　청량리역을 중심으로 한 동북권은 복합 환승역사를 통해 교통, 상업 중심지로서 기능을 강화한다. 영등포 인근의 서남권은 글로벌 경제거점으로 영등포, 여의도 도심의 위상을 강화하며 신산업과 상업, 업무, 문화 중심지로 육성한다. 여의도 도심은 글로벌 금융 업무 중심으로, 또 가산G밸리는 4개 권역으로 나눠 도심형 산업, 패션디자인, 제조업 등을 기반으로 한 창조산업 중심 거점으로 육성한다. 동남권인 상일동 일대는 첨단 업무 단지와 엔지니어링 복합단지 규모를 확대하고 풍납토성~암사동 유적~아차산성을 연계한 역사문화 탐방로를 조성한다.

 구도심과의 조화를 위해서 도심은 역사문화 공간, 지하 지상은 공원화, 도시 하부는 광역교통망으로 계획하고 서울을 공간 네트워크화하여 추진하고 있다. 앞으로는 광역교통망을 중심으로 서울 광역교통망 연계가 수도권 공간개발의 핵심이 될 것이다.

목표: 타권역 간 연계를 통한 대도시권 생활권 구축

도심권 기능 역할 강화를 통해 도시경쟁력 향상

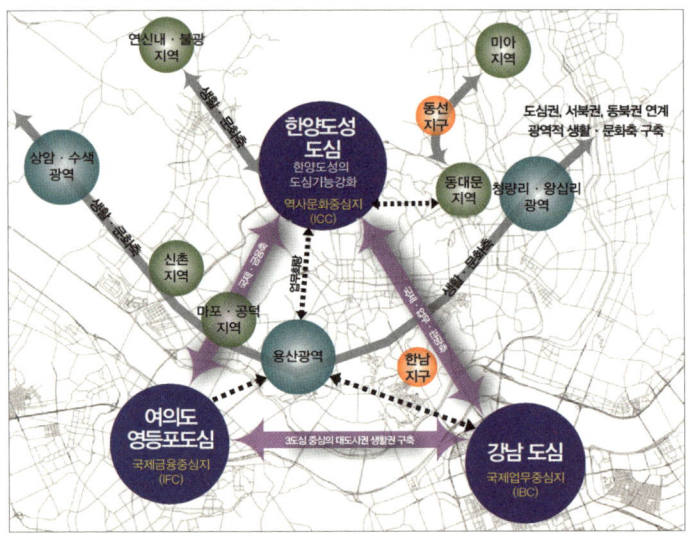

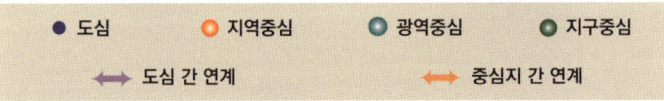

전략1.
도심 간 연계 활성화축 조성을 통해 3도심 중심의 대도시권 생활권 구축

▶ 도심권과 타생활권 도심의 연계를 통해 상호기능 보완, 시너지 효과 창출
- 강남(국제업무)~용산(복합지원)~한양도성(역사문화)를 연결하여 국제·업무축 조성
- 영등포~여의도(국제금융)~한양도성(역사문화)를 연계하는 국제·금융축 조성

전략2.
인접 생활권의 중심지와 연계하여 상생체계 구축

▶ 타권역의 중심지와 연계를 통한 생활·문화축 조성 및 기능 확장
- 중심지의 유사 기능간 연계 활성화를 위한 생활·문화축 설정 용산(광역)~마포공덕(지역)~신촌(지역)~상암·수색(광역)
- 철도 네트워크 기반으로 생활·문화축의 광역적 연계 용산광역중심~청량리·왕십리 광역중심 등
- 철도 및 도로에 기반한 연계를 통해 생활축의 광역화 동대문(지역)에서 동선(지구)~미아(지역), 도심과 연신내·불광(지역)등

출처: 서울연구원

서울 역사문화 도심의 국제관문도시
'Global Gate City of Seoul'

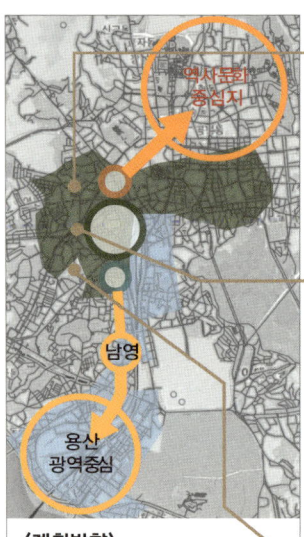

1. 역사도심지원
- ▶ 대규모 가용지로서 역사도심 필요 지원기능을 북부역세권 등에 도입
  (신규 대형 개발 태평로-서울역 축 유도)
  아(지역), 도심과 연신내·불광(지역)등
- ▶ Global Gate로서 Mice기능 도입

2. 역사·문화기능 도입
- ▶ 서울역 장소성 회복(문화역서울284 광장)및 주변 역사문화자원 연계
- ▶ 도시지역 거점으로서 문화기능 도입

3. 교통·환승기능 강화
- ▶ 통합적, 효율적 교통환승체계 구축
- ▶ 시설정비를 통한 서울역의 위상정립

4. 국제업무 연결
- ▶ 광화문~시청~서울역~용산역을 연결하는 업무회랑 형성
- ▶ 유라시아철도 시대 국제철도터미널 설치

〈계획방향〉
- 역사도심지원
- 역사·문화기능 도입
- 교통·환승기능 강화
- 국제업무연결

추진전략

〈철도·교통〉
효율적인 통합교통 환승체계 마련
- ▶ 전략 1: 지하 통합역사 조성
- ▶ 전략 2: 국제철도 터미널 도입

〈도시기능〉
역사도심·국제철도 관문도시의 기능강화
- ▶ 전략 3: 역사도심 지원기능 마련
- ▶ 전략 4: 단절되었던 도시구조 연결

〈역사·문화〉
문화를 중심으로 역사성과 장소성 회복
- ▶ 전략 5: 서울역 및 광장 장소성 회복
- ▶ 전략 6: 지역의 문화거점 역할 수행

출처: 서울연구원

관광 활성화를 위한 야간경관 10대 명소 개발

관광 활성화를 위한 야간경관 종합개발 계획(2016~)

빛의 개념

머무르는 빛
- ▶ 연출방향: 다양한 빛과 어우르며 체험하고 관람하는 빛의 공간을 조성
- ▶ 대상지: 광화문, 북악산, 낙산공원, 하늘공원, 반포대교, 석촌호수

기억되는 빛
- ▶ 연출방향: 야간경관과 함께 추억을 담을 수 있는 빛의 거점을 마련
- ▶ 대상지: 매봉산, 선유도, 서울타워, 63전망대

출처: 서울연구원

관광 활성화를 위한
야간경관 10대 명소 개발

관광 활성화를 위한 야간경관 종합개발 계획(2016~)

추진경위

	15.07.27	관광활성화를 위한 야간경관 개발계획 및 실시설계용역 착수
↓	'15.08.18	〈서울의 야간경관 10대 명소 찾기〉 시민공모 추진
↓	'15.11.19	야간경관 조망지점 및 체험노선 10대명소 선정
↓	'16.05.02	용역 최종 보고(용역보고서 별도파일 제출)
↓	'16.07.06	서울의 야간경관 기본전략(안)보고-시장방침 제191호
↓	'16.11.	경관조명 개선공사 준공-서울시의회, 덕수궁돌담길(1차)

'17년 추진사업

덕수궁돌담길 경관조명 개선(2차)
▶ 사업구간: 덕수궁돌담길
　(대한문~정동분수대)
▶ 사업기간: '17.02~12

관광활성화를 위한 야경 10대 명소 포토존 조성
▶ 내용: 북악산 등 10개소,
　조망점 주변 포토존 조성 및 안전조도
　확보(낙산공원)
▶ 사업기간: '17.02~12

출처: 서울연구원

▶ 2010~2018년 **중심지 내 건축허가 면적은 1,820ha**로 기존 2010년 중심지 내 **총 연면적의 18.4%**수준
  - 동일기간 기준 서울시 총 건축허가 면적은 7,293ha로 기존 서울시 총 연면적의 15.1%수준

▶ 중심지 개편 이후 도심은 기존 연면적의 14.1%, 광역중심은 30.8%, 지역중심은 22.3% 수준의 건축허가

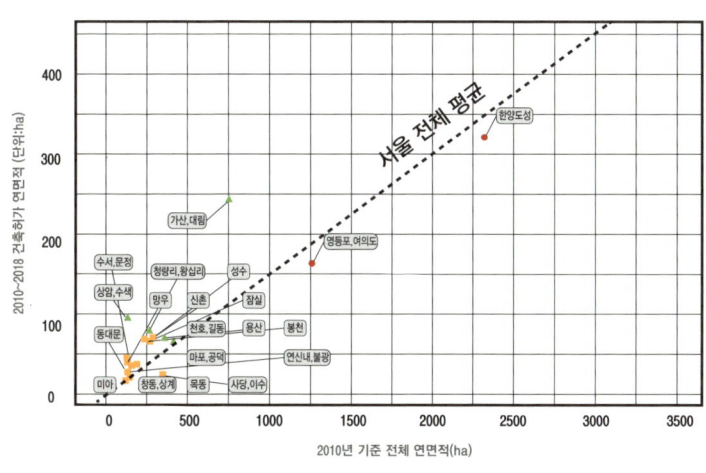

일부 도심을 제외한 대부분의 중심지에서
서울시 전체 대비 건축허가 활발

자료: 서울시 건축인허가대장, 각 년도

한편 서울연구원에서 서울 중심지를 진단한 결과 한양도성과 강남은 건축 증가율이 평균 20% 줄고 있으며 영등포는 0.8%에서 3.7%로 약 460% 증가하고 있다. 또 가산대림은 1.8~3.2%로 약 80% 증가하고 있다. 광역중심은 2015년 대비 증가 중이지만, 동대문, 목동, 연신내, 불광 지역은 증가율이 둔화하고 있다. 그러나 연신내는 광역 GTX가 개통되면 가장 많은 증가율이 예상되는 광역중심이다.

업무용지는 한양도심, 강남도심, 용산, 장동, 목동, 사당·이수 등의 성장이 둔화(금융, 보험, 부동산 업체가 빠르게 감소)되고 있어 이 지역의 도심 공동화 현상이 우려되고 있다. 반대로 영등포, 여의도 지역은 빠르게 증가하고 있다.

도시 중심에서는 고용과 사업의 증가가 서울시 연평균 증가를 하회하고 있다. 지역 중심인 마포, 공덕, 천호, 길동, 봉천, 미아 지역이 2015년 이후 사업체와 고용이 감소하고 있다. 반면 광역의 경우 가산. 대림이 2010년 대비 4만 명이 증가하고 있다. 즉 서부권 광역중심이 서울의 중심으로 변화하고 있다. 또 잠실 지역에서는 수서, 문정, 성수 지역이 중심지역으로 뜨고 있다. 이렇게 수도권은 광역중심으로 빠르게 재편되고 있다. 특히 경기도는 광역교통망에서 광역교통중심축이다.

건설 중이거나 계획 중인 지하도로와 지하공간

서울시 지하공간 현황 및 건설계획

○──○ 도로 ○──○ 복합공간

1 서부간선도로
10.33km(왕복 4차로), 2020년 개통 목표

2 서울제물포터널
7.53km(왕복 4차로), 2018년 개통 목표

3 동부간선도로(도시고속화도로)
13.9km(4~6차로), 2023년 개통 목표

4 동부간선도로(지역간선도로)
8km(4차로), 2026년 개통 목표

5 잠실광역 환승센터
1만 9,797m^2, 12월초 개통

6 영동대로 지하공간
16만m^2, 2021년 완공 목표
(코엑스몰 16만 5,000m^2, 현대차GBC쇼핑몰 9만 6,000m^2와 연결되면 총 42만m^2로 확대)

7 세종대로 지하공간
3만 1,000m^2, 2023~2025년 완공 목표

▶ 기존 지하철과 지하도 상가 등
- 지하철 1~9호선 선로 308.8km(9호선 3단계 구간제외)
- 지하철 역사 면적 255만 1,365m^2(지상은 제외)
- 25개 지하도상가 15만 6,934m^2

자료: 서울시 및 산하기관

서울시 지하도로 건설계획

남북1축
구간: 시흥~도심~은평
연장: 24.5km
사업비: 1만 9,400억 원

동서1축
구간: 상암~도심~중랑
연장: 22.3km
사업비: 1만 7,110억 원

남북2축
구간: 양재~한남~도봉평
연장: 26.3km
사업비: 2만 60억 원

동서2축
구간: 신월~도심~강동
연장: 22.3km
사업비: 1만 8,320억 원

남북3축
구간: 세곡~성수~상계
연장: 22.8km
사업비: 1만 7,937억 원

동서3축
구간: 강서~서초~방이
연장: 30.5km
사업비: 1만 9,780억 원

출처: 서울연구원

서울시 관련 상위 철도계획 검토

국토종합 기본계획
- 수도권 광역급행철도(GTX) 도입 추진
- 도시광역철도 사업의 적기완공 지원 및 기존선 급행열차 위주 운영방식 개선사업

국가기간 교통망계획
- 신분당선 연장(강남~용산), 신안산선 복선전철(안산~서울역)
- 수도권 광역급행철도(킨텍스~삼성, 삼성~동탄, 송도~청량리, 의정부~금정)
- 진접선(4호선 연장), 하남선(5호선 연장), 김포선(9호선 환승), 의정부양주선(7호선 연장), 신분당선 서북부연장(동빙고~삼송)

국가철도망 구축계획
- 복선전철 및 고속화 사업-신경의선/ 경원선/ 중앙선(수색~용산~청량리~서원주), 수서광주선(수서~광주), 수도권고속선(수서~평택), 중앙선(용산~청량리~망우), 경부고속선(수색~서울~금천구청)이상 복선전철 및 고속화 사업
- 수도권 광역급행철도(킨텍스(파주)~삼송, 송도~청량리, 의정부~금정),신분당선(용산~강남), 신분당선 서북부연장(동빙고~삼송)
- 안산선(안산~여의도~서울), 원종홍대선(원종~홍대입구), 위례과천선(복정~경마공원), 도봉산포천선(도봉산~포천), 서울9호선(강일~미사), 별내선(암사~별내) 이상 신설사업

대도시권 광역교통계획 (기본계획/ 시행계획)
- 중기사업-신분당선 연장(강남~용산), 수도권 광역급행철도(킨텍스~수서(동탄), 송도~청량리, 의정부~금정, 진접선(4호선 연장, 당고개~진접),하남선(5호선 연장, 강일~검단산)
- 장기사업-김포선(김포한강신도시~김포공항), 의정부양주선(도봉산~옥정)

자료: 계획별 최신 기준연도 자료를 종합하여 정리
출처: 서울연구원-광역·도시철도 네트워크 확장의 파급효과와 서울시 대응방안

중심지 진단

▶ 미아, 망우 지역중심을 제외한 모든 중심지는 서울시 대비 업무용도가 특화

전년 대비 업무 연면적 변화율

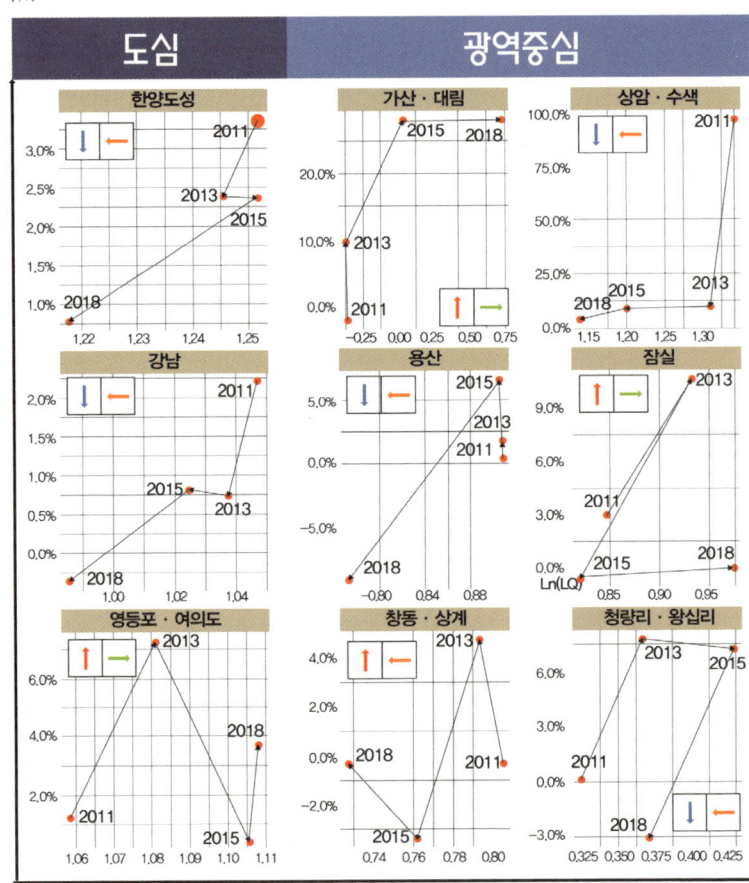

토지이용: 업무용도의 특화도와 업무 연면적 변화율

▶ 한양도성, 강남도심과 용산, 창동·상계 광역중심, 목동, 사당·이수 등의 지역중심은 업무용도가 특화된 지역이나 연면적 성장 둔화
- 한양도성, 강남도심의 업무 연면적 증가율이 2015년 대비 감소하고 업무용도 특화도가 감소(한양도성 LQ: 1.25→1.21, 강남도심 LQ: 1.02→1.005)
- 가산, 대림, 잠실 광역중심, 수서, 문정, 성수 지역중심 등 중심지에서 업무용도 연면적 증가율이 두드러짐
- 성수, 수서·문정 지역중심의 업무용도 증가율이 높음, 미아 지역중심은 업무용도가 특화되지 않았으나 업무 용도 연면적 증가율이 상향 – 25개 지하도가 15만 6934m²

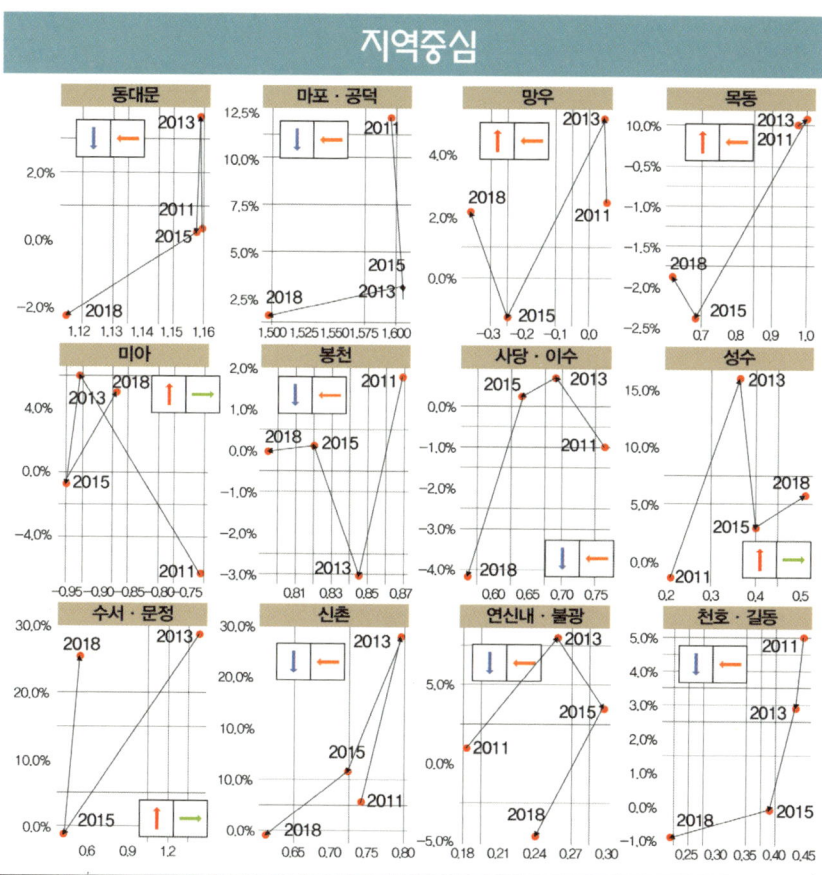

출처: 서울연구원

서울시 관련 주요 광역철도 및 도시철도 연장 계획 검토

노선명	사업구간	연장(km)	진행상태
신안산선	안산~여의도, 여의도~서울	46.9	진행 중 (추진단계)
수도권 광역급행철도 (GTX-A)	삼성~동탄, 킨텍스~삼성	75.9	진행 중 (추진단계)
수도권 광역급행철도 (GTX-B)	송도~청량리	48.7	진행 중 (추진단계)
수도권 광역급행철도 (GTX-C)	의정부~금정	45.8	진행 중 (추진단계)
별내선(8호선 연장)	암사~별내	12.9	진행 중 (추진단계)
하남선(5호선 연장)	상일~창우	7.6	진행 중 (추진단계)
진접선(4호선 연장)	당고개~진접	14.8	진행 중 (추진단계)
신분당선	용산~강남	7.8	진행 중 (추진단계)
도봉산포천선	도봉산~포천	29.0	진행 중 (추진단계)
대곡소사선(서해선)	대곡~소사	19.6	진행 중 (추진단계)
신분당선 서북부연장	동빙고~삼송	21.7	미 진행 (계획단계)
원종홍대선	원종~홍대입구	16.3	미 진행 (계획단계)
위례과천선	복정~경마공원	15.2	미 진행 (계획단계)
서울9호선 연장	강일~미사	1.4	미 진행 (계획단계)

자료: 제3차 국가철도망 구축계획(2016~2025) 및
대도시권 광역교통 기본계획, 수도권 정비계획 추진사항 연구진 확인
출처: 서울연구원-광역·도시철도 네트워크 확장의 파급효과와 서울시 대응방안

서울시 관련 주요 광역철도 및 도시철도 연장 계획 검토

(단위: 천 명/일)

구분	2011년	2012년	2013년	2014년
대중교통 전체	10,770	10,751	10,885	10,979
마을버스	1,152	1,165	1,200	1,222
시내버스	4,647	4,565	4,548	4,574
도시철도	4,971	5,021	5,137	5,183

구분	2015년	2016년	2017년	2018년	증가율
대중교통 전체	10,744	10,606	10,500	10,374	-0.53
마을버스	1,196	1,212	1,198	1,176	0.29
시내버스	4,404	4,280	4,200	4,079	-1.85
도시철도	5,144	5,114	5,103	5,119	0.42

자료: 서울특별시 교통정책과, 2018년 12월 31일 기준

서울시 도시철도 건설 계획 추진 현황

노선명	사업구간	연장(km)	진행상태
신림선	샛강~서울대	7.8	진행 중 (추진단계)
동북선	왕십리~상계	13.4	진행 중 (추진단계)
9호선 4단계 연장	보훈병원~고덕강일지구	3.80	진행 중 (추진단계)
위례신사선	위례~신사	14.8	진행 중 (추진단계)
위례선	마천~복정	5.44	진행 중 (추진단계)
우이신설연장선	우이동~방학	3.50	미 진행 (계획단계)
면목선	청량리~신내	9.05	미 진행 (계획단계)
목동선	신월~당산	10.87	미 진행 (계획단계)
서부선	새절~서울대입구	15.77	미 진행 (계획단계)
난곡선	보라매공원~난향동	4.08	미 진행 (계획단계)
강북횡단선	목동~청량리	25.72	미 진행 (계획단계)
서부선 남부연장	서울대입구~서울대정문	1.72	미 진행 (계획단계)
신림선 북부연장	샛강~여의도(서부선)	0.34	미 진행 (계획단계)

출처: 서울 연구원-광역·도시철도 네트워크 확장의 파급효과와 서울시 대응방안

제2차 서울시 도시철도망 구축계획

자료: 제2차 서울특별시 도시철도망 구축계획(안) 〈2021~2030〉

4. 서울시 관련 철도계획과 기대 효과

>>> 1) 서울시 관련 철도계획

서울시 관련 철도계획은 철도부문의 상위계획인 국토종합기본계획과 국가기간교통망계획, 국가철도망구축계획에 따라 철도를 통한 권역 간 연계(주요 거점 간 이동성 제고), 중장거리 대량 수송을 목표로 수도권 일대의 대도시권 교통난 해소와 효율성 있는 교통체계 구축을 목표로 한다. 수도권 광역급행철도(GTX) 도입을 중심으로 다수의 광역철도 신규건설 및 기존 서울시 도시철도 연장, 그리고 신규 경전철계획이 수립되어 있다. 중앙정부에서 계획한 서울시 관련 철도 사업 중 예비타당성 조사(적격성 조사)를 통과하여 실제 사업 단계 이후인 사업은 다음과 같다.

신규 사업으로는 경기 서남권과 서울 도심(여의도, 서울역)을 연계하는 신안산선과 수도권과 서울 주요지점을 30분 내로 연계하는 수도권 광역급행철도(A, B, C)가 대표적으로 추진되고 있다. 도시철도 연장사업으로는 서울시의 4호선, 5호선, 8호선 연장사업이 추진되고 있다. 이외 신분당선 서북부 연장, 원종홍대선, 위례과천선, 서울 9호선 연장사업은 예비타당성 조사 이전의 계획 단계에 있다.

서울시 내부에서 진행 중인 도시철도 건설 사업은 착공 이후 건설단계인 신림선과 동북선 이외에 예비타당성 조사(민자 적격성 조사)를 통과한 9호선 4단계 연장, 위례신사선, 위례선이 대표적으로 추진되고 있다. 이외 서울시의 추가적인 철도계획은 지역균형발전 선도와 철도 소외지역 개선을 목표로 강북횡단선 등 8개 노선이 계획 단계에 있다.

2018년 말 국토교통부에서는 수도권 광역교통망 개선방안을 추가로 마련하였다. 세부사항으로 철도를 통한 급행·간선 중심의 중추망(backbone frame) 구축을 통해 교통망 효율성 제고, GTX-A와 GTX-C, 신안선 조기 착공 및 GTX-B, 신분당선 연장(광교~호매실) 등의 신속 추진, 기존 순환철도망 활용(미 연결구간 일부 정비), 도심 접근성 강화를 제시하였다.

또한, 최근 2019년 10월에 대도시권의 광역교통 문제 해결을 위해 대도시권광역교통위원에서 향후 10년간 대도시권 광역교통 정책 방향을 기본구상한 '광역교통 2030'을 발표하였다. 주요 내용으로는 '광역거점 간 통행시간 30분대로 단축', '통행비용 최대 30% 절감', '환승시간 30% 감소'의 3대 목표를 제시하고 세계적 수준의 급행 광역교통망 구축을 위해 서울시와 수도권의 교통체계를 철도 중심으로 재편하고 2030년까지 철도망을 2배로 확충하는 계획을 수립하였다.

❱❱❱ 2) 서울시 관련 철도 네트워크 확장에 따른 기대 효과

현재 중앙정부의 광역철도 건설계획과 서울시의 도시철도 건설계획이 차질 없이 진행된다면 향후 10년 내 15개 노선, 약 356km 연장의 신규 철도가 건설될 것이다. 이에 따라 확장되는 철도망으로 약 200만 명의 철도 이용자가 증가할 것으로 예상된다. 지속적인 철도 노선의 공급은 도시 교통난 해소와 대중교통 활성화를 목적으로 하며, 이를 통한 대중교통의 수송 분담률 증가와 통행시간 감소, 기존 철도 혼잡도 감소 등의 효과가 기대된다.

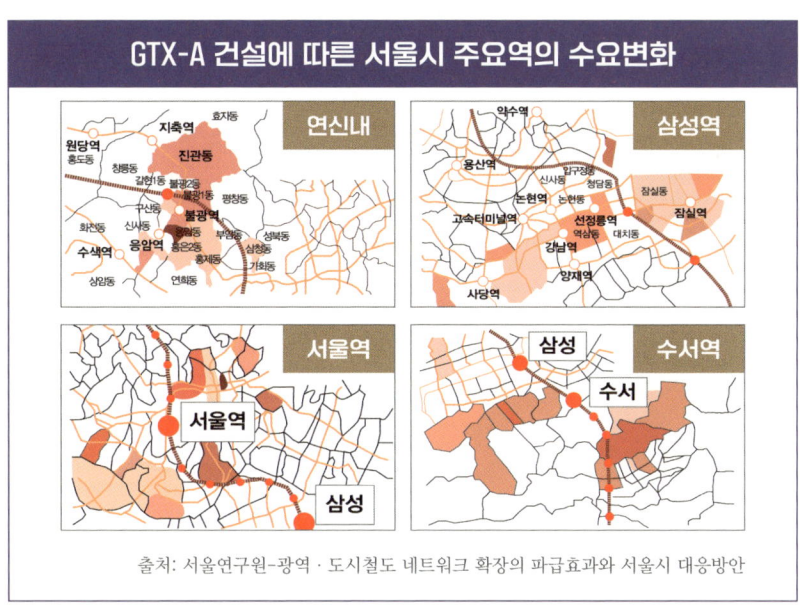

출처: 서울연구원-광역·도시철도 네트워크 확장의 파급효과와 서울시 대응방안

한편 앞으로 서울시 관련 광역 및 도시철도의 확장은 이와 연계되는 기존의 서울시 도시철도의 수요변화를 발생시킨다. 특히, 수도권 광역급행철도는 수도권의 교통체계에 큰 영향을 미치게 되며 이로 인해 기존에 고려하지 못한 통행 패턴의 변화를 가져올 것으로 보인다. GTX 건설에 따라 서울 내 주요 도심과 수도권 지역이 30분 내로 연결되면 통행수단, 통행행태 등의 큰 변화가 발생할 것이며, 이는 기존의 광역통행행태에서 벗어난 새로운 변화이다. 예를 들어, 현재 착공 후 건설 단계에 있는 GTX-A가 개통되면, 서울시 내부 역인 연신내역(3호선), 서울역(1, 4호선), 삼성역(2호선), 수서역(3호선)을 중심으로 인근 업무지구까지의 도시철도 구간에서 노선별 수요 변화가 예상된다.

GTX-A건설에 따른 기존 도시철도 수요증가 주요구간

구분	연계된 기존 도시철도 노선	수요증가 구간(예상)
연신내역	3호선	연신내역~독립문역
	6호선	연신내역~응암역
서울역	1호선(경부선)	서울역~노량진역, 서울역~종각역
	4호선	서울역~동대문역사문화공원역
삼성역	2호선	삼성역~방배역, 삼성역~잠실역
	위례신사선	삼성역~학여울역
수서역	3호선	수서역~도곡역
	분당선	수서역~도곡역

출처: 서울연구원-광역·도시철도 네트워크 확장의 파급효과와 서울시 대응방안

노선별 수요변화

노선명		평균 수요변화	최대 수요변화	최소 수요변화
2호선	내선	0.7%	71.6%	−21.9%
	외선	−5.1%	41.4%	−23.5%
3호선		−11.2%	45.9%	−39.7%
4호선		−0.2%	57.0%	−25.7%
5호선	상일	−0.3%	5.9%	−7.2%
	마천	−0.9%	6.3%	−6.6%

노선별 수요변화

노선명	평균 수요변화	최대 수요변화	최소 수요변화
6호선	-2.9%	26.5%	-11.1%
7호선	-10.1%	2.1%	-53.4%
8호선	-1.3%	6.5%	-7.2%
9호선	-3.8%	4.3%	-18.1%
신분당선	-13.4%	1.8%	-33.3%
분당선	-18.4%	6.3%	-51.0%
기존 노선 종합	-5.9%	71.6%	-53.4%

비고: 2019년 8월 시점으로 확정된 GTX-A와 GTX-C를 반영한 분석결과임
출처: 서울연구원-광역·도시철도 네트워크 확장의 파급효과와 서울시 대응방안

■ 2호선 수요 증가역 ■

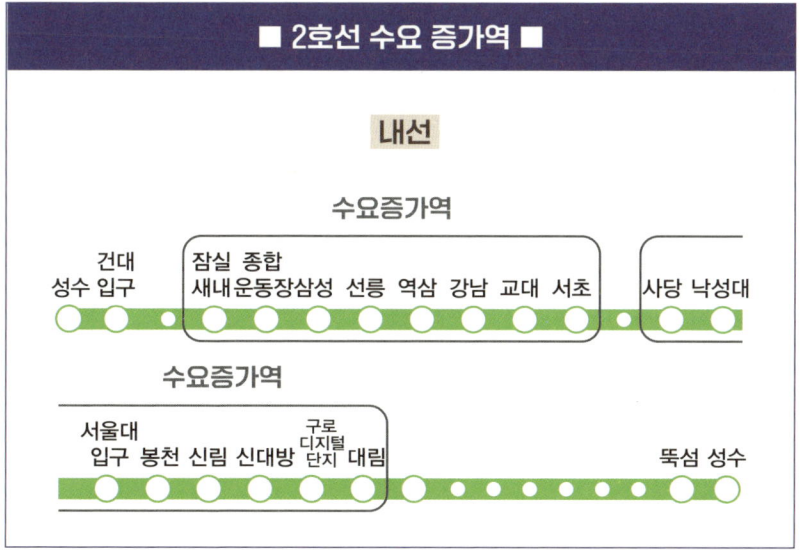

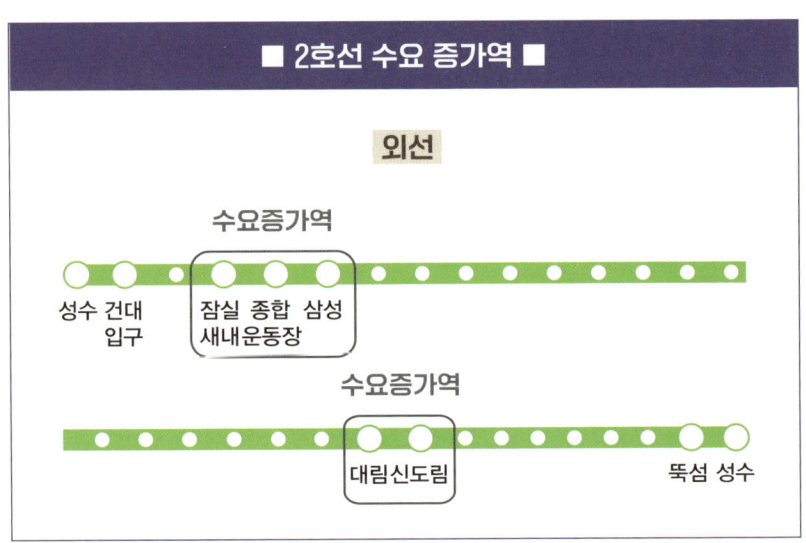

① 2호선의 수요변화: GTX-A와 GTX-C가 건설됨에 따라 서울시 2호선의 전체적인 수요는 평균 2.5% 수준 감소하고 일부 구간에서 최대 23.5% 감소할 것이다. 이에 따라 혼잡도도 전반적으로 줄어들 것으로 분석된다. 대부분의 2호선 역들의 수요가 감소될 전망이지만, GTX와 연계되는 삼성역을 중심으로는 최대 71.6%의 수요 증가가 예상되고, 이는 최종 목적지가 되는 업무지구인 선릉, 역삼, 강남, 교대, 서초까지 영향을 미칠 것으로 예측된다.

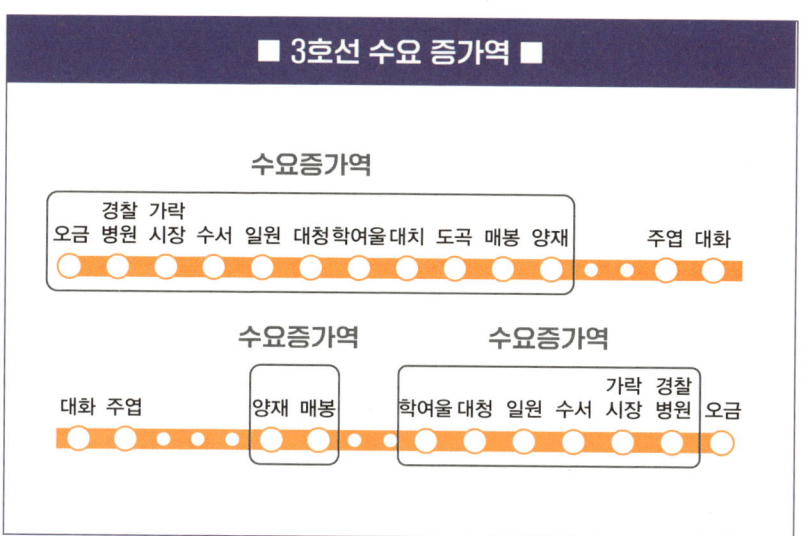

② 3호선의 수요변화: GTX-A와 GTX-C가 건설됨에 따라 서울시 3호선의 전체적인 수요는 평균 11.2% 수준 감소하고 일부 구간에서 최대 39.7% 감소하며, 특히 서울시 내부구간의 혼잡도도 전반적으로 줄어들 것으로 분석된다. 그러나 경기도 구간인 일산선과 3호선과 연계되는 연신내역, 수서역, 양재역을 중심으로 최대 45.9%의 수요가 증가하는 것으로 분석되며, 최종 목적지가 되는 업무지구인 오금, 경찰병원, 일원, 대치, 학여울 일대까지 영향을 미칠 것으로 예측된다.

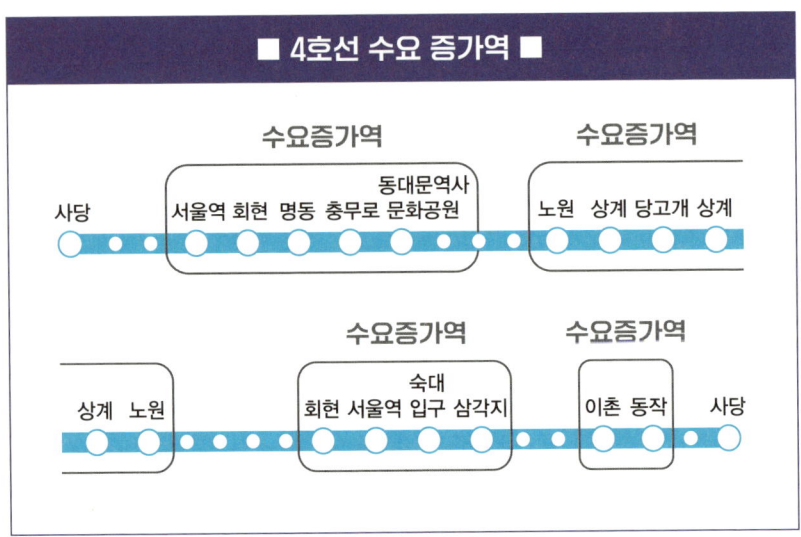

③ 4호선의 수요변화: GTX-A와 GTX-C가 건설됨에 따라 서울시 4호선의 전체적인 수요는 평균 2% 수준 감소하고 일부 구간에서 최대 25.7% 감소하며, 특히 서울시 내부 구간의 혼잡도가 크게 줄어들 것으로 분석된다. 그러나 4호선과 연계되는 서울역을 중심으로 최대 20.6%의 수요가 증가할 것으로 분석되며, 최종 목적지가 되는 업무·상업지구인 회현, 명동, 충무로, 동대문역사문화공원 일대까지 영향을 미칠 것으로 예측된다.

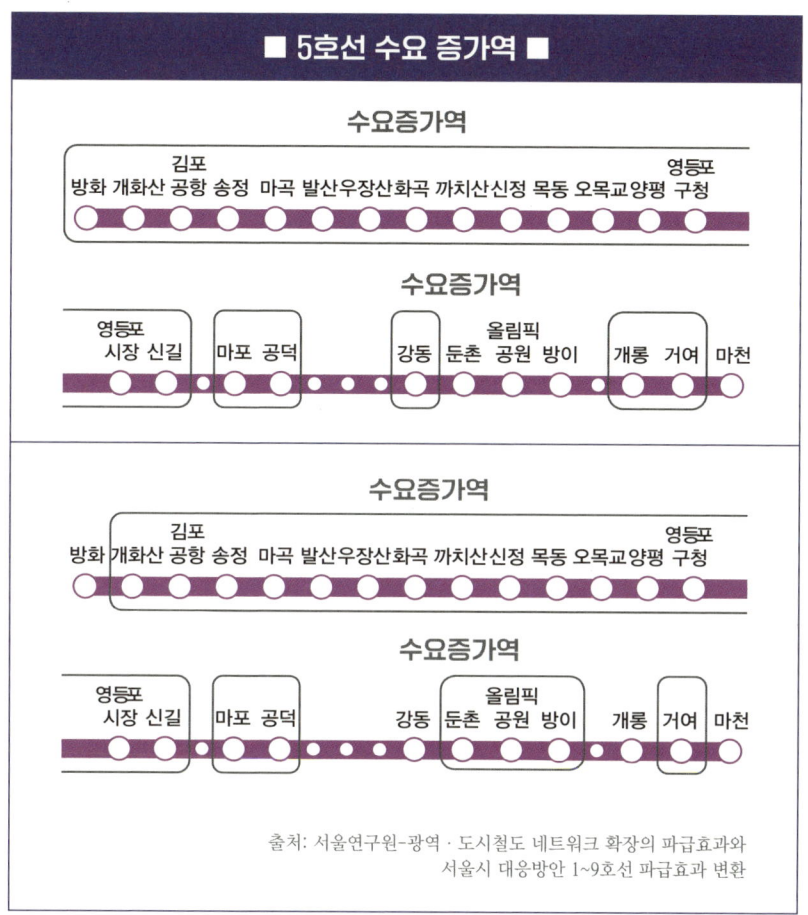

출처: 서울연구원-광역·도시철도 네트워크 확장의 파급효과와
서울시 대응방안 1~9호선 파급효과 변환

④ 5호선의 수요변화: GTX-A와 GTX-C가 건설됨에 따라 5호선은 직접적으로 연계되는 정거장은 없지만 간접적인 영향으로 평균 1% 수준 감소할 것으로 분석된다. 다만 일부 구간인 신길, 영등포시장, 화곡, 김포공항 등에서 최대 3.3%의 수요가 증가할 것으로 분석되며, GTX로 인한 큰 변화는 없을 것으로 예상된다.

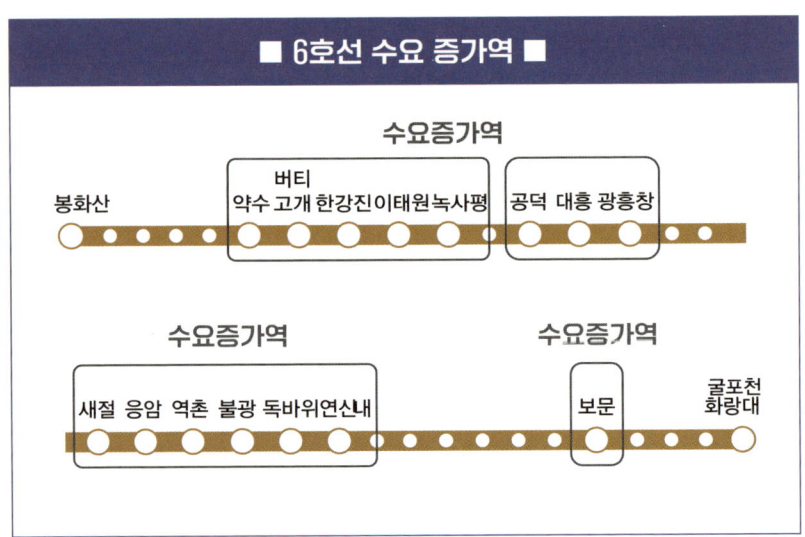

⑤ 6호선의 수요변화: GTX-A와 GTX-C가 건설됨에 따라 6호선의 평균 수요는 약 2.9% 감소하고 일부 구간에서 최대 11.1% 감소할 것으로 분석된다. 다만 GTX가 통과하는 연신내역을 중심으로 최대 26.5%의 수요가 증가하는 것으로 분석되며, 최종 목적지가 되는 주거지역인 불광, 독바위, 역촌 일대까지 영향을 미칠 것으로 예측된다

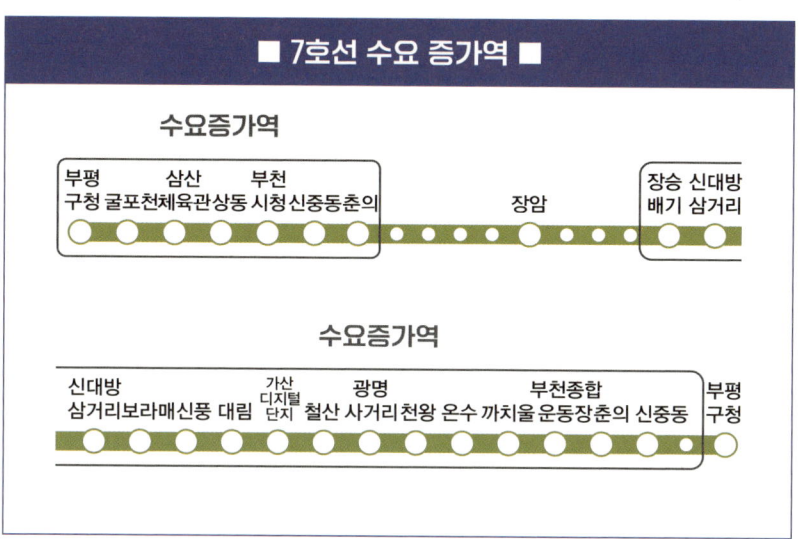

⑥ 7호선 수요변화: GTX-A와 GTX-C가 건설됨에 따라 7호선은 평균 10.1%의 수요가 감소하고 일부 구간에서 최대 53.4%의 수요 감소가 발생할 것으로 분석된다. 7호선과 GTX가 직접적으로 연계되는 정거장은 없지만 간접적인 영향으로 부평구청~춘의역과 장승배기~신중동역 등에서 최대 2.1%의 수요가 증가하는 것으로 분석되며, GTX로 인한 큰 변화는 없을 것으로 예상된다.

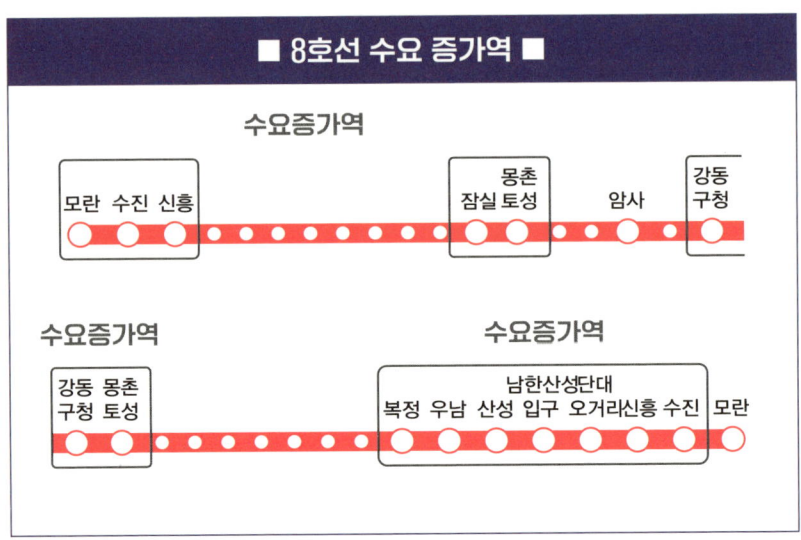

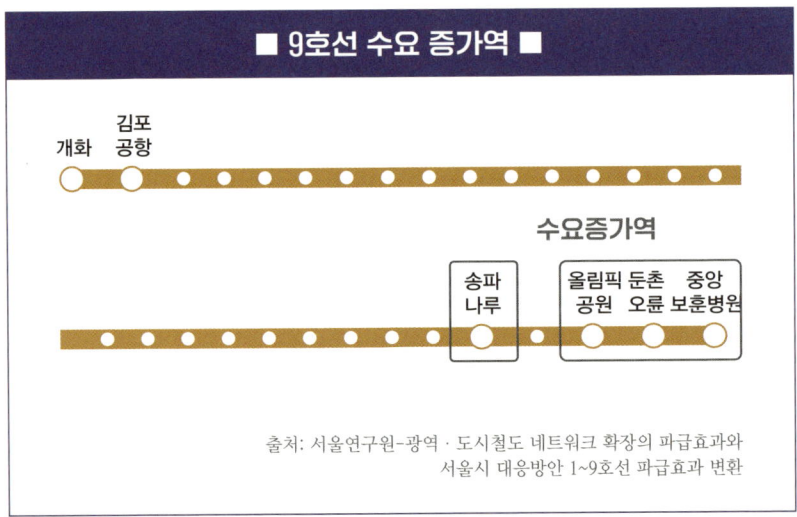

출처: 서울연구원-광역·도시철도 네트워크 확장의 파급효과와
서울시 대응방안 1~9호선 파급효과 변환

⑦ 8호선·9호선 수요변화: GTX-A와 GTX-C가 건설됨에 따라 8호선 약 1.3%, 9호선은 4.8%의 수요 감소가 예상된다. 8호선은 서울 내

부는 잠실, 몽촌토성과 경기 구간인 복정~수진역에서 일부 수요가 증가되고, 9호선은 잠실 근처의 올림픽공원~중앙보훈병원역에서 일부 수요가 증가할 것으로 분석된다.

▶▶▶ 3) 기존 서울시 도시철도의 혼잡도 변화

① 기존 도시철도의 혼잡도 변화: 서울시 도시철도는 출·퇴근 시간이면 승객이 집중되면서 역사와 차내 혼잡도가 높아져, 국토교통부의 차내 혼잡도 권고 기준인 150%를 크게 상회하고 있다. 2009년 이후 혼잡도는 다소 개선되고 있으나 여전히 일부 구간에서는 평균 혼잡도가 권고 혼잡도인 150%를 넘으며, 2017년 기준 2호선은 최대 170%(낙성대~강남 구간), 9호선 급행이 201%(염창~당산 구간)로 매우 혼잡한 실정이다.

그러나 서울시 관련 광역 및 도시철도가 새로 건설되면 철도 네트워크가 확장됨에 따라 현재 운영 중인 서울시 도시철도의 전반적인 혼잡도는 감소될 것으로 예상된다. 이는 신규 도시철도 공급으로 인해 기존 이용자가 보다 편리한 도시철도를 이용함으로 인해 분산 효과가 발생할 것이기 때문이다. 예를 들어, 서울시가 계획한 제2차 도시철도망 구축계획의 10개 노선이 건설되면 1~9호선의 혼잡도는 현재 수준 대비 약 30% 감소할 것으로 예측된다. 그러나 일부 구간에서는 신규 광역철도와 도시철도의 이용자가 집중됨에 따라 구간 혼잡도가 증가할 가능성이 있다.

서울시 도시철도 차내 혼잡도 추이

(단위: %)

구분	전체	1호선	2호선 (순환선)	3호선	4호선
2009년	165	122	202	122	172
2011년	164	144	196	149	180
2013년	158	144	202	147	169
2015년	152	106	192	134	176
2017년	135	105	170	140	160

구분	5호선	6호선	7호선	8호선	9호선 일반	9호선 급행
2009년	168	177	179	176	-	
2011년	170	143	182	147	-	
2013년	154	130	172	139	115	196
2015년	149	121	165	123	114	205
2017년	110	111	156	130	90	201

자료: 서울특별시, 서울 지하철 혼잡도 통계, 각 연도
출처: 서울연구원-광역·도시철도 네트워크 확장의 파급효과와 서울시 대응방안

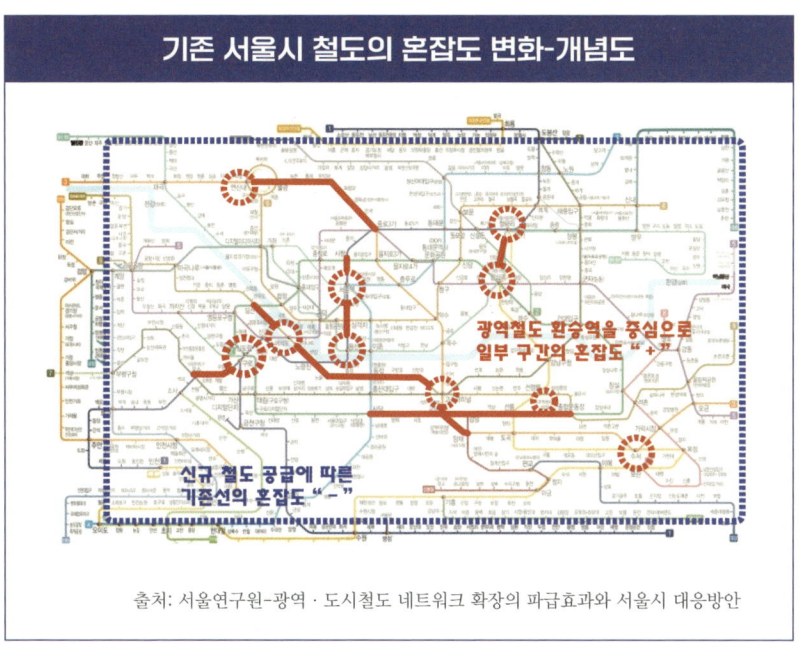

출처: 서울연구원-광역·도시철도 네트워크 확장의 파급효과와 서울시 대응방안

② GTX-A, B, C 건설에 따른 서울시 도시철도 혼잡도: 앞서도 언급한 바 있지만 GTX-A, B, C가 모두 건설되면, 서울시와 수도권의 기존 철도망의 전체적인 수요는 GTX로 전환되어 전반적인 혼잡도가 감소할 것으로 예상된다. 그러나 GTX 환승역을 중심으로 최종 목적지까지 지간선 기능을 수행하는 기존 도시철도의 구간과 GTX와 연계되는 지간선 철도에서는 추가 수요가 발생하여 혼잡도가 증가할 것으로 예측된다.

GTX-C 건설에 따른 철도수요(혼잡도) 변화

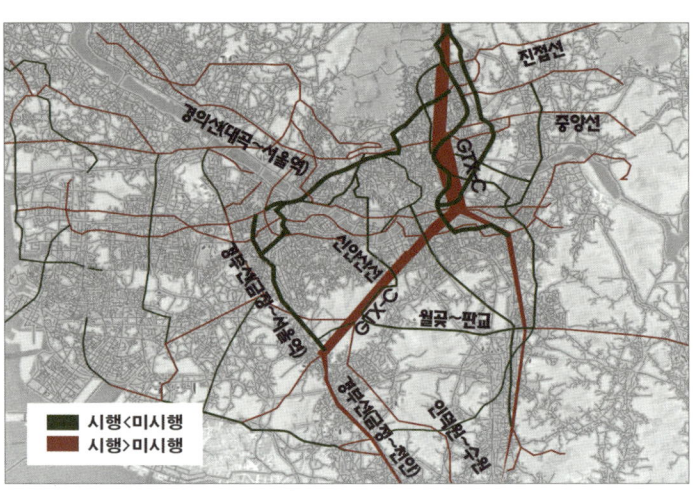

출처: 서울연구원-광역·도시철도 네트워크 확장의 파급효과와 서울시 대응방안

GTX-A/B/C 건설에 따른 철도수요(혼잡도) 변화

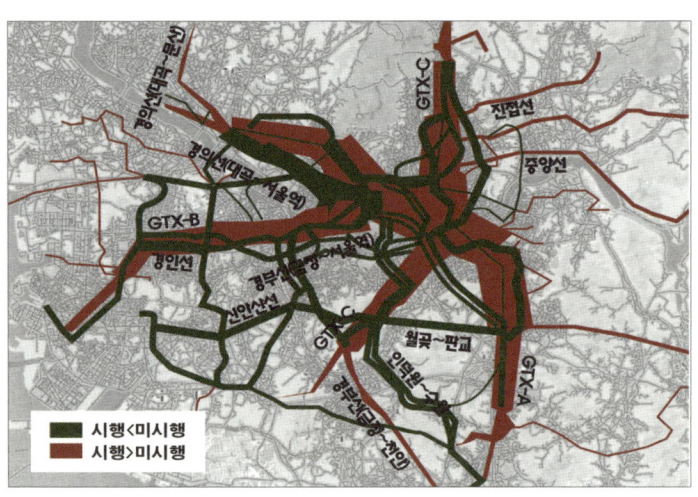

출처: 서울연구원-광역·도시철도 네트워크 확장의 파급효과와 서울시 대응방안

수도권 광역교통 구상-철도부문

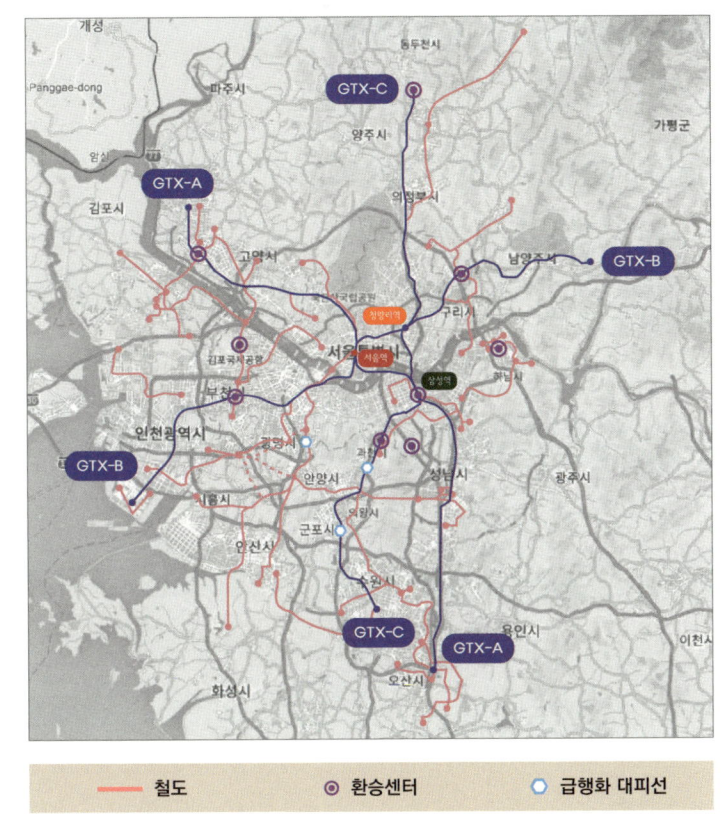

자료: 광역교통 2030, 대도시권 광역교통위원회

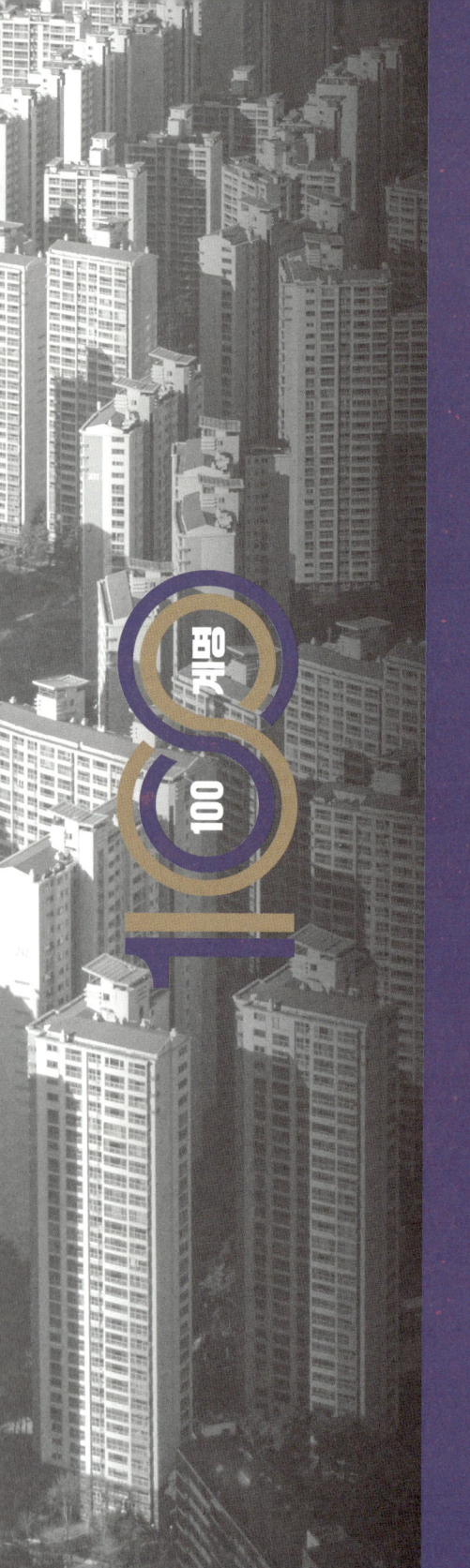

땅 투자 100계명

우리나라 부동산의 미래와 땅 투자

부동산은 시대의 흐름과 역사를 잘 파악해야 한다. 그리고 땅에 대한 정보를 알려면 전국 지역 발전계획을 알 필요가 있다. 제5차 국토종합계획(2020~2040)을 파악하고 있으면 내가 어디에 살고 있으며, 어디로 가야 하는지 알 수 있다. 지금까지 살펴본 바와 같이 우리나라 부동산 정책과 시대적 상황이 어떻게 변화해 왔는지를 인식한다면 어느 지역 어느 땅을 선택해야 할지 어느 정도 감이 올 것이다.

지금은 산업화가 끝나가는 시대이다. 후기 산업사회에서는 부동산에 있어서도 어느 한 지역의 상황이나 당장 눈에 보이는 이득만 보고 판단해서는 안 된다. 정보화 사회의 도래와 함께 글로벌한 환경 변화의 흐름을 놓쳐서는 실패만 가져올 뿐이다.

저자는 우리나라 부동산 정책과 땅값 상승 추이를 바탕으로 나름 정리한 '땅 투자 100계명'을 오래전에 발표한 바가 있다. 최근 들어 급변하는 부동산 정책과 부동산 환경 변화에 따라 기존의 '100계명' 외에도 더욱 유의해야 할 점이 발생하고 있다. 새로운 부동산 환경에서 토지 투자 시 유의해야 할 사항을 추가하고 100계명에 약간 손을 보아 여기에 제시해 둔다.

1. 국제도시 경쟁에 돌입

2020 이후 국제도시 경쟁력 전쟁에 돌입하였다. 전국은 광역철도 노선화되면서 이 길을 따라 돈이 흘러갈 것이다.

▶▶▶ 1) 개성공단 2단계 사업과 연계된 통일경제특구 추진

개성공단은 2016년 2월, 박근혜 정부의 조치로 폐쇄된 상황이지만 앞으로 우리가 국제경쟁력을 갖춘 국가로서 성장해 나가기 위해서는 언젠가는 다시 실현시켜야 할 사업이다.

한반도 신경제지도 구상의 4대 핵심정책인 환동해 경제 벨트, 환황해

경제 벨트, 접경지역 평화 벨트, 하나의 시장 협력 중 환황해 경제 벨트의 중심거점이 될 수 있다. 환황해 경제 벨트 조성은 수도권, 개성공단, 평양·남포, 신의주를 연결하는 서해안 경협 벨트를 건설하고, 중국과 연계하는 산업 네트워크를 구축하는 것이다. 산업 벨트 조성에는 개성공단권, 서해평화경제지대(개성·해주권, 평양·남포권, 신의주권 등 조성)가 포함되어 있다.

여객수송을 주로 하는 서울(수색)~개성~평양~신의주의 고속철도망축을 서울(수색)~개성~사리원~평양~신의주로 300km 이상으로 계획하며 3단계로 구상한다.

1단계는 분단 이전의 수도권인 서울과 개성을 하나의 생활권으로 묶는 광역도시철도의 건설로, GTX-A선(동탄~서울~파주)을 파주~개성까지 연장한다. 고양, 파주, 개성 등을 첨단산업단지로 개발하여 인천 및 김포공항을 통해 원자재와 생산품 수출입 기반을 구축하고, 수도권의 고급인력들이 개성으로 출퇴근 가능한 광역교통시스템을 구축한다.

2단계는 남측 수도와 북측 수도를 연결하는 고속철도를 건설하고, 남북한이 하나의 경제생활권이 될 수 있도록 부산~서울~평양~신의주로 연결되는 고속철도망을 건설한다.

3단계는 한반도와 유럽을 연결하는 유라시아 철도망을 구축한다. 한반도의 고속철도를 중국의 일대일로(一帶一路, One Belt One Road) 사업으로 추진 중인 고속철도망과 연결하여 유럽의 거점도시인 터키 이스탄불, 러시아 모스코바, 네덜란드 로테르담, 이탈리아의 베니스까지 연결한다. 이렇게 되면 부산과 목포(여수)는 유라시아 국제선 철도의 종착역이자 시발역이 될 것이다.

한편 화물수송 중심 일반철도망 구축은 먼저 1단계로 김포공항~김포~강화~해주노선을 신설함으로써 수도권의 경제활동 영역을 해주까지 확장한다. 수도권의 물류거점인 평택항~인천항~김포·인천공항~해주항을 연결하는 산업물류망을 일반철도로 연결함으로써 철도 노선이 통과하는 남북한 지역(김포시, 강화군, 연안군, 해주시)의 원자재 및 생산품의 원활한 이동을 지원한다.

2난계는 한반도의 서해선 철도를 완성하여 새만금항과 군산항(대야에서 새만금 군장선과 군장산단선으로 연결)에서 출발하며, 평택항, 인천항(경인선 철도와 연결), 인천공항(인천공항철도), 김포공항, 해주항, 남포항을 경유하여 평양으로 연결되는 한반도 서해안 물류철도망을 건설한다. 그리고 한반도 서해안의 항만들을 연결하여 서해안 연안지역의 합리적인 개발을 촉진한다.

개성공단의 확장 업그레이드 및 통일경제특구 연계하여 대북제재가 완화되면 개성공단 2단계 사업을 추진하며, 남측의 통일경제특구 구상을 연계하여 남북한 접경지역의 트윈시티 모델을 구축한다.

여객수송 중심 고속철도망 구축 3단계

서해경제 공동특구 개념도

자료: 이정훈 외(2019b)
출처: 경기연구원-반도 경제권의 중핵 서해경제공동특구 구상

한반도 메가리전의 중핵으로서 서해경제공동특구 구상도

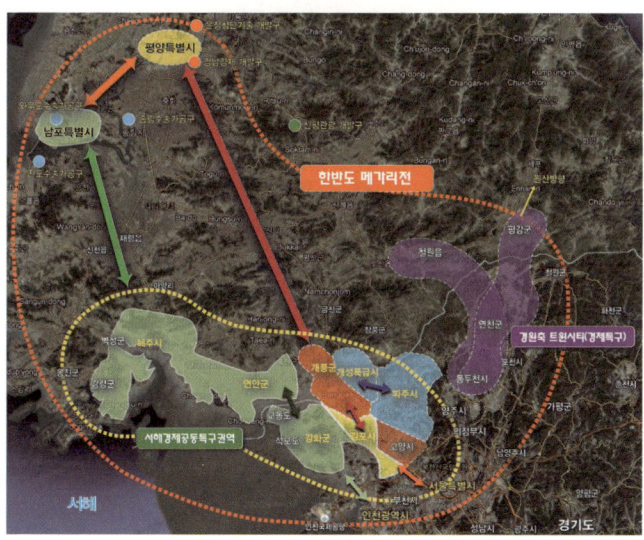

자료: 이정훈 외(2019b).
〈한반도 경제권의 중핵 서해경제공동특구〉. 경기연구원에서 수정 보완

구분	개발 콘셉트	주요구성
김포/개풍	첨단과 녹색산업으로 구성된 남북교류협력 중핵산업지구(Green Tec City)	첨단산업(IT, 바이오, 의료, 에너지, 스마트 농업), 물류, 관광 등
파주/개성	전통산업과 미래산업의 공존발전지대 (Future City)	제조업, 서비스업, 관광, 교육, 스마트시티 등
강화/강령/해주	해양 생태 산업지대 (Marine Eco City)	관광, 레저, 농업, 수산업 등

통일경제특구 주요 후보지

통일경제특구법 정부안 주요내용

명칭	통일경제특구법(가칭)
주요내용	인허가의제 및 조세특례 적용
특구지정	지정 주체 및 절차를 법안에 명문화
일정	범정부 조정안 마련 이후 이를 토대로 법안심사 소위에서 재논의

국회에 올라와 있는 통일경제특구 조성 관련 법안

통일경제파주특별자치시의 설치 및 파주평화경제특별구역의 지정 및 운영에 관한 법률	박정 (더불어민주당/파주)
평화경제특별구역의 지정 및 운영에 관한 법률	윤후덕 (더불어민주당/파주)
평화통일경제특별구역의 지정 및 운영에 관한 법률	김현미 (더불어민주당/고양)
통일경제특별구역의 지정 및 운영에 관한 법률	김성원 (자유한국당/동두천·연천)
금강산 관광사업 중단에 따른 보상 및 고성통일경제특별구역의 지정·운영에 관한 법률	이양수 (자유한국당/ 속초·고성·양양)
남북통일경제특별구역의 지정 및 운영에 관한 법률	홍철호 (자유한국당/김포)

출처: 파주시청-경기연구원(2018) 통일경제특구 기본구상

과제명	단계별 추진계획
경원선 도로 및 철도 복원	(단기)복원 기본계획 수립 및 예산 등 준비
	(중기)복원 착공, 일부구간 운영 - 백마고지-월정리 - 월정리-평강-원산 - 연천-북한 철원읍 도로 연결
	(장기)완공, TSR연결
경원축 물류거점 구축	(단기)남북협력 대비 북부지역 물류 거점화 로드맵 수립, 수요예측 및 필수 단지 부지 확보(동두천, 포천, 연천)
	(중기)복합 물류단지 1단계 건설
	(장기)대륙종합물류 거점 구축
경원축 트윈시티 (경제특구) 및 남북협력배후 거점지구 형성	(단기)기본구상 수립
	(중기)접경 CIQ 조성, 접경 트윈시티 조성(연천 BIX, 신서-철원 동송-평강,연천-북한 철원읍), 경제특구 지정
	(장기)트윈시티(경제특구) 완성 및 배후 확장(양주, 의정부, 포천), 서울 연결-남북한 접경 3대 경제특구의 하나로 육성하여 한반도메가리전의 한 축 형성

출처: 경기연구원(2018) 통일경제특구 기본구상

통일이후 수도권 공간구조 확대 <경기개발연구원 2012>

>>> 2) 트윈시티를 이용한 국제경쟁력 강화

트윈시티란 국경지대에서 마주하고 있는 두 도시를 일컫는 말로 보통 도시 간 지속적 상호교류를 통해 발전한다. 트윈시티의 형성 요인은 정치적 대립 또는 협력의 정도, 문화·역사·인종적 동질성과 이질성, 경제의 발전 정도 및 제도적 격차 수준, 자연환경의 연속성과 차별성 등 4가지를 들 수 있다. 일반적으로 임금 및 지대 격차에 따라 생산기지가 선진국에서 발전도상국의 접경도시로 이전함에 따라 관련 경제활동이 국경의 양측 도시에 집적되면서 인구와 고용이 빠르게 증가한다. 트윈시티는 문화역사적 동질성과 정체성을 공유하면서 생활권, 인종, 사회적 관계 등을 통해 교류의 기반이 강화되는 경향이 있다.

트윈시티는 배후의 대도시권과 연결되고, 국가 혹은 대륙을 관통하는 고속도로나 철도를 중심으로 발전이 확산되며 메가리전의 중핵 역할을 한다. 한편 양국 간 정치적 갈등, 치안 불안정 등은 트윈시티 형성을 방해한다.

우리의 국가철도망 건설과 함께 북한과의 경제 협력은 중국과도 트윈시티를 구축하여 앞으로 우리가 세계로 뻗어나갈 교두보가 될 수 있을 것이다.

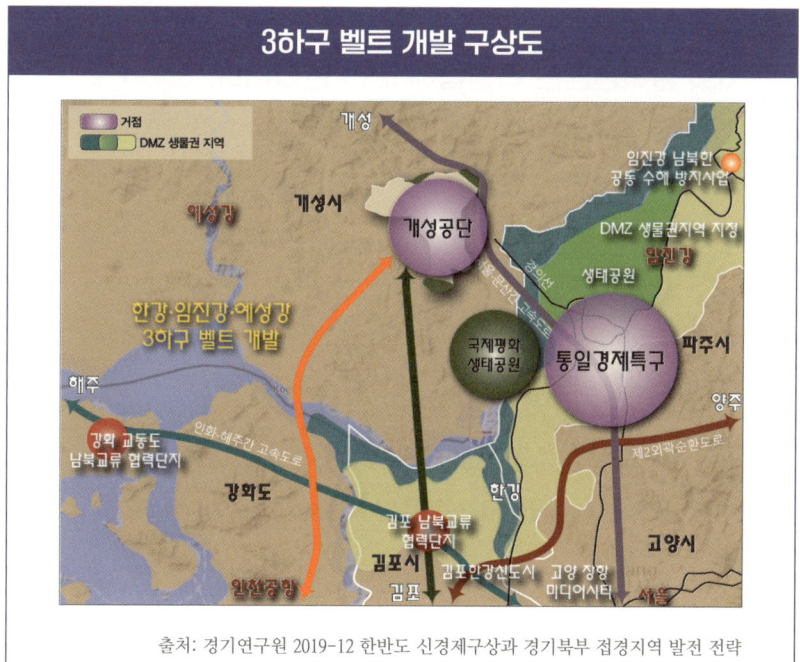

출처: 경기연구원 2019-12 한반도 신경제구상과 경기북부 접경지역 발전 전략

2. 박홍기의 토지 투자 유의 사항 100계명

하나,
토지의 일확천금은 특별법에 따라 변합니다.

우리나라는 정치 인기주의, 지대자본 기득권주의가 팽배한 사회로, 위선적이며 탐욕스러운 사회입니다. 즉 정치인이나 연예인들만 행복하게 살아가는 것 같은 착각을 불러일으키는 국가입니다.

둘,
기업 용지를 노리면 유리합니다.

앞으로 기업도시가 수도권 1차 엔지니어 벨트(용인), 2차 용인 이남으로 지정될 것입니다. 기업 용지와 플랫폼도시가 대세가 될 것입니다.

글로벌 메가 및 마이크로 트렌드

2030 미래사회 전망

기술의 발전
- ▶ 그린&라이프 이노베이션
- ▶ 기술융합, ICT융합(지능화, 가상화)
- ▶ 정보통신망 확대 및 빅데이터 시대
- ▶ 제조 자동화 및 유연화 기술 확대
- ▶ 자원확보 기술, 의료기술 발달

사회구조의 변화
- ▶ 인구구조 변화(고령화, 저출산)
- ▶ 도시화로 인한 메가도시 확대
- ▶ 개인 권한 확대(스마트폰, 소셜미디어 등)
  - ▶ 일정수준의 삶이 보장되지만 경제적 양극화 심화
  - ▶ 삶의 질 중요성 부각

창조적 혁신 지속가능 성장

경제구조의 변화
- ▶ 경제의 글로벌화
- ▶ 국제물류 네트워크 다원화
- ▶ 경제적 정치적 권력의 분산 (글로컬라이제이션)
- ▶ 산업 및 일자리 고도화 (농업, 제조업 감소, 서비스업 지속적 증가)
- ▶ 지식기반 경제 심화

환경적 · 안전/보안적 이슈 증대
- ▶ 자원 스트레스 증가 (식량, 물, 에너지 고갈)
- ▶ 기후 변화의 심화 (홍수, 지구온도 상승 등 자연환경 변화)
- ▶ 분쟁증가 및 국가 차원의 안보강화

출처: 2030 미래사회 전망

셋,
임대업을 하려면 다양한 가족제도와 주거문화를 파악하고 준비해야 합니다.

출산율 조정에 성공한 나라는 21세기 현재 이스라엘, 북한, 그리고 미국입니다. 이스라엘은 출산을 하면 군 입대를 면제해 주며, 북한은 출산을 하지 않는 남녀는 도시에서 쫓겨나고 당원증도 박탈됩니다. 미국은 아이 아버지가 누구든 18세까지 막대한 양육비를 청구할 수 있도록 하고 있습니다. 각 나라마다 차이는 있지만 출산율을 올리기 위한 국가 정책은 앞으로 인도적이지 않을 것이라는 말입니다.

우리나라는 이스라엘처럼 여성이 의무적으로 군대를 가는 것도 아니고, 북한 같은 계급 사회도 아니기 때문에 양육비를 징벌적으로 청구할 수 있는 미국식 제도를 채택할 가능성이 높습니다. 그러므로 다양한 가족제도로 변화할 가능성을 염두에 두고 임대업을 준비해야 합니다. 인간사는 멀리서 보면 환상이지만 가까이에서 보면 비극과 투쟁의 연속일 뿐입니다.

넷,
앞으로 지방은 혁신도시가 중심이 됩니다.
공무원이 집중된 지역은 지역의 중심이 될 것입니다.

혁신도시가 성장하면 그 중심지역으로 사람과 문물이 몰려들 것입니다. 하지만 주변의 구도시 지역은 초토화되고 황폐화의 길을 갈 가능성이 높습니다. 여수 구도심 사태가 전국의 일반적인 현상이 될 날이 머지않았다는 것입니다.

다섯,
포스트 코로나 이후 부동산에 투자하려면
특히 다음과 같은 점에 유의해야 합니다.

① 학교 주변 상권이라고 믿으면 쪽박 차기 쉽습니다.
② 신혼 가구 수요를 무조건 믿어서는 안 됩니다.
③ 도심 상권도 이제는 확실한 투자처는 아닙니다.
④ 중심지역 땅이라고 멋모르고 샀다가는 실패하기 쉽습니다.

⑤ 원룸 임대업을 고려하고 원룸 주택을 샀다가는 실패는 눈에 보이듯 뻔합니다. 기업이 임대업에 진출을 시도하고 있기 때문입니다.

여섯,
도시 부동산 투자는 직주근접 상황 판단이 우선되어야 합니다.

앞으로 도시 중심 50km, 30km인 지역은 출퇴근 비용이 급증하게 될 것입니다. 2기 신도시는 교통 재앙을 맞게 될 수도 있으므로 교통 비용을 잘 따져 장기적으로 공실이 되지 않도록 주의해야 합니다.

일곱,
고속도로 옆 땅을 항상 주목해야 합니다.

도로 옆의 땅은 지자체에 제안서를 내는 것만으로도 사업 수익을 올릴 수 있는 아이디어가 많습니다. 또 수도권 외곽 고속도로 및 신규 도로 야립 간판의 경우 월 광고비가 수천만 원에서 수억 원을 호가합니다. 고속도로에서 보이는 야산 고지(OP)는 통신 임대료 수입이 수백만 원에서 수천만 원을 받는 경우도 허다합니다.

주유소 및 공업지구 폐업으로 경매로 나온 주요 요지에도 광고 효과가 있는지 알아보는 것도 좋습니다. 야립이 가능하다면 공업지역 공장 건물의 옥상에도 3년간 시범적이긴 하지만 상업지역 건물과 동일하게 타사 광고를 할 수 있습니다. 단 건물·토지·시설물 등의 사용자와 관련이 없는 내용의 광고물이어야 합니다.

여덟,

농지거래 가능 여부는 앞으로
가장 중요한 판단 기준이 될 수 있습니다.

아홉,

전기, 가스, 관정 시설(지하수 등기)이
되어 있는지 확인하는 것은 필수입니다.

사람이 살든, 농사를 짓든 전기, 가스, 지하수는 필수 시설입니다. 가장 기본적인 시설을 갖추지 않으면 매매하기도 어렵습니다.

열,

정보통신 시설, 스마트 온실 농사 가능 여부는
바로 농지 가격을 결정하는 핵심입니다.

앞으로 농지는 노지가 아니라 온실 공장화 스카다 시스템으로 진화하고 있습니다. 노지에서 1배 수익을 낼 수 있다면 온실에서는 5~10배의 수익을 올릴 수 있습니다.

열하나,

농업법인은 농지 취득에 유리합니다.

그러나 농업법인 사기가 유행하고 있어 주의가 요구됩니다.

열둘,
복합용지가 될 땅을 노리는 것이 좋습니다.

공장이 있다는 것은 공업 수요가 있다는 뜻입니다. 도시 확장 한계선 이내나 이후에 들어갈 가능성이 높다는 말입니다. 그런 곳 중 하나가 보존산지, 준보전산지인데, 도시 확장이 있을 경우 실질적인 공업용이나 개간지, 잡종지 등이 용도변경이 한결 쉽습니다. 참고로 보전산지는 다시 공익용 산지와 임업용 산지(종전 보전임지)로 나뉩니다. 특히 공업용지가 복합용지가 될 경우나 상업용지로 변경될 때에 대박이 날 수 있습니다. 마리오아울렛을 떠올려 보시면 됩니다. 2020년 현재 전국 도시화율은 92%입니다.

열셋,
땅에 대한 로망은 패가망신의 지름길입니다.

투자는 현실입니다. 로망은 로망에서 끝내야 합니다.

대부분의 사람들은 어느 정도 로망과 허영심이 있어 부동산업자 농간에 휘둘리는 경우가 있습니다. 즉 '나만의 섬을 가져라', '나만의 왕국을 누려보라'는 등의 달콤한 말은 많은 이들의 환상을 자극합니다. 환상과 로망, 필요 없는 허영을 부채질하면 부동산 가격은 곱절에 곱절로 올라간다고 생각해야 합니다.

반대로 매도하는 사람 입장이라면 너무 지나친 과장이 아닌 수준에서 사람들의 로망을 자극해 볼 수도 있겠습니다. 쓸모없는 전답, 임야, 농지, 보존산지, 사방지 등 자연환경이 수려한 곳의 땅값을 비싸게 받고 싶다면, 로망과 환상을 자극하는 문구와 블로그 운영이 좋습니다. 곱절

뿐 아니라 열 곱절 받는 경우가 허다합니다.

　부동산 가격은 로망 자극에 달려 있습니다. 로망에 취해서 땅을 구입하면 패가망신의 지름길입니다. 세상에 나만의 왕국은 없습니다. 세상사는 현실입니다. 그런데도 최근에 남해와 서해에서 이런 일들이 종종 벌어지고 있습니다. 5천만 원밖에 되지 않는 섬을 40억 원에 판매한 경우도 있습니다. 허황된 꿈은 꾸지 않는 것이 인생사에 도움이 됩니다.

열넷,
화재가 발생한 땅은
매입을 고려하는 것이 좋습니다.

　화재가 많이 나는 강원도 및 수도권의 경우, 화재로 인하여 각종 인허가의 보존성이 없어지기 때문에 땅의 용도변경이 가능합니다. 즉 땅값은 헐값이며, 개발 가능성이 높고 각종 수림이나 임야 조성, 골프장, 채석장 등 기타 용도로 변경이 이전보다 한결 쉽습니다. 절대 보존해야 할 자연환경이 없어져 땅의 용도 또한 바뀌기 때문입니다.

　보통 불난 곳은 불길이 일어서는 것만큼 기가 흥한다고 표현합니다. 문제는 이런 기가 흥하고 재물이 모이는 곳임에도 불구하고 도박으로 가산을 탕진할 수가 있으니 조심해야 합니다. 경기도와 강원도 등에서 발생하는 객사, 흉흉한 이야기 중 땅 벼락부자 이야기가 많은 이유를 되새겨 봐야 합니다. 길흉화복도 돌고 돈다는 말을 명심해야 합니다.

열다섯,

장기투자라면 누가 봐도 쓸모가 없다고 하는 땅을 사는 것이 좋습니다.

여기서 말하는 쓸모없는 땅은 고도 250m 이하, 경사는 20도 이하를 지칭합니다.

그린벨트, 공원, 녹지지역, 자연녹지 지역의 매입을 고려한다면 경매, 공매, 국유지 매입을 이용하면 대부분 헐값으로 살 수 있습니다. 평지일 경우가 가장 좋습니다.

참고자료

〈예시〉   영양군 공고 제2012 - 316호

군유재산 매각 입찰 공고

영양군 소유인 군유 재산을 「공유재산 및 물품관리법」 제29조 및 같은법 시행령 제26조, 「지방자치단체를 당사자로 하는 계약에 관한 법률 시행령」 제33조의 규정에 의거 일반 경쟁입찰로 매각하고자 다음과 같이 재공고합니다.

1. 입찰에 부치는 사항

가. 건 명: 군유재산(도로 잔여지) 매각 입찰공고

나. 매각재산

연번	소재지	지번	지목	면적 (m²)	예정가격	비고
계		4필지		790	92,010,000	
1	영양읍 동부리	107-9	전	428	40,830,000	
2	영양읍 동부리	123-4	전	117	10,460,000	
3	영양읍 동부리	490-20	대	93	15,460,000	
4	영양읍 동부리	490-21	대	152	25,260,000	

참고자료

도시공원일몰제

1999년 10월 21일, 헌법재판소는 구 「도시계획법」 제4조에 대한 위헌법률심판사건에서 10년 이상 보상 없는 도시계획시설 결정에 대해 헌법불합치 판결(97헌바26)을 내렸다. 그리고 이에 대한 보완조치로 「도시계획법」에 2000년 7월 1일을 기준으로 20년 이내에 시행하지 않은 도시계획시설의 결정을 무효화 하는 일몰조항이 2000년 1월 28일에 도입됐다.

한편 2018년 국토교통부의 「도시·군 관리계획 수립지침」 및 「장기 미집행 도시공원 관리 가이드라인」에서는 근린공원 중 주거지역에서 3만㎡ 이상의 도시공원이 해제되는 경우 가급적 보전녹지지역으로 용도지역을 변경하도록 규정하고 있다. 보전녹지지역은 건폐율 20%, 용적률 50% 이하의 범위에서 개발이 허용된다.

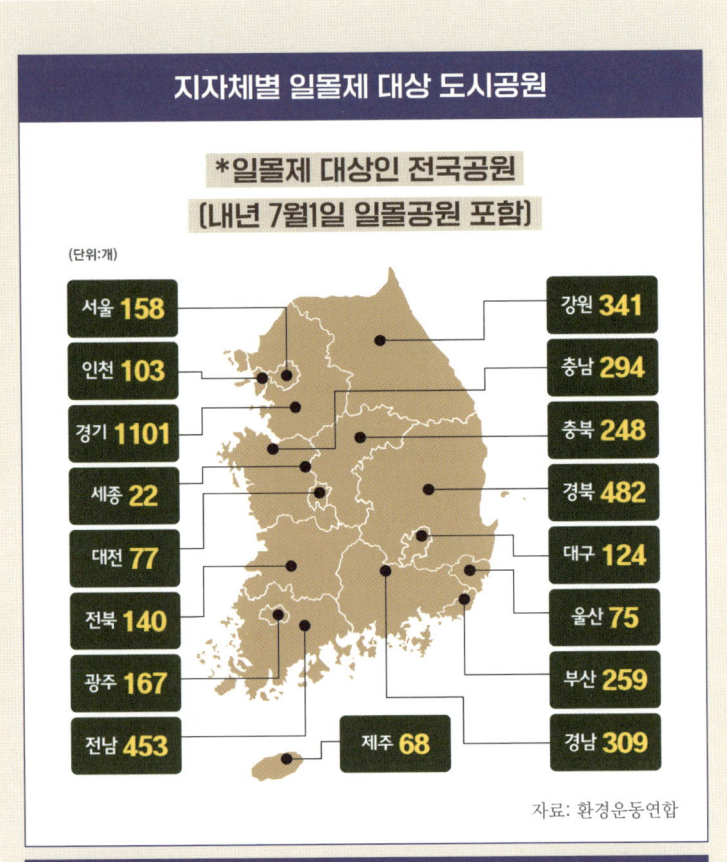

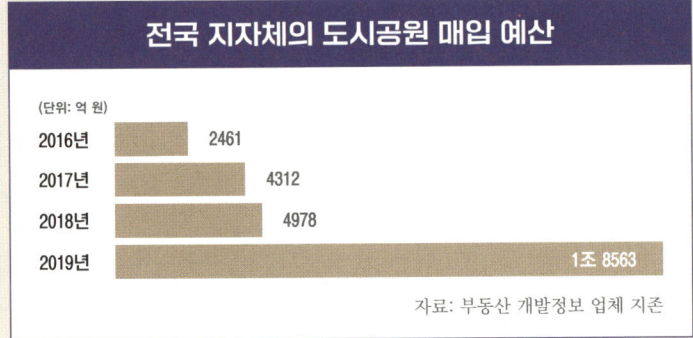

> **사라질 위기에 놓인 주요공원**
>
> **서울**
>
> 삼청공원/ 안산도시자연공원/ 도구머리공원와우근린공원/ 성산근린공원/ 개화산 개화근린공원/ 궝고개근린공원/ 자연생태체험 교육장 일자산 도시자연공원/ 관악산 도시자연공원/ 북한산 도시자연공원/ 한양도성이 지나가는 인왕산 도시자연공원/ 남산일대 근린공원
>
> **전국**
>
> 경기 수원 영흥공원/ 제주 용담공원/ 부산 청사포 수변공원/ 충남 천안 노태공원/ 대전 월평공원/ 대구 범어공원/ 전북 전주 건지산 주변 도시공원/ 경북 경주 황성공원/ 강원 강릉 교동공원/ 광주 송정공원
>
> 자료: 각 지방자치단체
> 출처: 녹색연합-서울연구원

#군사시설 보호구역

2021년 1월 국방부는 여의도 면적의 약 35배에 달하는 면적을 군사시설보호구역에서 해제한다고 발표했다. 또 군사시설 보호구역에서 해제하기가 어려운 6442만 4천212㎡(여의도 면적의 22.2배)에 대해서는 '개발 등에 대한 군과의 협의 업무를 지방자치단체에 위탁'하기로 했다. 이에 따라 군사시설 보호구역이지만 일정 높이 이하의 건축 또는 개발 등은 군과의 협의

없이도 해당 지역 지방자치단체가 인허가 등의 조치를 내릴 수 있게 되었다.

이번 해제 면적의 88%는 작전계획 변경으로 용도 폐기된 기지와 시설, 부대 개편으로 철거 또는 이전된 기지와 시설, 무기체계 변화 등을 이유로 해제되는 곳이다.

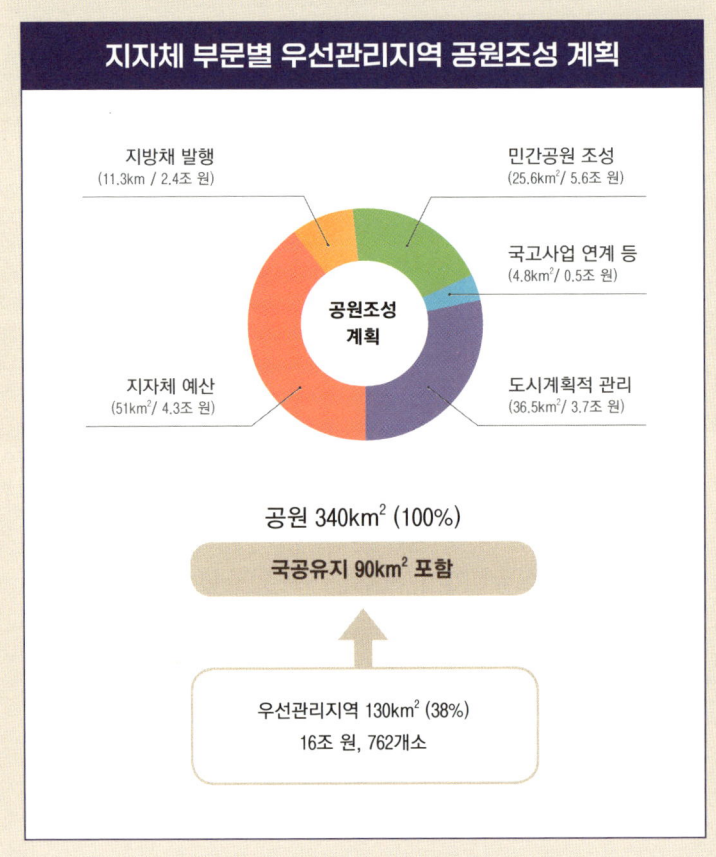

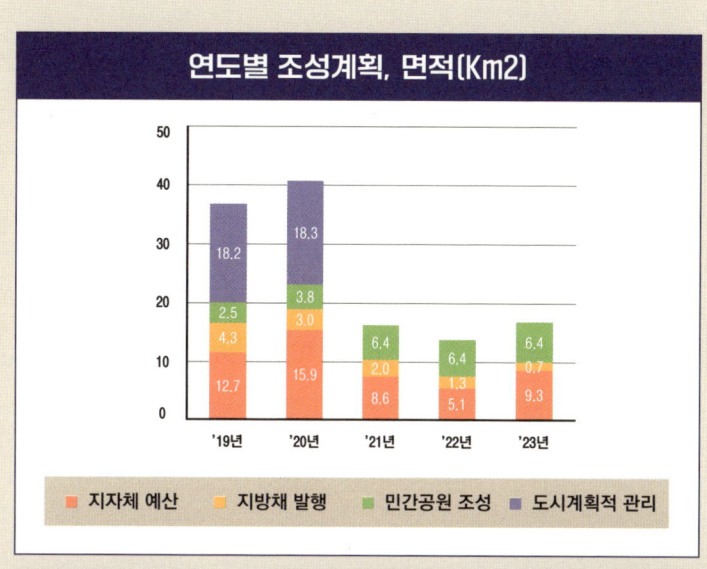

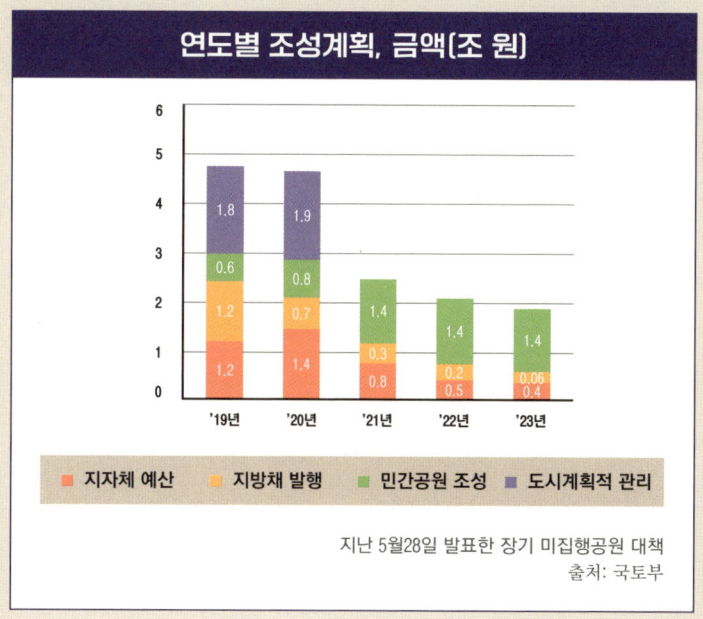

지난 5월28일 발표한 장기 미집행공원 대책
출처: 국토부

VIII. 우리나라 부동산의 미래와 땅 투자

국방부 보도자료

통제보호구역 해제: 97,788m²

구분		대상지역	면적(m²)
충남	논산시	연무읍 안심리 일대	97,788

제한보호구역 해제: 14,916,959m²

구분		대상지역	면적(m²)
인천광역시		서구 시천동 일대	521,694
		계양구 이화동, 둑실동 일대	846,938
광주광역시		서구 쌍촌동 일대	35,907
경기	김포	고촌읍 태리, 향산리 일대	1,558,761
	파주	파주읍 봉암리, 백석리, 법원리, 선유리 일대/ 야당동 일대/ 광탄면 용미리 일대	1,796,822
	고양	덕양구 오금동, 내유동, 대자동, 고양동 일대/ 일산서구 덕이동 일대/ 일산동구 성석동, 문봉동, 식사동, 사리현동 일대	5,725,710
	양주	온현면 도화리 일대/ 남면 상수리 일대	992,000
강원	화천	상서면 노동리 일대	934,415
	인제	북면 원통리 일대	276,455
	고성	간성읍 어천리 일대/ 토성면 청간리 일대	2,126,337
충남	태안군	태안읍 삭선리 일대	97,377
전북	군산시	옥도면 어청도리 일대	660
경북	울릉군	서면 태하리 일대	3,883

#그린벨트 중복 규제

중복 규제에 대한 완화 조치는 2020년 이후 행정소송으로 이어지고 있다.

국회 국토교통위원회가 17개 광역시·도로부터 받은 '개발제한구역 중복 규제 현황' 자료에 따르면, 전국 11개 시·도에 지정된 그린벨트 면적은 3천619.1㎢로, 이중 중복 규제 면적은 1천257.7㎢(34.7%)에 달했다. 여의도 면적(윤중로 둑 안쪽 2.9㎢)의 434배에 이르는 넓이다.

그린벨트 내 중복 규제를 항목별로 살펴보면, 문화재보호구역이 18.2%인 660.7㎢로 가장 많았으며, 군사시설보호구역 589.9㎢(16.3%), 상수원보호구역 321.2㎢(8.8%), 국공립공원 119.7㎢(3.3%), 공원구역 210.9㎢(5.8%), 농업진흥지역 76.1㎢(2.1%) 순이었다.

시·도별 그린벨트 내 중복 규제 비율을 살펴보면, 서울이 74.6%로 가장 높았으며, 부산 74.1%, 경기 52.0%, 대구 27%, 대전 24.2%, 인천 19.2%, 경남 18.3%, 충남 11.8%, 경북 7.0% 등의 순으로 나타났다.

특히 그린벨트 면적이 1176.4㎢에 달하는 경기도의 중복 규제 면적은 여의도의 211배에 이르는 612.4㎢로, 경기도 전체 그린벨트의 절반 이상(52.0%)이 과잉 중복 규제 대상지이다.

> 항목별 경기도 그린벨트 내 중복 규제는 군사시설보호구역이 23.8%로 가장 많았으며, 상수원보호구역(13.9%), 공원(6.5%), 농업진흥지역(4.1%) 등으로 나타났다.[21]

열여섯,
**관공서나 공공시설물 옆에 주거나
상업의 용도는 피하는 것이 좋습니다.**

관공서는 대표적인 음택지이므로 주거용지로는 적당하지 않습니다. 또 공공 부문 종사자는 주로 구내식당을 이용하고 공무원 복지카드로 물건을 구입하기 때문에 상업지로도 그리 추천할 만한 곳은 아닙니다. 그리고 공무원들은 품위유지 의무가 있기 때문에 관공서 주변에서는 음주를 하거나 유흥업소도 드나들 수 없기 때문입니다. 반대로 민영시설의 주거, 상업 용도는 구입하는 것이 좋습니다.

열일곱,
**흙을 파간 땅, 돌을 캐간 땅(채석장)은
매입에 대해서 신중하게 판단해야 합니다.**

① 환경 영향 평가에 있어서 불이익을 받을 우려가 큽니다. 또 우리나라의 기후환경이 변화하여 폭우 같은 천재지변 시 주변에 피해를

---
21 조선일보, 2013. 10. 2

끼칠 수 있으며 이에 대한 보상이 필요할 수도 있습니다.
② 3만 평 이하의 경우 규제를 피할 수 있다는 점에 대해서 규제 가능성이 높아지고 있습니다.
③ 지하수 이용, 폐수 오염원의 원인으로 지목받을 가능성이 높으며 이에 따른 각종 민원에 시달릴 수 있습니다.
④ 돌 및 흙을 캐간 곳은 예로부터 피하는 자리입니다.

열여덟,
지금은 농촌체험이 대세가 되고 있습니다.

앞에서도 얘기했지만 지금은 체험, 관광업 등 새로운 콘텐츠가 떠오르고 있습니다. 농어촌의 자연자원과 생산기반을 이용하여 영농체험시설, 체육휴양시설, 지역특산물 판매시설 등을 운영할 수 있습니다. 또 농어업인의 소득 증대를 목적으로 도시민들에게 음식 또는 용역을 제공하는 관광농원을 운영할 수도 있습니다.

앞으로 북미나 유럽처럼 농사를 짓는 사람(자경농)이 부자로 인식되는 시대가 오고 있습니다. 농업이 스마트 그리드화되면서 노지 농업에서 온실 농업으로 변화하고 있습니다. 농지 원부를 가진 사람이 임대, 매매 등에 유리하며 연금도 가능하고 각종 세금 혜택도 받을 수 있습니다. 또한 관광농업화, 체험 농업화의 경우 도시민과 달리 용도변경에 많은 혜택이 주어집니다. 가장 큰 혜택은 보조금과 땅에 대한 개발행위가 자유롭다는 것입니다.

이제 이러한 체험시설은 농가만이 아니라 임업시설에서도 나타나고 있습니다. 예를 들면 산양 및 염소체험, 숲속 힐링캠프, 비박 체험, 숲속

명상 등이 인기를 얻고 있습니다.

그러나 관광농원은 농업 관련 기관 이외에는 농어업인에게만 자격이 주어집니다. 그리고 관광농원의 (영업)승계도 농어업인끼리만 가능합니다. 즉, 경매 또는 파산한 경우에도 승계를 받을 수 있는 자격은 농어업인만 가능합니다.

참고자료

#관광농원

관광농원은 농어촌의 자연환경을 이용하여 농촌 소득 증대 및 친환경적 농촌(재)개발을 위해 허용된 것이다.

「농어촌정비법」 제83조(관광농원의 개발)에서는 '①관광농원은 「농어업·농어촌 및 식품산업 기본법」 제3조제2호에 따른 농어업인, 한국농어촌공사, 그밖에 대통령령으로 정하는 농어업인 단체가 개발할 수 있다. ② 관광농원을 개발하려는 자는 사업계획을 세워 대통령령으로 정하는 바에 따라 시장·군수·구청장의 승인을 받아야 한다. 승인을 받은 사항 중 대통령령으로 정하는 중요한 사항을 변경하려는 때에도 또한 같다'고 규정하고 있다.

또 제84조(토지 및 시설의 분양)에서는 '농어촌 관광휴양단지와 관광농원의 개발 사업 시행자가 제114조에 따른 준공검사를 받은 때에는 토지와 시설을 분양하거나 임대할 수 있다'는 조항도 있다.

1) 사업대상자: 농어업인, 한국농어촌공사, 농업협동조합 및 중앙회, 산림/수산 조합 및 중앙회, 어촌계, 농어업 회사법인

2) 사업내용
   ▶ **사업규모:** 2천(약 600평)~10만m^2 미만(약 3만 평)
   ▶ **기본시설**(사업자가 반드시 설치해야 하는 시설)
   영농체험시설: 승인 면적의 20% 이상 조성(최소 600평)
   자율시설: 특산물 판매, 체육 휴양, 음식업 및 기타시설
   (자율시설은 사업자가 자율적으로 설치 여부를 결정하나 개별법 규정에 따라 용도지역 내 개발행위가 가능한 시설이어야 한다.)

3) 지원자금 및 요건
   농업종합자금으로 시설 설치, 개보수 및 관광농원 운영을 위한 운영자금 지원이 가능하다.

열아홉,
땅 매매 시 특약 사항을 꼭 확인해야 합니다.

지하수는 명의 신청이 쉽습니다. 그러나 땅 매매 시 지하수 권리는 인도되지 않습니다. 즉 땅을 매매할 때 광정 매매 특약도 같이 작성해야 합니다. 임목이 있다면 입목 등기에 대하여도 특약을 작성해야 합니다. 땅을 매매했다고, 지하와 지상의 자원이 저절로 따라오는 것은 아니기 때문입니다.

현재 스마트 온실 농사로 인하여 지하수 개발이 금지되는 곳이 증가하고 있습니다. 지하수 개발이 되지 않는 땅은 앞으로 농업생산뿐만 아니라 다른 용도로 사용하더라도 가치가 폄하될 가능성이 높습니다. 주택, 임야, 노지, 전답 매매 시 지하수 개발이 가능한지를 확인하고, 지하수 명의 이전에 대해서도 꼼꼼히 따져야 합니다.

한편 땅을 매입하여 공사를 하려고 한다면 특히 조심해야 할 것이 있습니다. 기존 농촌 거주자들 중 일부는 새로운 입주자를 별로 반기지 않습니다. 마을 발전기금을 요구하며, 그에 응하지 않으면 지하수 사용을 못 하게 하거나 도로에 무단 적치를 시켜 통행을 방해하는 경우가 있습니다. 공사 소음으로 개나 소, 닭 등 가축이 죽었다며 보상을 요구하기도 합니다.

법적으로 다투려 해도 농촌은 거대한 공동체이기 때문에 그들의 불법 행위를 증언해 줄 사람도 없습니다. 또한 공사 소음으로 인한 피해는 법률상 다툼에서 불리합니다. 그러므로 농촌 땅을 매입하기 전에 먼저 임대를 하는 것도 한 방법입니다. 그리고 땅 매입을 권유한다면 수십 번 따지고 매입하시기 바랍니다.

땅에 투자할 경우 '보전'과
'보존'은 피하는 것이 좋습니다.

만약 굳이 매입을 한다면 보전산지는 본래 용도인 '보전'의 지정목적에 위배되지 않는 한도 내에서만 이용할 수 있습니다. 합법적 사용·수익을 하기 위해서는 반드시 법적 허용 한도를 분석해 보고 접근해야 합니다.

토지 투자는 대박 아니면 쪽박이라는 소리가 있습니다. 그러나 그것은 21세기에는 틀린 소리입니다. 체험·문화 같은 다양한 휴식 공간이 지금 돈이 되고 있습니다. 하지만 개발이 가능하지 않은 지역은 위험합니다. 그중 보전과 보전산지는 산지관리법상 임업용 산지에서의 행위제한(시행령 제12조)이 있기 때문에 투자에서 절대적으로 금하고 있습니다.

임야(또는 산림, 산지)를 관장하는 법률은 산림법이었지만 2004년 「산지관리법」으로 개정되면서 산림법은 폐지되었습니다. 대신 「임업 및 산촌진흥 촉진에 관한 법률」과 전 국토를 관장하는 「국토의 계획 및 이용에 관한 법률」, 「농어촌 정비법」, 「농어업 경영체 육성 및 지원에 관한 법률」 등의 수십 가지 연관법을 두루 살펴야 효과적인 사용방안을 찾을 수 있습니다.

산지관리법 및 동법 시행령 등에 규정된 개발 허용행위를 보면 생산과 휴식, 체험 콘텐츠 같은 복합에 어울리는 행위가 가능합니다. 문제는 아무 기술 없이 아무것도 하지 않으면서 땅을 통해 부를 창출하겠다는 도시민에게는 보존임야는 재앙이라는 것입니다.

참고자료

#산지관리법 및 동법 시행령 등에 규정된 개발 허용행위

1. 임도·작업로 및 임산물 운반로(유효너비 3m, 길이 50m 이하일 것)

2. 산림경영계획의 인가를 받아 산림을 경영하고 있는 임업인이 설치하는 다음 각목의 하나
   - 가. 부지면적 1만㎡ 미만의 임산물 생산시설 또는 집하시설
   - 나. 부지면적 3천㎡ 미만의 임산물 가공·건조·보관시설
   - 다. 부지면적 1천㎡ 미만의 임업용 기자재 보관시설(비료·농약·기계 등을 보관하기 위한 시설) 및 임산물 전시·판매시설
   - 라. 부지면적 200㎡ 미만의 산림경영관리사(산림작업의 관리를 위한 시설로서 작업대기 및 휴식 등을 위한 공간이 바닥면적의 100분의 25 이하인 시설) 및 대피소

3. 부지면적 1만㎡ 미만의 다음 시설
   - 가. 산림욕장, 치유의 숲, 산책로·탐방로·등산로 등 숲길, 전망대
   - 나. 자연관찰원·산림전시관·목공예실·숲속교실·숲속 수련

장·산림박물관·산악박물관·산림교육자료관 등 산림교
　　　육시설
　　다. 목재 이용의 홍보·전시·교육 등을 위한 목조건축시설

4. 부지면적 3만㎡ 미만의 축산시설

5. 부지면적 1만㎡ 미만의 다음의 시설
　　가. 야생조수의 인공사육시설
　　나. 양어장·양식장·낚시터시설
　　다. 폐목재·짚·음식물쓰레기 등을 이용한 유기질비료 제조
　　　시설
　　라. 가축 분뇨를 이용한 유기질비료 제조시설
　　마. 버섯재배시설, 농림업용 온실

6. 부지면적 3천㎡ 미만의 다음의 시설
　　가. 누에사육 시설·농기계 수리시설·농기계창고
　　나. 농축수산물의 창고·집하장 또는 그 가공시설

7. 부지면적 2백㎡ 미만의 다음의 시설(작업대기 및 휴식 등을 위한 공간이 바닥면적의 100분의 25 이하인 시설을 말한다)
　　가. 농막

나. 농업용·축산업용 관리사(주거용이 아닌 경우에 한한다)

8. 종교법인으로 허가한 종교단체 또는 그 소속단체에서 설치하는 부지면적 1만 5천㎡ 미만의 사찰·교회·성당 등 종교의식에 직접적으로 사용되는 시설

9. 의료기관 중 종합병원·병원·치과병원·한방병원·요양병원

10. 청소년 수련시설

11. 농도 및 양수장·배수장·용수로 및 배수로를 설치하는 행위

12. 사도법에 의한 사도(私道)를 설치하는 행위

13. 농림어업인이 3만㎡ 미만의 산지에 임산물 소득원의 지원 대상 품목을 재배하는 행위

14. 농림어업인이 3만 제곱미터 미만의 산지에서 가축을 방목하는 행위(조림 후 15년 경과, 울타리 및 보호시설 설치)

15. 농림어업인 또는 관상수 생산자가 3만㎡ 미만의 산지에서 관상수를 재배하는 행위

16. 부지면적 2백㎡ 미만의 간이 농림어업용 시설(농업용수 개발시설을 포함) 및 농림수산물 간이처리시설을 설치하는 행위 등

참고자료

#산지관리법상 공익용 산지에서의 행위 제한(시행령 제13조)

공익용 산지는 농업인, 임업인, 어업인 또는 농림수산물의 생산자단체가 아래 항목의 행위를 할 경우에는 가능하다.

1. 농림어업인이 부지면적 1만㎡ 미만의 농림어업용 시설 및 진입로(3×50m 이하) 등 부대시설을 설치하는 행위

2. 농림어업인이 자기 소유의 산지에서 직접 농림어업을 경영

하면서 실제로 거주하기 위하여 신축하는 주택 및 그 부대시설(부지면적 660㎡ 이하)을 설치하는 행위

3. 농림어업인의 주택 또는 종교시설을 증축(종전 주택·시설 연면적의 100분의 130 이하)

4. 농림어업인의 주택 또는 종교시설을 개축(종전 주택·시설 연면적의 100분의 100 이하)

5. 농림어업인이 1만㎡ 미만의 산지에서 관상수를 재배하는 행위

6. 수산자원 보호구역 안에서 농림어업인이 3천㎡ 미만의 산지에 양어장 및 양식장을 설치하는 행위

7. 농림어업인의 주택 또는 사찰림의 산지 안에서의 사찰을 신축하는 하는 행위
   가. 농림어업인이 자기 소유의 산지에서 직접 농림어업을 경영하면서 실제로 거주하기 위하여 신축하는 주택 및 그 부대시설: 부지면적 660㎡ 이하
   나. 신축하는 사찰 및 그 부대시설: 부지면적 1만 5천㎡ 이하

참고자료

#농지매입비축사업

농어촌공사에서는 농지 축적을 위해 매년 농지 비축사업을 진행하고 있다. 농지를 가지고 있거나 경매로 농지를 헐값에 소유하고 있다면, 자경 2년, 농지 경매 3년 이후부터 매각할 수 있다.

1) 사업목적
- ▶ 고령 또는 질병 등으로 은퇴, 이농·전업을 희망하는 농업인의 농지를 농지은행이 매입하여 농업 구조 개선 및 농지시장 안정화에 기여
- ▶ 매입한 농지는 장기임대 등을 통해 이용의 효율화 도모

2) 사업(지원) 대상
- ▶ 매입대상자 및 매입대상 농지
    - 이농·전업 또는 고령·질병 등으로 은퇴하고자 하는 농업인의 소유농지로서 농업진흥지역 안 공부상 지목이 전·답·과수원인 농지
    - 「농지법」제11조에 따라 처분 명령을 받은 자의 농지

▶ 매입제외농지
- 농지매입가격 단가가 25,000/㎡을 초과하는 농지(별도 지역별 차등)
- 2천㎡ 미만의 소규모 농지
- 각종 개별법에 의한 개발계획 구역 및 예정지.안의 농지
- 소유권 외의 권리나 처분의 제한이 있는 농지

참고자료

#경영회생지원농지매입사업

농어촌공사에서는 경영회생지원 실패 농지도 매도한다.

〈예시〉

농지 매도 공고　　　한국농어촌공사 옥천·영동 공고 제2021 - 19호

우리 지사가 경영회생지원농지매입사업으로 매입한 농지를 다음과 같이 매도 공고하니 매입을 하고자 하는 농업인(농업법인)은 기한 내에 신청하시기 바랍니다.

1. 매도농지의 표시 및 조건

농지소재지	지목	면적(㎡)
영동군 추풍령면 신안리 197-1	전	2,291
영동군 추풍령면 신안리 197-2	답	499

2. 매입 신청 대상자
   ▫ 2030세대 선정자, 전업 농업인, 전업농 육성 대상자, 농업법인, 농업인 또는 새로 농업경영을 시작하려는 자

3. 매도가격: 「부동산가격공시및감정평가에관한법률」에 의한 감정평가업자가 평가한 금액

4. 매입 대상자 선정
   ▫ 2030세대 선정자, 전업 농업인, 전업농 육성 대상자, 농업법인, 5년 이상 임차하고 있는 자의 매수 희망자, 농업인 또는 새로 농업경영을 시작하려는 자 순으로 선정
   ▫ 동일한 순위에 2명 이상의 신청자가 있는 경우 「지사심의회」의 심의를 거쳐 선정

5. 사업신청 및 구비서류

- 신청기간: 2021. 03. 05. ~ 2021. 03. 16.까지(근무시간 중)
- 신청장소: 한국농어촌공사 옥천·영동지사 농지은행부
- 신청서 및 구비서류
  - 농지매입신청서(서식은 지사 비치)
  - 신분증 또는 주민등록등본(농업법인인 경우에는 법인등기부등본), 농지원부 등 농업경영체를 확인할 수 있는 서류

6. 기타 자세한 사항은 한국농어촌공사 옥천·영동지사(☎ 043-***-2523)로 문의 바랍니다.

2021년 3월 *일

한국농어촌공사 옥천 · 영동지사장

참고자료

#사유림 매수청구 제도

국토의 계획 및 이용에 관한 법률에 따른 지역 · 지구상 농림지역, 자연환경보전지역에 해당하며, 법령 제한 사항으로 국

립공원 및 공원자연환경지구로 지정되어 있어 자연공원법에 의한 행위규제를 받고 있는 임야로 확인되었을 경우, 개인 소유의 임야를 매입하는 '사유림 매수청구 제도'를 시행하고 있다.

산림청은 보전산지, 공익용 산지 등 규제사항이 강하여 개인 소유권자 입장에서는 가치 상승이 적은 임야일수록 매수 우선 대상자로 해당이 된다. 단, 저당권, 공유지분, 입목등기, 소송 및 송사가 있는 토지는 제외된다.

〈예시〉　　　　　　　　　　　공·사유림 매수계획 공고

민북지역국유림관리소에서는 민간인통제선 이북지역 산림에서의 원활한 산림사업과 동·서 산림 생태축의 생태계보전, 국유림 경영임지의 안정적인 확보를 위하여 공·사유림을 매수하고 있습니다. 따라서 개인이 경영관리하기 어려운 사유림, 산림 관련 법률 등에 따라 제한림으로 지정되어 사유재산권을 침해받고 있는 사유림 등을 국가가 매입하여 체계적으로 관리하고자 하오니 소유하고 있는 산림을 국가에 매도하고자 하는 분은 북부지방산림청 민북지역국유림관리소에 매도 신청하시기 바랍니다.

□ 매수하는 산림

○ 산림경영임지

- 국유림에 접해 이어져 있거나 둘러싸여 있는 산림
- 임도·사방댐 부지 등 국유림 경영·관리에 필요하다고 인정되는 토지
- 국유림의 확대 및 집단화 권역에 있는 산림으로서 다음의 기준에 적합한 경우
    * 기존 국유림으로부터 1km 이내의 경우 1ha 이상만 매수
    * 기존 국유림으로부터 1.5km 이내의 경우 2ha 이상만 매수
    * 기존 국유림으로부터 2km 이내의 경우 3ha 이상만 매수
    * 기존 국유림으로부터 2km 이상의 경우 5ha 이상만 매수

- 암석지 또는 석력지가 5% 이하로 분포하고 평균 경사도가 30° 이하로서 산림사업에 지장이 없는 임야

○ 산림공익임지

- 산림관련 법률에 의한 행위제한 산림으로서 「산림보호법」, 「백두대간 보호에 관한 법률」, 「산지관리법」, 「산림문화·휴양에 관한 법률」 등에 따라 매수 청구한 산림
- 다른 법률에 따라 구역·지역 등으로 지정된 산림은 국가가 보존할 필요가 있다고 인정되는 경우에 한하여 제한적으로 매수

<붙임1> 매수기관별 관할지역·주소·전화번호

구분	관할지역	대상지역	면적(m²)
춘천국 유림 관리소	경기도 가평군 강원도 춘천시, 철원군, 화천군 (민북지역 제외)	우)24204 강원도 춘천시 맥국길5	T)033-240-9920~2 F)033-240-9919
홍천국 유림 관리소	강원도 원주시, 홍천군, 횡성군	우)25121 강원도 홍천군 홍천읍 마지기로93	T)033-439-5520~3 F)033-433-7706
서울국 유림 관리소	서울특별시, 인천광역시, 경기도 부천시, 광명시, 시흥시, 김포시, 의정부시, 동두천시, 남양주시, 구리시, 고양시, 파주시, 포천시, 양주시, 연천군	우)02791 서울특별시 성북구 화랑로18가길 30	T)02-3299-4530~5 02-3299-4550~2 F)02-965-0645
수원국 유림 관리소	경기도 수원시, 안양시, 평택시, 안산시, 오산시, 군포시, 의왕시, 하남시, 성남시, 과천시, 이천시, 용인시, 화성시, 안성시, 여주시, 광주시, 양평군	우)16634 경기고 수원시 권선구매송고색로 503번지 18	T)031-240-8910 031-240-8912~8 F)031-240-8941
인제국 유림 관리소	강원도 인제군(민북지역 제외)	우)24629 강원도 인제군 인제로255	T)033-460-8020 033-460-8024~5 F)033-461-6580
민북 지역국 유림 관리소	강원도 양구군, 강원도 인제군, 화천군, 철원군의 민북지역	우)24518 강원도 양구군 양구읍학안로187	T)033-480-8523 F)033-480-8515

스물하나,

여윳돈이 있다면 단 몇 평의 땅이라도 사두는 것이 좋습니다.

피곤한 삶의 휴식과 재기의 발판이 되는 경우가 많습니다.

스물둘,

멀리 본다면 공장 옆에 붙은 땅을 사는 것이 좋습니다.

혐오시설이나 공해를 배출하는 공장 옆에 있는 땅은 쌀 수밖에 없습니다. 먼 훗날 다변성, 다용도로 변화할 것을 기대할 수 있습니다.

그런 곳들 중에는 주로 보존산지, 준보전산지 등이 있을 수가 있는데, 도시가 확장될 경우 시가화 지역 및 계획 용도지역으로 지정될 가능성이 높습니다.

스물셋,

살릴 수 있는 맹지라고 해도 너무 멀리 떨어진 맹지는 사지 말아야 합니다.

수요는 적거나 없고 공급은 많습니다. 예를 들면 무인도는 사지 않는 것이 좋습니다. 허영심이 있는 사람 중에는 부동산업자 농간에 넘어가는 이들이 많습니다. 즉 자기만의 섬을 가질 기회를 잡으라며 허영과 권력 욕구를 자극하는 것입니다. 계획이 없는 인생은 낭떠러지 인생인 것처럼 로망만 부추기는 언변에 속으면 관리비용만 떠안고 땅을 치고 후회하는 경우가 많습니다.

스물넷,
주택 옆에 붙은 땅은 투자에 매력이 없으므로 사지 말아야 합니다.

이런 땅은 보유 한계점에 다다른 땅입니다. 즉 맹지와 마찬가지로 투자가치가 적은 땅입니다. 그리고 말이 많은 것이 주택지입니다. 웬만한 이해관계가 아니면 사지 마십시오.

① 지목이 대지로 이미 용도가 정해져 있어 주택밖에 지을 수 없기 때문에 선택의 여지가 없습니다.
② 공시지가는 높아 세금만 많이 나옵니다.
③ 땅을 늘리고 싶어도 이웃과 균형이 깨져서 좋지 않습니다.

스물다섯,
직삼각형(송곳형) 땅은 사지 않는 것이 좋습니다.

풍수지리에서 삼각형(△) 모양으로 생긴 집터를 가리켜 '화형'이라고 합니다. 주택 입구 앞에 옛날 성문이나 큰 감옥 입구, 큰 빌딩 입구와 마주하는 곳을 맹호개구(猛虎開口)라 합니다. 송곳 땅에 집을 지으면 예기치 못한 흉사를 당한 예들이 많습니다. 꼭 사야 한다면 옆에 붙은 땅과 합필하여 사는 것이 좋습니다. 미신이라고 할 수도 있지만 터 기운이라는 것을 무시할 수 없습니다. 싸다고 아무 터나 잡았다가는 감당이 안 됩니다.

스물여섯,
화재가 발생한 땅은 곧바로 사는 것이 좋습니다.

대규모 산불이 났던 지역은 보존산지나 자연녹지 지역이 대부분입니다, 새로운 건설계획이 없으므로 가격이 상대적으로 저렴합니다.

　골프장 및 놀이시설, 대체 산림자원에 관한 보호 명분이 사라질 가능성이 높습니다. 가격은 싼 반면 보호지역의 명분은 사라져 개발하기가 쉽기 때문입니다.

스물일곱,
관공서나 공공시설물 옆에 있는 땅은 사지 말아야 합니다.

　땅이고 집이고 시설물들은 사람과 항상 친화감이 감돌아야 합니다. 그런데 이런 건물들은 사람의 온기가 부족합니다. 저녁 6시 이후에는 모든 건물이 문을 닫아 저녁에는 썰렁한 분위기를 만들어 냅니다. 즉 저녁 시간에 음기가 지나치면 할 수 있는 장사는 고깃집과 여관업 말고는 활성화되는 곳이 거의 없습니다. 태릉과 정릉을 생각해 보시면 됩니다.

스물여덟,
나쁜 땅을 구별하지 말고
능력에 맞는 땅을 사두어야 합니다.

　좋은 땅을 발전시켜 놓으면 인근의 나쁜 땅도 서서히 자기 것이 됩니다. 개발이 되면 좋은 땅은 결국 나쁜 땅을 필요로 하게 되어 있습니다.

스물아홉,
오래된 공동묘지 진입로 주위의 땅을 사는 것이 좋습니다.

　공동묘지는 명당자리입니다. 도시는 급속히 팽창하고 있어 언젠가는 택지가 될 수 있습니다. 빨리 묘지 앞의 땅을 사두는 것이 좋은 이유는 우리나라는 죽은 사람이 명당의 대부분을 깔고 앉아 있기 때문입니다. 파주 헤이리나 운정지구를 예로 보면 좋을 것 같습니다. 헤이리마을 바로 옆이 동화경모공원입니다. 운정지구는 묘지 이전으로 5년간 사업이 제자리에 멈춰 있었으며, 하루 이자만 200억씩 지출하였습니다. 이러한 경우와 지역은 경기도 189개 지구 사업을 본다면 헤아릴 수 없이 많습니다.

서른,
전면 땅을 살 능력이 있으면
후면 땅을 먼저 산 뒤에 전면 땅을 사는 것이 좋습니다.

비밀이 새면 땅 사 모으기가 힘들어집니다. 못 팔아서 쩔쩔매는 땅부터 하나씩 사들여야 합니다. 땅은 클수록 좋습니다. 넓은 땅을 확보해 두어야 승산이 큽니다.

서른하나,
산(임야) 아래에 붙은 조각 필지를
사는 것을 고려하십시오.

완만한 산 밑자락에 붙은 전이나 답, 잡종지, 과수원, 초지, 임야에 관심을 가지고 살펴보시는 것이 좋습니다. 그런 작은 필지의 땅을 골라 사 두면 잘했다는 생각이 들 때가 있습니다.

앞에 개천이 있거나 구루 개간지 또는 우물 등이 있는데, 이런 곳은 농업진흥공사 소유가 많습니다. 10~100년 임대가 가능하기 때문에 그런 농진공 임대는 복개가 우선으로, 즉 복개 도로는 필지 분할로 인한 잡종지, 대지 등 건축이 가능한 용적률 조정의 허가가 나올 가능성이 높아짐니다. 또한 지하수 관정이 명의가 돈이 되는 세상에, 양질의 싼 관정의 주인이 될 가능성도 높아지게 됩니다. 농사가 공업생산화되는 세상, 지하수 관정 여부가 땅값이 됩니다.

서른둘,
땅의 위치는 도시근교의 관리지역이 좋습니다.

근린벨트 내 관리지역은 이축권(그린벨트 내 주택을 신축할 수 있는 권리, 흔히 '용마루딱지'라고도 합니다)부터 신도시, 도시지역 확장으로 땅값이 올라가기에 용이합니다. 또한 시가화 확장 및 신도시 지정은 현재 같은 메가시티에서 대세가 되고 있습니다.

서른셋,
공유지분 투자는 2분의 1이 아니면 조심하셔야 합니다.

경공매 공유지분은 가격이 무척 저렴하고 낙찰받기도 쉽습니다. 재판이 속기하기 때문에 기간이 짧고, 50% 지분이면 조속하게 분필 등록 판결이 날 수밖에 없습니다.

그러나 공동 등기된 땅을 거래하는 것은 피하시는 것이 좋습니다. 재산권 행사 자체가 불가능하며, 매매 또한 쉽지 않기 때문입니다. 공동등기(합유지분등기)는 지분등기(공유지분)와 달리 재산권 행사를 하려면 다른 공동등기자들에게 모두 동의를 얻어야 하기 때문입니다. 송사와 싸움이 끊이지 않을 가능성이 높습니다. 기획부동산이나 업자들 중에서는 공유지분인 것처럼 속이고 공동지분을 판매하는 일이 많은 이유가 여기에 있습니다.

서른넷,
주인이 자주 바뀌는 땅, 분할 합병이 자주 있는 땅은 사지 않는 것이 좋습니다.

땅을 돈으로 보고 접근하는 손 바뀜은 마지막 폭탄 호구놀이일 뿐입니다. 호구가 누군지 알려면, 마지막 임자를 찾아보시면 됩니다.

서른다섯,
토지에 관한 공부는 필수, 지적도에 숨어 있는 것을 볼 줄 알아야 합니다.

땅이 땅 구실을 제대로 할 수 있는 잘 생긴 땅인지, 도로에 접했는지 아니면 맹지인지, 옆 땅과 합병을 해야 할 땅인지, 분할을 해야 할 땅인지, 어떤 용도로 쓸 수 있는 땅인지를 파악해야 합니다. 그리고 주변에 있는 공장, 전원주택, 야외음식점, 모텔 등의 위치를 예리하게 파악해 두는 것이 좋은 터전을 확보하는 데 유리합니다. 보는 눈이 90%이며, 운이 10%입니다.

가격과 개발계획은 데이터로 정리되어 있어, '랜드북'(https://www.landbook.net/)에 지번만 입력하면 토지의 가치를 대부분 알 수 있습니다. 좋은 세상 꼭 모든 것을 알 필요는 없습니다.

서른여섯,
대출을 받아 땅 투기하면 패가망신의 지름길입니다.

땅도 이제는 원금 분할상환 시대로 전환되고 있습니다. 2021년부터는 대출규제인 DSR(총부채원리금상환비율)이 제1금융권뿐만 아니라 제2금융권으로 확대되면서 대출받기가 더 깐깐해질 수밖에 없습니다. 로또 심리는 패가망신의 지름길, 황천길입니다.

서른일곱,
땅은 10년에 한 번씩 넓혀 가는 것이 좋습니다.

도로 따라 돈도 따라갑니다. 인생 시간표 따라 용도가 되고 재산이 됩니다.

서른여덟,
모르는 사람과는 공유로
땅을 사지 말아야 합니다.

이런 것을 권유하는 곳은 기획부동산이나 일부 사기성 부동산업자 말고는 없습니다.

얼마에 팔 것인지 언제 팔 것인지에 대해 반드시 분쟁이 일어나게 되고 송사로 가는 지름길이 됩니다. 공유로 할 수 있는 땅은 강제적인 농업법인 같은 법인 외에는 없다고 보시는 것이 무방합니다.

서른아홉,
땅을 사면 측량을 하고 경계
말뚝을 박는 것이 좋습니다.

농촌이고 도시이고, 남의 땅을 자기 땅처럼, 자기 도로처럼 쓰는 것이 오히려 권리인 줄 아는 나라입니다. 경계를 하고 명의를 표시하지 않으면, 추후 재산권 행사가 어렵고 매각이 쉽지 않은 골치 아픈 땅이 될 가능성이 높습니다.

마흔,
땅은 임자가 따로 있으므로
너무 서둘거나 무리하지 않아도 됩니다.

땅은 인연이 있어야 자신의 것으로 만들 수 있습니다. 좋은 마음과 좋은 생각, 여유로운 인생관을 가졌다면 땅도 주인을 알아봅니다.

마흔하나,
돈이 모자란다고 공동지분으로
땅을 사는 것은 위험합니다.

공동지분의 땅은 장기전에 견딜 수 있어야 합니다. 상속도 제대로 물려줘야 합니다. 잘 돼도 배 아파 병으로 해코지하는 것이 우리네 인심입니다.

마흔둘,
좋은 땅, 나쁜 땅, 비싼 땅, 싼 땅은
원래부터 정해져 있는 것이 아닙니다.

가리지 말고 땅을 사고 좋은 땅이 될 때까지 그냥 놓아두십시오. 100년을 보고 1,000년을 보고 생각하는 태도가 좋은 복을 불러옵니다.

마흔셋,
돈은 적은데 땅을 꼭 사고 싶다고 흠 있는 땅이나 맹지에 관심을 두면 안 됩니다.

이제 도시화가 끝나는 시점입니다. 가능성 없는 땅은 영원히 가능성이 없을 수 있습니다.

마흔넷,
땅은 반드시 평지의 땅을 사는 것이 첫째입니다.

평지는 개발 비용이나 설계 비용이 적게 들어갈 뿐만 아니라 신도시 지정이나 택지지정에 1순위입니다. 경사가 심한 땅, 축대를 쌓아야 할 땅, 너무 내려앉은 땅은 공사비도 만만치 않고 매몰위험도 크고 관리하기도 쉽지 않습니다.

마흔다섯,
산(임야) 밑자락에 붙은 땅을 사는 것이 좋습니다.

뒷산이 언젠가 개발되면 진입로가 될 수도 있고, 합병하지 않으면 안 될 중요한 부분이 될 수도 있습니다. 그리고 농진공이나 국유지 임대, 또는 매입에 대한 정보를 늘 확인해 보면 좋은 것이 나오게 되어 있습니다.

땅을 관리하는 농촌의 연령은 초고령이고, 농촌의 부모 알기를 우습게 여기는 도시의 자손들이 많습니다. 농지은행, 빈집 정보, 온비드나 국유정보로 간편하게 알 수 있으니, 한 번씩 들여다보고 임대나 매입을 고려해 보시는 것이 좋습니다.

마흔여섯,

땅을 매입한 후에는 그 땅에다 군돈을 들여 형질변경, 용도변경, 지목변경을 하지 마십시오.

땅은 손길을 타면 돈은 계속해서 들어가고 가격은 정체되는 경우가 많습니다. 한번 형질변경을 하게 되면 다른 용도변경은 불가능하게 됩니다. 땅은 원시로 있을 때 그 가능성이 사람에 따라 무궁무진하게 됩니다.

마흔일곱,

땅을 매입한 후 종전 경작자나 임차인을 바꾸지 말고 그대로 사용토록 하시기 바랍니다.

땅 주변 사람들과 인간관계를 원만하게 유지하고 형성해 나가야 하는 것이 세상 사는 이치입니다.

마흔여덟,

도로 따라 땅을 바라보십시오!

인생도 사람 따라, 운명이 바뀌듯 땅도 도로 따라 운명이 바뀝니다. 도로정책 연구센터(http://www.roadresearch.or.kr/)에 가보면 앞으로 도로 개설 지역이 전국 지자체별로 표시되어 있습니다. 도로가 어떻게 개설되는가에 따라 땅의 운명이 바뀝니다.

마흔아홉,

못생긴 땅은 주변을 잘 살펴보시기 바랍니다.

주변 땅과 합병하게 되면 네모반듯한 모양이 나온다면 좋습니다. 땅

모양이 나오면 건축의 모양이 나옵니다. 형태가 나오면 땅의 가치는 올라가게 돼 있습니다.

내 땅의 개발이나 계획을 알고 싶다면, 국토이용정보서비스인 '토지이음'(https://www.eum.go.kr/web/am/amMain.jsp)과 '통합인허가지원서비스'(https://ipss.go.kr/iuweb/view/ipssMain.html)에서 상담받으시면 됩니다.

'토지이음'(https://www.eum.go.kr/web/am/amMain.jsp)에서는 토지 이용계획이나 도시계획 등의 정보를 알 수 있으며 '통합인허가지원서비스'에서는 개발행위 허가, 통합 인허가, 민원관리까지 모두 통합으로 이루어지고 있습니다. 땅에 관한 인허가 여부를 미리 알아야 땅의 가치를 높일 수 있는 관리를 할 수 있습니다.

건축과 관련하여 전문적인 서비스를 받고 싶다면 '건축행정시스템 세움터'(https://cloud.eais.go.kr/)를 이용하는 것이 편리합니다. 땅의 매입이나 매매 시 꼭 필요합니다.

쉰,
이해타산을 너무 따져보지 말고,
본능적으로 땅을 사야 할 때가 있습니다.

땅은 지상이 있고, 지하가 있고, 주변 경관이 있고 인간의 마음과 의지가 있습니다. 본능이 당긴다면 인생의 해야 할 일을 하늘이 주는 것으로 생각하는 것이 좋습니다. 사람이건 물건이건 땅이건 다 운이 들어와야 일이 풀리게 됩니다.

쉰하나,
땅을 살 때는 신속하고 정확하게 판단,
결정하여 번개처럼 계약하면 망하는 시대입니다.

모두가 빠꼼이인 시대입니다. 데이터 공간으로 꼼꼼하게 모든 것을 기록하는 것이 좋습니다. 쌍팔년도 생각하다가는 법원으로 끌려가기 쉬운 세상입니다.

쉰둘,
중개업소에서 자꾸 땅을 팔라고 졸라댈 때는
무슨 일이 있는지 검색해 보고 현장에 가 보시기 바랍니다.

요즘은 정보가 공개되어 있기 때문에 인터넷 검색과 현장에 가서 확인만 해보면 무슨 일이 있는지 대부분 다 알 수 있습니다. 관공서의 담당자(건축, 도시과)에게 질문까지 한다면 현재 그 땅의 가치를 모를 수가 없습니다.

쉰셋,
땅을 살 때나 팔 때는 겨울이 좋습니다.

땅을 볼 때 여름에는 미처 파악하지 못하는 땅 꺼짐, 높낮이, 사계, 땅의 색깔, 침수 등을 살펴볼 수 있습니다. 파는 사람이나 사는 사람이나 땅에 대한 상황을 확실히 알고 거래하는 것이 좋습니다.

쉰넷,

땅은 도망가기도 하고 줄어들기도 합니다.

주색잡기, 무모한 사업투자, 친구 보증을 서면 땅은 도망갑니다. 농부 같은 마음으로 친구가 되고, 스승이 되고, 부모가 되는 태도로 살다 보면 어느 날 땅의 기운이 인생에 도움이 됩니다. 그러나 주변이 번잡하면 인생이 꼬이는 것처럼, 땅도 마찬가지입니다. 주변에 번잡한 일을 만들지 마십시오! 인생도 쪽박 나고 땅도 도망갑니다.

쉰다섯,

땅은 오래 가지고 있으면 주인에게 물심양면으로 도움을 줍니다.

땅은 마음의 풍요와 심적 위안을 주게 되어 있습니다. 이만한 효자가 없습니다.

쉰여섯,

땅은 20년 가지고 있으면 인삼이요, 30년 이상 소유하면 산삼이 되는 경우가 많습니다.

보존용지, 자연녹지, 문화지구, 철새보호지역을 제외한 땅은 오래 가지고 있을수록 가치가 올라가는 경우가 많았습니다. 그래서 대를 이어가며 잘사는 부자들이 계속해서 땅을 사 모으는 이유가 여기에 있었습니다. 그러나 축이 전환되는 현시대, 남쪽은 쪽박이요 북쪽이 대세입니다. 땅도 이제 대세를 따라가야 합니다. 초고령화 시대에 인구가 감소하는 지역은 답이 없습니다.

쉰일곱,
땅 문서가 수십 년간 장롱 속에서 묵은 땅이 있으면 물어볼 것 없이 사는 것이 좋습니다.

원시림 땅은 한 번도 다른 사람에게 넘어간 일이 없는 땅으로, 부가가치가 높습니다. 그러나 이 사람 저 사람이 굴리면서 얹어 먹은 땅은 중개업소마다 몇 개씩 있는데, 잘못 걸려들면 망하는 경우가 많습니다. 땅도 놀라고 지기도 쇠합니다.

쉰여덟,
꼭 필요하지 않다면 개인이 택지를 조성한 땅이나 형질변경을 한 땅은 사지 않는 것이 좋습니다.

입맛에 맞게 분할해 놓은 땅이나 땅을 좀 안다는 이들이 일차 가공해 놓은 땅은 팔 때 제값을 못 받습니다.

현재 양평, 가평, 홍천의 대규모 전원주택지 폭락 사태를 보면 막차를 탄 땅 주인들의 비극이 여기에 있습니다.

쉰아홉,
땅에 대해서 아는 것이 많은 사람의 땅은 사지 마십시오.

땅에 대해 이것저것 아는 체하는 사람은 땅에 대한 환상을 파는 사람일 가능성이 높습니다. 로망과 환상을 파는 인물들과 친하면, 인생은 비극이 될 가능성이 높습니다. 땅에 대한 로망과 환상을 부추기면 집안이 패가망신으로 갈 가능성이 높습니다.

예순,
내게 꼭 맞는 것이 아니라면 건축허가를 내놓은 땅은 사지 않는 것이 좋습니다.
비싸게 사놓고 보면 짐 덩어리인 경우가 대부분입니다.

예순하나,
전문가가 분할해 놓은 땅은 사지 않는 것이 좋습니다.
이미 작업한 땅은 호구를 찾는 땅입니다. 땅은 원시 상태에 가까울 때가 가장 좋은 땅입니다. 그러나 원시 땅이라고 들뜬 기분에 사면 큰 손해를 보게 됩니다. 지목상 보전과 보존이 들어가면 그 땅은 가치가 없는 땅입니다. 여기에 문화재와 자연지구가 들어간다면, 산양 산삼을 키우거나 임업 말고는 답이 없습니다.

예순둘,
이미 합병된 땅은 사지 않는 것을 추천합니다.
땅을 보기 좋고 쓸모 있게 만들었으니까 누가 걸려들어도 걸려들게 마련입니다. 똑똑한 척하는 호구는 많기 때문에, 아는 척하는 사람들이 걸려들라고 파 놓은 함정입니다.

예순셋,
팔린 땅 옆에 붙은 땅도 사지 마십시오!
옆에 땅이 팔리면 이미 근처의 땅은 값이 오른 뒤입니다.

예순넷,
넓은 하천 변 땅은 사지 마시기 바랍니다.

대한민국에서는 해안에 위치한 토지는 대부분 포락지(댐 건설로 인해 수몰되거나 빗물이나 바닷물이 들어와서 물속에 잠긴 땅)로 지정되어 있습니다. 해안이 아닌 경우라도 포락지는 「공유수면 관리 및 매립에 관한 법률」에 따라 지적공부가 등록 말소되어 국유화가 됩니다.

그러니 땅 주인들은 땅이 물속으로 잠기지 않도록 조심해야 합니다. 아, 물론 나무위키 유저들은 이런 일이 일어나지는 않겠지만 진짜 포락지가 되었다면 당황하지 말고 국가에 소송을 내서 보상을 받도록 하십시오. 애초에 땅을 살 때 포락지가 되는 땅이 아닌지 꼼꼼히 확인해야 합니다. (출처:위키백과) 포락지가 되어버리면 자산 가치가 없어지기 때문에 부동산을 구매할 때에는 이런 것들을 확인할 필요가 있습니다.

예순다섯,
오염물질을 배출하는 공장이나 축사 주변 땅을 사시는 것을 결정하면 좋을 수도 있습니다.

이런 곳의 땅값은 저렴합니다. 경·공매를 통해서 취득하면 더더욱 저렴합니다. 오염물질 배출 시설 인허가의 가치는 이제는 대세가 되고 있습니다. 즉 환경오염 인허가권이 앞으로 큰돈이 되는 시대라는 것입니다.

축사, 염색공장, 대기 환경의 인허가권은 시장에서 점점 큰 가격으로 거래되고 있습니다. 환경이 중요한 시대, 환경 인허가가 곧 돈이 됩니다.

예순여섯,
땅은 아내의 귀중한 보석처럼,
가보처럼 소문내지 말고 자랑도 하지 말아야 합니다.

땅 부자라고 소문이 나 봐야 자식들에게 붙는 것은 친구가 아니라 뭔가를 기대하는 이용꾼이요, 나에게 붙는 것은 사기꾼이나 꽃뱀 말고는 없습니다.

예순일곱,
땅을 샀으면 그 땅에다 무엇을 할까 하고
자꾸 건드리지 마십시오.

땅은 본질대로 가지고 있는 것이 좋습니다. 매각하거나 개발하는 것이 가장 좋습니다.

예순여덟,
10년 후를 생각한다면 경기 서북부나
영종도 같은 곳을 염두에 두시기 바랍니다.

앞으로 10년 후면 국제적인 광역 네트워크망이 확장되고, 국제무역은 증가할 수밖에 없습니다. 국제 물류 경쟁력 확보가 중요해지면 한정된 국제 물류 지역의 땅 가격은 올라갈 수밖에 없습니다.

예순아홉,
땅 소유자와 건물 소유자가 서로 다른 것은
건들지 마십시오.

법정지상권을 잘못 건들면, 세금과 송사만 난무하게 됩니다. 패가망신할 가능성이 높습니다.

반대로 법정지상권을 잘 이해한다면 큰돈이 되기도 합니다. 100년 지대료가 생기고 집안이 일순간에 일어납니다. 건물은 감가상각이 되고 지대료가 있지만, 땅은 고정되고 영원합니다.

일흔,
실수로 땅을 팔았으면 만회하는 길은 한 가지,
그 돈으로 다시 땅을 사는 것이 좋습니다.

재산 축적에 땅만 한 것은 없습니다. 돈이 흩어지기 전에 다른 땅이라도 잡아야 하는 이런 경우가 많습니다.

일흔하나,
부득이 땅을 팔아야 할 경우,
한 중개업소에만 의뢰하는 것이 좋습니다.

땅을 팔려면 1~2년 전부터 딱 한 군데 중개업소와 계속 유대를 가지고 친분을 쌓아가면, 상대방에서 만만하게 보지 않고 가격도 쉽게 부르기 어렵습니다. 협상에서 유리하면 땅 가격도 올라가게 마련입니다.

일흔둘,
땅을 일단 샀으면 땅이 어떤 용도로 적합한 땅인지
계속 연구하는 것도 좋은 방법입니다.

땅을 자주 둘러보고 주위환경을 살펴보면 어떤 용도에 적합할지 필요가 보이고, 수요가 보이기 마련입니다. 그러면 용도에 맞게 관리하면 됩니다.

일흔셋,
거주하고 있는 시·군·읍·면 지역의
땅을 사는 것이 가장 좋습니다.

잘 관리하는 것이 부자가 되는 길입니다. 모든 사업도 마찬가지이며 땅에 대한 개발이나 관리도 마찬가지입니다. 사업자금도 관리가 안 되면 남의 주머닛돈인 것처럼 땅도 관리가 안 되는 땅은 남에게 주려는 땅이나 마찬가지입니다.

일흔넷,
땅 투기지역은 찾아다니지 말고
투기 열풍이 식은 다음에 가서 사는 것이 좋습니다.

인간의 욕망처럼 간사한 것이 없습니다. 욕망이 꺼지면 땅값도 꺼지게 돼 있습니다. 공포와 공허감이 물든 지역처럼 땅을 헐값에 주울 기회가 도처에 널리게 됩니다.

일흔다섯,

땅 투자는 야심으로 하지 말고
본능으로 하시기 바랍니다.

땅에 전율을 느낀다면 그 땅은 바로 당신이 주인이 되어야 합니다. 인생의 기회를 아는 방법은 젊었을 때 고진감래라는 말을 생각하며 어려움을 이겨내는 것뿐입니다.

젊어서 고생은 사서 하라는 이유가 바로 여기에 있습니다. 누구나 기회는 오지만 움켜쥐는 사람이 적은 이유가 여기에 있을 뿐입니다. 땅도 마찬가지입니다.

일흔여섯,

양택지를 살 수 있는 기회가 온다면
천금을 주고라도 양택지를 매입하는 것이 좋습니다.

집안이 편안해지고 잠도 편히 잘 것입니다. 못된 사람을 만나면 인생이 꼬이듯 땅을 잘못 만나면 집안이 기울어집니다.

우리나라에서 양택지로 대표적인 곳이 파주 교하와 판교입니다. 그 동네에 양택지를 얻을 수 있다면 집안이 흥하고 기운이 흥한다고 택리지에 나와 있습니다. 그러나 분명하게 말하지만 마음이 좋지 않고 음심하면 양택지라도 패가망신수가 있는 것도 사실입니다. 양평, 여주, 남양주 자라목형을 찾아보면 아직도 양택지들은 많습니다. 그러니 부동산을 공부한다면 기초적인 풍수도 배워 놓는 것이 좋을 것입니다.

특히 주택지를 고른다면 높은 아파트 옆이나 아래 암막이 있는 곳은 피해야 하며, 돌산이 가까이 있거나 눈에 보이는 곳, 소음이 많은 곳도 피해야 할 기본적인 풍수입니다.

일흔일곱,
땅의 지기를 살릴 수 있는
거름을 뿌리는 것이 좋습니다.

토지에 지기가 살아나면, 토양이 검은색으로 변합니다, 땅이 살아나면 땅 가치도 살아나게 되어 있습니다.

일흔여덟,
땅에 오곡을 심든 무슨 작물이든 농사를
직접 해보는 것이 좋습니다.

손때 묻은 땅처럼 나에게 소중한 보배는 없습니다. 농사를 지으면 땅에 대해 애정이 생기며, 정성을 다하다 보면 땅은 언젠가는 자연의 이치로 보답을 하게 되어 있습니다.

일흔아홉,
부안, 군산IC 이른바 새만금 지역을
눈여겨보시기 바랍니다.

지금은 똥값이지만 30년 후에는 황금으로 바뀔 수도 있습니다.

하서면이나 기타 지역 부안평야는 온도나 습도를 보았을 때 사람이 살기에 좋아 30년간 발전할 지역입니다. 백제시대나 지금이나 금강 하구는 천혜의 요람이자 국제무역의 중심지입니다. 다시 중국과의 무역이 활성화하면 새만금은 남부 아시아 30억 중상층 시대, 국가 경쟁력의 핵심이 되는 시기가 올 수밖에 없습니다. 무조건 사기보다는 왜 사야 하는지, 왜 필요한지 꼭 검증하고 눈여겨볼 필요가 있습니다.

여든,
경상북도 북쪽, 해안 오지의 땅값이 싸다고 덜컥 사지 마십시오.

그 지역에 땅을 사는 것에 두려움을 가지십시오. 앞으로 지반이 튼튼하고 사람이 많이 살지 않는 경상도 북부 해안은 원자력 발전소가 많이 들어올 수 있습니다. 중·저준위 폐기물 묻을 곳이 없는 것이 사실입니다. 환경오염에 의한 재난은 조심하고 또 조심하는 것 말고는 답이 없습니다. 터를 잘못 잡으면 후손들이 원자력 발전소 옆에서 대대손손 살게 될 수도 있습니다.

여든하나,
앞으로는 농지천하대본 시대입니다.

소유에 관한 규제가 강해지기 때문에 농지를 사고팔기가 더더욱 어려워지고 있습니다. 가격이 싸고 농사를 지을 수 있다면 사 놓고, 대규모일 경우 농지은행에 위탁을 할 수도 있습니다. 소규모일 경우, 농지연금 혜택만 한 것이 없습니다. 노후의 농업인이라는 것은 한국사회에서 특권 계층입니다.

여든둘,
땅 투자를 원한다면 꼭 국토교통부의 2025 계획을 확인하십시오!

국토교통부의 2025 자료는 앞으로 땅 투자와 세상 변화를 한눈에 들여다볼 수 있는 국토에 관계된 비전이자 창입니다. 지도를 사서 다시 한번 훑어보시면 많은 것들이 보이게 됩니다. 사업과 장사 터를 잡는데 안목이 생기면 크게 실수하지 않을 수 있습니다.

여든셋,
교환매매 사기를 조심하십시오.

교환매매는 누군가는 크게 손해 보는 거래일 뿐입니다. 그 누군가를 모르면 바로 당신이 그 사람이라고 보면 됩니다. 교환하자고 접근하면 100% 사기꾼이거나 영업꾼일 가능성이 높습니다.

교환매매업 종사자들의 수법은 이래서 저렇고, 저래서 이렇다고 말은 잘합니다. 세상에 공짜는 없습니다. 고로 내 땅에 애착이 없으면 사기꾼들이 하는 수법에 당할 수밖에 없습니다. 고액 수수료 없는 땅에 대한 교환이란 있을 수 없습니다.

여든넷,
상업지역 상업공간을 고려한다면 국가지정 관광지구, 국제관광지역을 우선적으로 선택하는 것을 추천드립니다.

국제관광지역은 언젠가 한 번 뜨면 10년 치 매상을 1년에 회수할 수 있습니다. 국제관광지역은 문화관광부에서 관리하니 수시로 문화관광부

사이트를 검색하여 국제관광지구 지정 현황을 확인하는 것이 좋습니다.

관광지구 내에 토지를 사게 되면, 관광 대출로 인한 특별대출 제도, 그리고 국가에서 만들어 준 각종 편의를 이용할 수 있습니다. 워라밸 시대, 캠핑장부터 다른 편의시설로 이용하기가 수월합니다. 사람이 몰리면 돈도 따라옵니다.

참고자료

#관광지 및 관광단지 지정 현황

(2020년 3월 현재)

https://www.mcst.go.kr/kor/s_policy/dept/deptView.jsp?pSeq=1310&pDataCD=0408010000&pType=05

시·도	지정개소	관광지명
부산	5	기장도예촌, 용호씨사이드, 금련산 청소년수련원, 태종대, 해운대
인천	2	마니산, 서포리
대구	2	비슬산, 화원('19신규)
경기	14	대성, 산장, 수동, 장흥, 용문산, 신륵사, 한탄강, 공릉, 임진각, 내리, 백운계곡, 산정호수, 소요산, 궁평

시·도	지정개소	관광지명
강원	41	호반, 구곡폭포, 청평사, 간현, 옥계, 주문진, 연곡, 등명, 대관령 어흘리, 무릉계곡, 망상, 추암, 구문소, 속초해수욕장, 척산온천, 장호, 맹방, 삼척해수욕장, 초당, 팔봉산, 홍천온천, 어답산, 유현문화, 고씨동굴, 영월온천, 마차탄광문화촌, 미탄마하생태, 화암, 아우라지, 고석정, 직탕, 광덕계곡, 후곡약수터, 내설악 용대, 방동약수터, 오토테마파크, 송지호, 삼포 문암, 화진포, 오색, 지경
충북	22	세계무술공원, 충온온천, 능암온천, 충주호체험, 교리, 능강, 금월봉, 계산, 제천온천, 만남의광장, KBS촬영장, 속리산레저, 구병산, 장계, 송호, 레인보우 힐링, 수옥정, 괴강, 무극, 천동, 다리안, 온달

여든다섯,
가지고 있는 땅이 도로에서 떨어져 있다 해도 실망하지 마시기 바랍니다.

도로에서 다소 떨어져 있더라도 도로 확장계획이 있거나, 지방자치단체의 개발계획에 따라 순차적으로 개발할 가능성이 있습니다. 야립간판(흔히 고속도로변에서 많이 접할 수 있는 옥외광고의 대표적인 대형매체)이나 통신탑 임대 가능성도 있습니다. 규제로 인해 행위 제한을 받던 토지가 황금으로 되돌아오는 경우가 종종 있습니다.

야립의 평균 한 달 광고 단가는 수도권 기준 2천만 원이 넘는 경우가 많고, 통신탑 임대는 500만 원이 넘는 곳도 많습니다. 강한 규제가 있다면 재산상 손해에 대해서 적극적으로 대응하시다 보면 길이 보이고 운이 닿습니다.

여든여섯,
농지를 살 때는 합필에 대해서 두려워하지 마십시오.

농사를 짓기 어려운 한계농지에 대해서는 한계농지정비지구로 지정되면 농림수산업적 이용, 농어촌휴양자원 이용, 다목적 이용 등의 형태로 개발할 수 있습니다. 「농어촌정비법」 규정에 의해 할 수 있는 사업은 다음과 같습니다.
① 과수, 원예, 특용작물, 축산단지, 양어장 조성 등 농림수산업적 이용
② 관광농원, 주말농원 등 농어촌휴양자원 이용
③ 농어촌주택, 택지 및 부속농지, 공업, 문화 및 체육시설 등 다목적 이용

이렇게 고시가 되면 활용 가치도 높고, 땅값도 열 곱절로 뛰게 됩니다.

여든일곱,
땅 매입 시 지적도와
현장의 차이를 꼭 확인하십시오.

대박 나는 경우가 상당히 많습니다. 도로지역 내 토지는 구획정리가 돼 있습니다. 이것을 도로용지라고 말합니다. 폭 5m(지방도로) 또는 고속도로는 20m, 지방 토지는 지적도와 현장이 차이가 날 때가 많습니다. 그리고 일제강점기 시절의 사방지 개념이 있는 땅들도 널려있습니다. 반드시 현장을 방문해서 지적도와 꼼꼼히 비교해야 합니다. 지적도에는

도로가 있는데 실제로는 없고, 지적도에는 없는데 실제로는 도로가 개설되어 있는 경우가 종종 있을 수 있습니다.

여든여덟,
땅의 최고 상업용지는 복잡계입니다.
이른바 돈이 넘쳐 들어오는 땅입니다.

복잡계란 교통과 교통이 교차하고 만남과 만남이 교차하여 혼잡지역이 될 가능성이 큰 공간을 가리킵니다. 대표적인 곳이 삼패 지역입니다. 주말에 삼패에 가 보면 앞으로 수석에서 삼패까지 복잡계가 되리라고 느낄 것입니다.

도시 광역화에는 복잡계가 될 지역이 계속 나타날 수밖에 없습니다. 4차 광역화를 들여다보면 복잡계가 어디에 일어날지 눈에 띄게 돼 있습니다.

포스트 코로나 시대의 경제는 뉴노멀 전국 3시간 생활권입니다. 데이터 경제, 디지털 컨버전스는 중간의 요지는 없고 무조건 시작 지점, 교차지점, 그리고 만남 광장, 도착지라는 4대 요소가 핵심 요소입니다. 사회도 초양극화 시대지만, 땅의 쓸모도 초양극화로 진입하고 있습니다.

그리고 외곽은 아무리 호재가 있어도 교통이 불편하거나 교통 비용이 많이 드는 곳은 좋지 않습니다. 이제 2030 교통 대책으로 역세권이 아닌 곳은 없습니다. 앞으로 서해안철도는 당진까지, 7호선은 철원까지 연결되는 등 지하철 광역 시대가 올 수밖에 없습니다. 교통 비용을 생각하지 않고 계약했다가는 나중에 팔기 힘들다는 것을 염두에 두셔야 합니다.

여든아홉,

땅도 지역마다 양극화 현상이 일어나고 있습니다.
지자체의 재정자립도가 부실한 지역의 땅은
선택에 신중하시기 바랍니다.

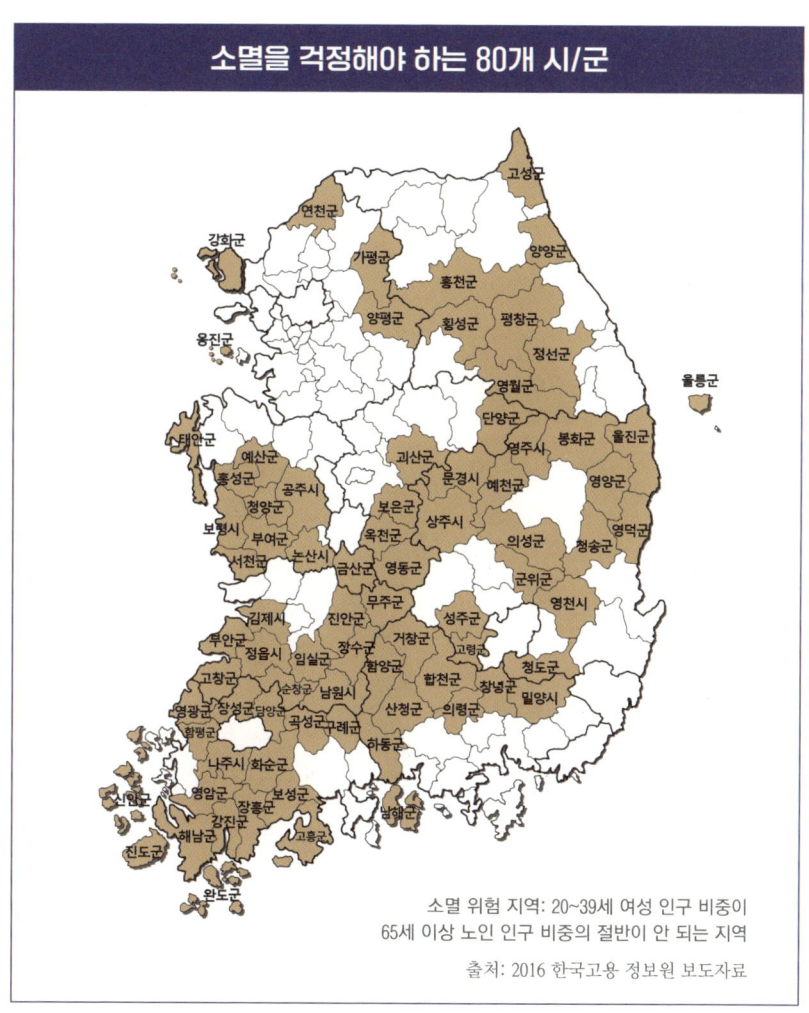

용인이나 태백, 시흥, 대구부터 기타 수많은 지자체가 부채에 시달리고 있습니다. 이런 경우 지방도로나 기타 공용 재산이 부실하게 관리될 확률이 높습니다. 장기적으로 발전계획이 취소되어 땅값이 곤두박질치거나, 또는 거래 자체가 소멸되는 일이 발생할 가능성이 매우 높습니다. 80/20의 땅의 시대라고 말씀드릴 수 있습니다.

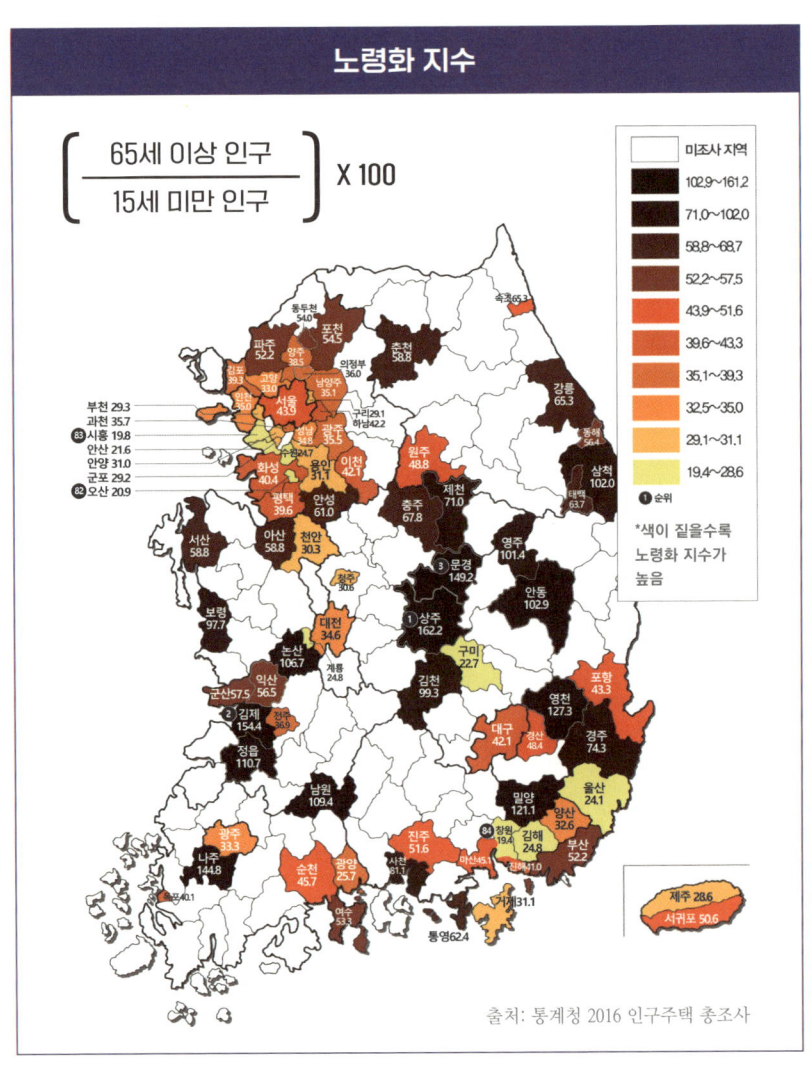

이런 지역은 젊은이들은 도시로 떠나고 고령화되어 생산 가능 인구가 절대적으로 부족하여 점차 소멸화 단계를 밟고 있습니다. 땅도 이제 지역마다 양극화가 대세입니다. 빚 없는 지역 땅에 관심을 두고 빚 많은 지자체 땅에는 미련을 접는 것도 하나의 장기적인 방법입니다. 소멸하는 지역은 땅 투기의 대상도, 터전의 대상도 아닙니다.

아흔,
땅에는 길흉화복이 다 들어 있습니다.
모든 것이 마음가짐에 달려 있습니다.

정성과 덕을 베풀면 길과 복이 달려오고 탐욕과 탐심만 부린다면 흉과 화만 초래합니다. 고로 땅은 거래가 아니라. 좋은 터를 잡기 위한 밑거름일 뿐입니다. 내 세대에 빛을 발하지 못하여도 후대에 빛을 발하는 땅을 잡아야 합니다. 땅은 영속성에 있는 것이지, 땅 팔아 당장 부자가 될 생각으로 땅 투기한 사람 치고 그 끝이 좋은 집안이 없습니다.

아흔하나,
농업인이 특권입니다. 50대에 들어섰다면 가능한
농업인이 되십시오.

농민의 법적 표현이 농업인입니다. 농업인은 일종의 신분증인 농지원부와 농업경영체 등록을 해야 합니다. 지역 단위농협에 가입하면 정식으로 농업인이 될 수 있습니다.

농업인은 20세기와 반대로 21세기 한국의 농촌 중산층으로 바뀌고 있습니다. 농업인이 되면 농지연금은 자연스럽게 따라옵니다.

① 가능하면 농지원부[22]를 작성하시기 바랍니다. 농지원부는 소급적용이 되지 않기 때문에 과거 경작 사실을 들어 작성할 수는 없습니다. 농지원부가 작성되어 있지 않은 경우에는 시, 구, 읍, 면에서 경작 사실을 확인한 시점부터 농지원부를 새로 작성해 그 등본을 교부할 수 있습니다.
② 농지를 소유하고 있다면 농업경영체에 등록하십시오. 농지원부에 등록된 토지를 8년 이상 시골에 거주하면서 직접 농사를 지은 다음에 팔게 되면 양도소득세를 1년에 1억 원까지, 5년 동안 총 3억 원을 감면받을 수 있습니다. 농촌 전입일로부터 3년 이내에 추가로 농지를 취득하면 취득세의 50%를 감면받습니다. 농업경영체 등록을 하게 되면 농가 소득 안정을 위해 지원하는 논 직불금, 밭 직불금도 받을 수 있습니다. 또 각종 농기계용 연료로 지급되는 반값 이하의 면세유도 사용할 수 있습니다.
③ 농지를 모르면 안 됩니다. 농지는 전, 답, 과수원 등 지목을 불문하고 실제로 3년 이상 농업에 이용되는 토지를 의미합니다. 귀농인이 되면 결혼 비용까지도 지원합니다.

아흔둘,
농지에 관한 한 첫째 농지은행을 이용하십시오.

농지은행이 하는 일은 크게 다섯 가지입니다. 농지매매, 농지임대, 농

---

[22] 농지원부는 1천㎡(302.5평) 이상의 농지에서 농산물을 경작, 재배하는 농업인이나 농업법인별로 작성한다. 비닐하우스나 버섯 재배사 등 시설재배를 하는 경우에는 농지 규모가 330㎡(100평) 이상이 해당된다.

지구매, 농지 교환, 농지 축적입니다.

아흔셋,
농지 취득 귀촌학교를 믿지 마십시오!

농촌에 남아도는 것이 땅입니다. 쓸모없는 땅을 팔아먹으려는 지역 토호들이 득실거리는 곳이 귀촌학교입니다. 농촌은 임대 제도가 발달해 있으므로 임대해서 쓰다가 민심이 사나우면 떠나면 그만입니다. 월 10~20만 원이면 귀촌 주택도 지원하는 지자체가 많습니다.

아흔넷,
수도권은 제2경부고속도로, 제2서해안고속도로, 제2외곽순환고속도로 시대입니다.

수도권정비계획과 국토종합개발계획을 숙지하고 있어야 합니다.

참고자료

〈수도권 간선도로망 구상〉

수도권 간선도로망 구상

[2013-10-04 건설교통부 제3차 수도권정비계획]

― 기존   ― 계획

출처: 서울연구원 2015

수도권 간선도로망 구상

구분		주요경유지
남북 방향	남북1축	서평택~시흥~서안산
	남북2축	평택~화성~서울
	남북3축	평택~수원~서울~문산
	남북4축	평택~오산~용인~서울
	남북5축	용인~하남~서울~연천
	남북6축	안성~이천~광주~하남
	남북7축	여주~양평~화도~포천
동서 방향	동서1축	인천국제공항~김포~서울외곽순환 고속도로(북부)~구리~화도
	동서2축	인천~안양~성남~이천~원주
	동서3축	인천~의왕~수원~용인~여주
	동서4축	평택~안성
내부 순환	내부순환(1R)	서울시 도심 주변 순환
	제1순환(2R)	판교~안산~부천~일산~의정부~ 퇴계원~하남~송파~성남
	제2순환(3R)	봉담~인천~일산~파주~동두천~ 양평~곤지암~오산

[2013-10-04 건설교통부 제3차 수도권정비계획]

Ⅷ. 우리나라 부동산의 미래와 땅 투자

아흔다섯,
정책은 언제나 10년 앞을 미루어 보아야 합니다.

수도권 2020이 아니라 2030으로 완공됩니다.

수도권에 5개의 특성화된 산업 벨트 형성을 유도
* 서울 및 주변 지역: 업무 및 도시형 산업 벨트
* 수원·인천지역: 국제물류 및 첨단산업 벨트
* 경기 북부지역: 남북교류 및 첨단산업 벨트
* 경기 동부지역: 전원 휴양 벨트
* 경기 남부지역: 해상물류 및 복합산업 벨트

아흔여섯,

수도권은 신도시 도로노예로 전락될 가능성이 높습니다.

교통비 지출이 높은 곳은 그만큼 고려하셔야 합니다.

참고자료

**#빅데이터로 살펴본
우리 동네 생활교통 비용[23]**

---

23   국토 연구원, 2019. 2. 25
    https://www.krihs.re.kr/issue/infographicView.do?seq=621

권역별 생활교통비용 차이 - 경기도

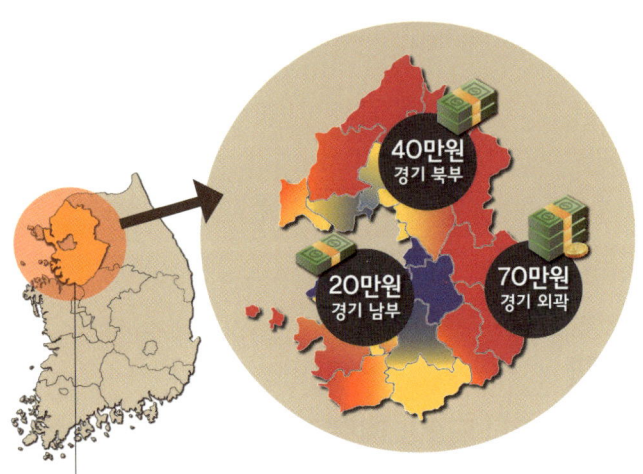

서울인접 경기 남부권역의
생활교통비용은 월 20만 원 인 반면,

서울인접 경기 북부권역과, 경기 남부권역은
그 두 배인 월 40만 원,

경기 외곽권역은
3.5배 높은 70만 원 정도로 나타남

권역별 생활교통비용

- 〈 -2.58 Std.Dev.
- -2.58~-1.96 Std.Dev.
- -1.96~-1.65 Std.Dev.
- -1.65~1.65 Std.Dev.
- 1.65~1.96 Std.Dev.
- 1.96~2.58 Std.Dev.
- 〉 2.58 Std.Dev.

출처: 국토연구원 인포그래픽스

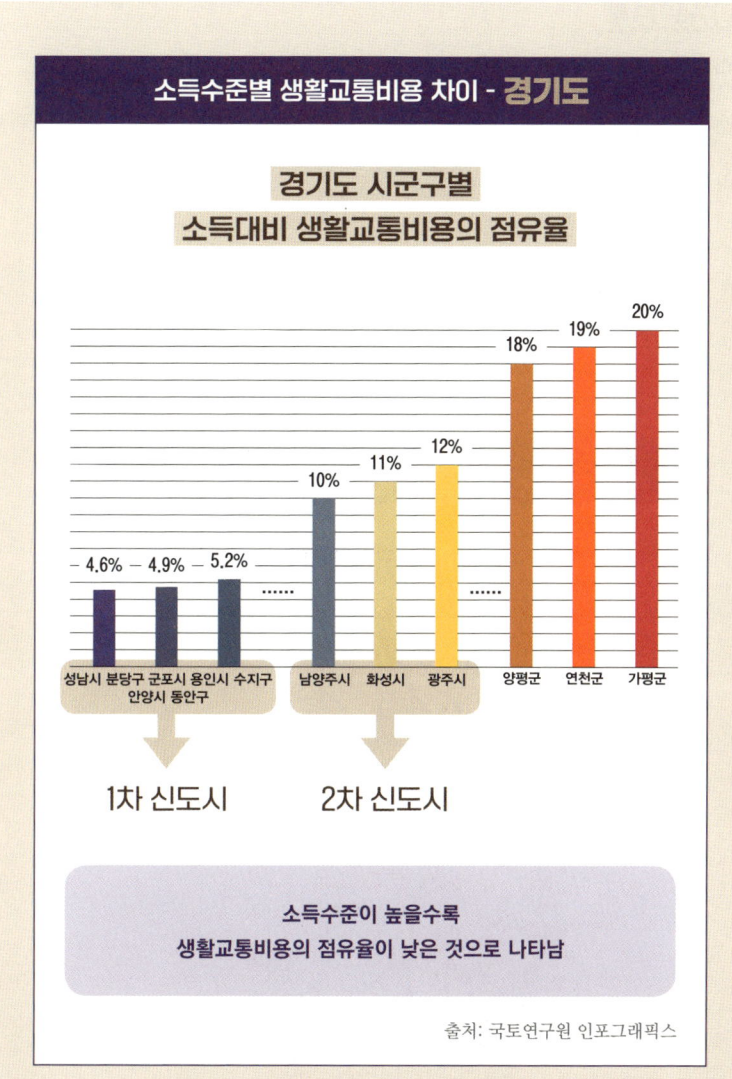

아흔일곱,
수도권 철도망은 통일순환철도망이 최종입니다.

2040년 완공이 예상됩니다. 정부 발표 30년이 지나야 완공의 그림이 나옵니다.

아흔여덟,
농업은 이제 도시빈민과 농촌 부농으로
나뉘는 시대로 바뀌게 됩니다.

선진국처럼 농업인이 부자로 대접받는 시대가 오고 있습니다. 온실 농업이 대세가 된단 이야기입니다.

그러나 제 가격으로 온실 농업을 하면 패가망신 당하기에 십상입니다. 온실 농업 귀촌이 망하는 이유는 정부 지원 7/3 법칙 때문입니다. 70% 지원하는 온실 농업에 자기 돈 주고 시설하는 곳 없고, 가격을 뻥튀겨 시설하지 않은 사람 찾기가 어렵습니다. 모순이 많은 제도이기 때문에 혁신이 필요한 사업이라는 뜻입니다.

아흔아홉,
임야의 정상 구릉,
OP가 앞으로 돈이 됩니다.

통신 시설을 설치하고 광고물을 야립할 수만 있다면, 이제는 임야 정상이라고 손절할 때가 아닙니다. 광고 효과와 차박 효과, 명당 효과 등으로 인기를 누릴 가능성이 높습니다.

임도가 원활한 임야는 앞으로 돈이 됩니다. 산림자원도 명목등기하면 앞으로 돈이 될 것입니다. 임도가 선진국 20%밖에 되지 않습니다. 건강이 우선시 되는 시대, 임도 따라 임업 사업도 이제 돈이 되는 시대입니다.

앞으로 5년은 농지와
임야 가격 폭락의 시대입니다.

농업인 자격 취득과 양도가 농지위원회의 허락을 받아야 하는 시대입니다. 농지거래가 멈추면 대규모 토지는 시장에 쏟아져 나올 수밖에 없습니다. 선진국 대출 규제와 군사보호지역 90% 해제 등으로 쏟아져 나오는 토지를 싸게 구입할 수 있는 시대입니다. 국제화 시대, 지금부터가 천금 같은 시기입니다.

참고문헌

IBK경제연구소, 김나라, 『급성장한 부동산 임대업 현황 파악 및 전망(2016.4)』

KB경영연구소, 강민석, 『미분양 아파트 현황과 증가 가능성 점검(2018.5.15)』

KB경영연구소, 류석재, 『KB 지식 비타민 1코노미 시대 주거공간, 셰어하우스(2018.8.12)』

KB경영연구소, 김지훈, 『3기 신도시 추진 내용 및 영향(2019.5.20)』

KB경영연구소, 손은경, 『KB 지식 비타민 논란의 중심에 있는 도심 속 허파, 그린벨트(2020.10.14)』

KB경영연구소, 강민석, 『2021년 KB 부동산 보고서(주거용편)(2020.12.29)』

KB경영연구소, 윤종규, 『2021 KB 부동산 보고서(주거용편)(2020.12)』

KB경영연구소, 부동산 연구팀, 『KB부동산시장 리뷰(2021.2.10)』

KDI정책연구, 이정우, 『한국의 분배문제: 현황, 문제점과 정책방향(1998.12.26)』

KDB경제연구소, 손명혜, 『일본의 신도시 공동화 현상과 시사점(2016.12.26)』

LG경제연구원, 송태정, 『시민가계 압박하는 주거비, 교육비(2003.1.10)』

LG경제연구원, 송태정, 『주거비 부담 어느 정도인가(2004.8.11)』

LG경제연구원, 박래정,
『고령시대 Business Challenges & Opportunities(2005.2)』

NABO 국회예산정책처, 김진영. 『가구의 소득-재산 결합 분포와 소득세-보유세 부담(2017.5)』

OECD, 『한국지역정책보고서(2001.2)』

S-Space, 국중호, 『일본 경제의 실상 파악 및 한일 소득 수준 비교(2018.6)』

ㄱ

국토연구원. 강현수, 『국토정책 Brief 지표로 본 지난 40년간 부동산정책의 성과와 과제(2018.10.8)』

국토연구원, 강현수, 『국토정책 Brief 지표로 본 국토인프라 40년: 변화와 과제(2018.10.15)』

국토연구원, 강현수, 『2019년 주택가격은 수도권 보합, 지방 하락폭 확대(2019.1.17)』

국토연구원, 박미선, 『(국토정책 Brief) 수도권 임차가구 주거비와 교통비, 월 평균 약 80만 원 든다(2019. 2. 11)』

국토연구원, 조정제 『제1차 국토종합개발계획의 평가분석(1982.12.31)』

국토연구원, 김창석, 『국토 50년: 21세기를 향한 회고와 전망(1996.12)』

국토연구원, 고준환, 『외국의 도시계획 개발제도 : 영국,미국,독일,프랑스,한국,중국(1996.12.31)』

국토연구원, 정희남, 『거시경제정책이 토지시장에 미치는 영향(1997)』

국토연구원, 이정석, 『제3차 국토종합개발계획 시안 (1992~2001)(1999.12.31)』

국토연구원, 박양호, 『제4차 국토종합계획 시안 (2000~2020)(1999.12.31)』

국토연구원, 박헌주, 『토지정책의 전개와 발전방향(2000)』

국토연구원, 양지청, 『국토계획 평가체제 구축방안 연구(2003.2.5)』

국토연구원, 김영표, 『상전벽해 국토 60년(2008.9.25)』

국토연구원, 최상철, 『2008 이명박 정부 지역발전정책 연차보고서(2008.12)』

국토연구원, 최병선, 『영 미 독의 도시계획제도 비교 연구(2011.11.30)』

국토연구원, 『한국의 국토정책(2011)』

국토연구원, 문정호, 『2012 경제발전경험모듈화사업: 국토 및 지역개발정책: 국토종합계획을 중심으로(2013)』

국토연구원, 차미숙, 『2040년을 향한 제5차 국토종합계획 수립방향(2018.3.14)』

국토연구원, 이백진, 『지표로 본 국토 인프라 40년: 변화와 과제(2018.10.15)』

국토연구원, 이동욱, 『빅데이터로 살펴본 우리 동네 생활교통비용(2019.2)』

국토연구원, 강현수, 『부동산자산 불평등의 현주소와 정책과제(2021.3.29)』

국토교통부, 채덕석, 『한국의 국토종합개발계획 한일 * 일한건설협력협의회, 제16차총회(1997.4.9~12 동경)』

국토교통부, 임인택, 『2004 건설교통백서(2003.2.23)』

국토교통부, 『지역개발사업에 관한 업무처리지침(2003)』

국토교통부, 『제3차 수도권정비계획[2006~2020](2006.7.25)』

국토교통부, 김상철, 『국토업무편람(2007.7.16)』

국토교통부, 최병선, 『국토종합계획 실천계획 체계 정립방안 연구(2007.12)』

국토교통부, 『2009 국토의 계획 및 이용에 관한 연차보고서(2009.8.31)』

국토교통부, 『국토업무편람, 2011(2011.2)』

국토교통부, 김상호, 『2011년 국토의 계획 및 이용에 관한 연차보고서(2012.5.23)』

국토교통부, 김기완, 『국토계획평가제도 안내(2012.8.9)』

국토교통부, 『2016년도 국토의 계획 및 이용에 관한 연차보고서(2016.8)』

국토교통부, 손병석, 『2040년, 우리국토의 미래를 그려본다(2018.3.22)』

국토교통부, 『수도권 주택공급 확대 방안(2018.9.21)』

국토교통부, 김정희, 『2차 수도권 주택공급 계획 및 수도권 광역교통망 개선방안(2018.12.19)』

국토교통부, 부동산평가과, 『전체의 99.6%의 일반토지는 점진적 현실화, 상대적으로 저평가되었던 고가토지(전체의 0.4%) 중심으로 형평성 제고(2019.2.12)』

국토교통부, 『제5차 국토종합계획 2020~2040(2019.12.11)』

국토교통부, 『공시지가에 관한 연차보고서(각 년도)』

국토교통부, 『주택업무편람(2004)』

건설교통부,『건설교통백서(2004)』

건설교통부,『지가동향, (각 년도)』

건설교통부,『공시지가에 관한 연차보고서(각 년도)』

건설교통부,『2003~2012년 주택종합정책』

경기연구원, 봉인식,『2030 경기도 주거종합계획(2018.12)』

경기연구원, 강식,『경기북부 10개년 발전계획(2015.12)』

경기연구원, 최용환,『민선6기 경기도 남북교류협력 활성화 방안(2016.4)』

경기연구원, 유영성,『2018-2030 경기 중부내륙지역 종합발전계획(2017.12)』

경기연구원, 이상대,『경기도 주택수급과 택지 시가화예정용지 공급 간의 연계와 통합관리방안 연구(2017.12)』

경기연구원, 이정훈,『한반도 신경제구상과 경기북부 접경지역 발전 전략(2019.12)』

감사원, 오정근,『양극화 해소와 경제활성화를 위한 정책방향(2013.4.11)』

국민은행,『전국주택가격동향조사, (각 년도)』

국세청,『부동산과 세금(2005)』

국제금융센터, 최재영,『세계경제 국제금융시장 2021 대진단(2020.12)』

기획재정부, 고광희,『가계부채 종합대책(2017.10.24)』

경기도, 임시윤,『경기도 종합계획 2012-2020』

경기복지재단, 이석환,『경기도 1인 가구 특성 분석 연구(2016.1)』

경기개발연구원, 이상훈,『파주출판도시 활성화 방안(2012.8)』

김광수경제연구소,『현실과 이론의 한국경제2(2004)』

김태동 이근식 공저,『삶의 터전인가 투기의 대상인가(1989)』

경실련 홈페이지, 서영훈,『서울아파트 적정가격 추정(2004.6)』

경제논집, 이정우,『한국의 부: 자본이득과 소득불평등(1991.9)』

경제 인문사회연구원, 최병삼,『대한민국 국가비전과 미래전략 보고서(2020.12.1)』

ㄴ

노동자운동연구소, 손낙구,『통계로 보는 부동산 투기와 한국경제(2006.7.5)』

ㄷ

대한국토 도시계획학회, 정창무,『우리나라 국토 도시계획 한세기의 회고(1999.12)』

대한국토 도시계획학회편저,『국토지역계획론(2004.2.25)』

대한국토 도시계획학회, 보성각,『토지이용계획론(2015.8)』

대통령자문 정책기획위원회, 김용창,『참여정부 주택, 토지정책 패러다임 전환(2004)』

ㅁ

문화체육관광부, 정책뉴스팀,『'실록 부동산정책 40년' 총정리 연재』

미래에셋은퇴연구소,『5060 은퇴서베이 Fack Book(2017.5.26)』

ㅂ

부동산연구원, 김수암,『장수명 주택의 특성과 활성화를 위한 방향』

ㅅ

서울연구원, 이종규,『지방세 건물과표 개선 연구(2000)』

서울연구원, 박희석,『부동산 경기변동이 서울시 세정에 미치는 영향(2004.12)』

서울특별시,『서울의 도시계획(2009)』

서울특별시,『2030년 서울 도시기본계획(안) _요약본_(2011.4)』

서울특별시,『2016 알기 쉬운 도시계획 용어집(2016.12)』

서울연구원,『2030 서울 도시기본계획 상시 모니터링 결과 종합(2019.8.27)』

서울연구원, 윤혁렬,『광역 도시철도 네트워크 확장의 파급효과와 서울시 대응방안(2019.10.31)』

산업연구원, 김영수,『산업용지 공급가격 인하방안(2004)』

삼성경제연구소,『주택시장 불안 지속 원인과 해법(2003.11.5)』

삼성경제연구소,『주택시장 안정을 위한 긴급대책(2003.5.28)』

삼성경제연구소,『금융시장의 기업자금 중개기능 약화와 시사점(2005.1.3)』

ㅇ

역사비평, 장상환,『해방 후 한국자본주의 발전과 부동산투기(2004)』

이정우(지은이),『헨리조지 100년 만에 다시 보다(2003)』

이정전 저,『토지경제론(1999)』

이진순 저,『경제개혁론(2004)』

여홍구,『도시와 인간(2005)』

ㅈ

주택산업연구원, 노희순,『대출성향 따른 주택담보대출규모 분석(2015.2.25)』

주택산업연구원, 김지은,『미래 주거 트렌드 연구(2016.12)』

주택산업연구원, 김미경, 『2018년 주택시장 전망(2017.12)』

주택산업연구원, 김덕례, 『주택시장 위축이 경제성장 및 일자리 창출에 미치는 영향 분석(2018.4.24)』

주택산업연구원, 『"「앞으로 10년, 미래 주거 트렌드」는 수요자는 에코세대를 중심으로, 주거특성은 실속형과 사용가치 중심형으로 변화"』

주택도시연구원 · 국토연구원 · 금융연구원, 『'실록 부동산정책 40년' 총정리 연재(2007.1.29)』

정보통신정책연구원, 신지형, 『액티브시니어의 미디어 이용(2017.11.15)』

전경련, 최원락, 『우리나라 제조업의 해외이전 동향과 대응과제(2003.6.27)』

정희남, 『한국의 토지시장 구조분석 1963-2000(2003.12)』

조복현, 『은행경영의 형태 변화와 경제적 효과(2004)』

전강수, 『토지를 중심으로 본 경제 이야기(2000)』

ㅌ

통계청, 손경희, 『솔로 이코노미(Solo Economy) 분석(2017년 상반기)』

통계청, 『인구주택총조사, (각 년도)』

ㅍ

포스코경영연구소, 정제호, 『Home, 미래의 문명을 바꾸다-인류의 Life Style을 바꾸는 Home의 진화(2019.3.6)』

ㅎ

한국은행, 이주열,『인구구조 고령화의 영향과 정책과제(2017.9)』

한국은행,『경제통계연보, (각 년도)』

한국건설기술연구원,『장수명주택 인증제도 해설지(2015.4)』

한국건설산업연구원, 이홍일,『향후 국내 건설시장 패러다임 변화의 주요 특징(2017.7)』

한국건설산업연구원, 허윤경,『수도권 1기 신도시 현황과 발전 방향 모색(2021.4)』

한국건설산업연구원, 백성준,『수도권과 지방의 주택규제 차등화 방안』

한국개발연구원, 유경준,『소득분배 국제비교와 빈곤연구(2003.12)』

한국개발연구원, 차문중,『주택시장 분석과 정책과제 연구(2004)』

한국개발연구원, 김대용,『우리나라 부동산정책 변화에 대한 검토 및 시사점-역대 정부별 주택정책을 중심으로(2013.5.31)』

한국개발연구원, 김준경,『도봉산~옥정 전철 건설사업(2016.3)』

한국개발연구원, 김지섭,『최근 가계부채 증가의 특징과 시사점 : 부동산대출 규제 완화 전후를 중심으로(2016.11.24)』

한국정보화진흥원, 김성태,,『한국사회의 15대 메가 트렌드(2010.12)』

한국교육학술정보원, 이상호,『한국의 '지방소멸'에 관한 7가지 분석』

한국주택금융공사, 김재천,『한국의 주택금융 70년(2016.7.22)』

한국부동산원,『전국토지시가조사표 1963~1974(1974)』

한국부동산원, 권욱일『세계 주요국의 지가동향과 토지정책에 관한 연구(1998)』

한국법제연구원, 정태용,『국토계획법 (2009.3.25)』

한국노동연구원, 장지연,『고령화 시대의 노동시장과 고용정책(Ⅰ)(2003)』

한국조세연구원,『부동산 보유세제 개편방안(2004)』

한국여성정책연구원, 박기남,『성별. 지역별 특성에 따른 노인의 삶의 만족도 연구(2010.1.27)』

한국과학기술기획평가원, 안상진,『대한민국 미래이슈 2019 -변화되는 대외환경에 대한 탐색-(2019.2)』

한국고용정보원, 이상호,『지역 고용동향 심층분석 한국의 '지방소멸'에 관한 7가지 분석(2016.3.8)』

한국농촌경제연구원, 송미령,『2018 지역발전지수(2018.12)』

한국기업평가, 정효섭,『IFRS9 도입에 따른 은행의 손실충당금 영향은(2018.4.2)』

현대경제연구원, 주원,『한국 주력산업의 위기와 활로(2018.4.6)』